VOYAGE EN SYRIE.

Ouvrages du même Auteur.

BEYROUT ET LE LIBAN. Relation d'un séjour de plusieurs années dans ce pays.—1850,—2 vol. in-8.—10 fr.

STATISTIQUE DU PACHALIK D'ALEP. Topographie, climat, histoire naturelle, état social, organisation administrative, industrie et commerce de cette province.—1853,— in-8.— 3 fr.

ALGÉRIE. Quelques idées sur le meilleur moyen de civiliser les habitants de l'Algérie.—1841.

L'ESCLAVAGE. Deux lettres sur la manière dont les musulmans considèrent l'esclavage.—1841-1844.

Sous presse :

NOTICE SUR LA RELIGION DES DRUSES, d'après les auteurs orientaux, *avec texte arabe*.—in-8.

ESQUISSE DE L'ÉTAT DE LA SYRIE sous le rapport politique, religieux et commercial.—In-8.

PARIS. IMPRIM. DE MOQUET, 92, RUE DE LA HARPE.

VOYAGE
EN SYRIE

PEINTURE DES MŒURS

MUSULMANES, CHRÉTIENNES ET ISRAÉLITES

Par M. Henri GUYS,

ANCIEN CONSUL DE FRANCE DE PREMIÈRE CLASSE,
Officier de la Légion d'honneur et du Sauveur de Grèce,
Chevalier du Saint-Sépulcre, de Saint-Grégoire le Grand, des Saints Maurice et Lazare,
décoré des Ordres en diamant de Perse et de Turquie;
Membre de la Société orientale de France,
de la Société de Statistique de Marseille, etc., etc.

PARIS,

JUST ROUVIER, LIBRAIRE,

ÉDITEUR DE LA REVUE DE L'ORIENT ET DE L'ALGÉRIE,

20, rue de l'Ecole de Médecine.

—

1855

Un musulman, honoré du titre de *Fakih*, fut enlevé de l'Algérie, son pays natal, à la suite de notre conquête, et enfermé dans le fort de l'île Sainte-Marguerite, sur les côtes de la Provence. Ayant été mis en liberté à la condition de ne point retourner dans sa patrie, il aima mieux s'expatrier que de se soumettre à une mesure qu'il considérait comme humiliante pour lui; il prit donc le parti de s'embarquer pour la Syrie; il pensait pouvoir s'y procurer plus facilement qu'ailleurs, parmi ses coreligionnaires, des moyens d'existence analogues à ceux dont il avait été privé.

Autant par goût que pour tromper l'ennui de son exil, il dirigea particulièrement ses observations sur les mœurs des habitants de la contrée où il était venu se fixer, et écrivit le livre que nous publions.

Dans le principe, ce livre n'avait été destiné qu'à ses compatriotes africains : on verra, à la fin de l'ouvrage, par quelle circonstance le manuscrit du dervich est tombé dans mes mains et a été mis à mon entière disposition.

J'ai cru devoir ne rien changer à la manière dont l'auteur raconte et juge les faits qu'il expose dans son écrit, et, sans vouloir prendre sur moi la responsabilité de tout ce qu'il avance, je puis cependant assurer que le dervich a peint les mœurs des Syriens (tant pour ce qui regarde les musulmans et les autres indigènes, que pour ce qui concerne les Européens qui sont venus s'y établir à diverses époques), avec plus d'exactitude que ne l'ont fait jusqu'à présent les voyageurs qui ont parcouru la Syrie avec une trop grande précipitation; trente-six années de séjour dans cette partie de l'Asie, m'ont mis à même d'en porter ce jugement en toute sûreté de conscience.

Cependant, afin d'être impartial envers le gouvernement de la Porte-Ottomane, et principalement à l'égard du souverain actuel, je dois ajouter que, s'il existe encore dans l'administration turque des vices tels que ceux que signale le dervich, ils ne sont aussi patents que dans les provinces de l'empire trop éloignées du centre de l'action gouvernementale pour éprouver les effets de ses louables intentions.

Un des vices les plus honteux de l'administration dont parle l'auteur, est sans contredit la corruption des agents subalternes; ils font preuve

VII

en général d'une grande dissimulation, et cachent leur avidité sous l'apparence de la réserve; mais ce n'est qu'un masque : avec de l'argent on achète aisément leur conscience, et cette corruption est passée des administrateurs aux administrés. Il sera d'autant plus difficile d'exterminer ce mal, devenu contagieux, que la religion musulmane ne prête aujourd'hui aucun appui aux louables tentatives de progrès de l'autorité supérieure.

L'appât du gain a encore introduit un vice qui n'est pas moins honteux que la cupidité; c'est l'abus des boissons spiritueuses : ici les prescriptions du Koran sont ouvertement méconnues, et les autorités locales se rendent complices de cette pernicieuse habitude.

C'est avec une véritable satisfaction que je ferai remarquer la réserve que s'est imposée le dervich au sujet des religieux catholiques, des divers ordres, envoyés comme missionnaires en Syrie. Par leur conduite, souvent peu mesurée, il faut le dire, ils se sont attiré diverses accusations que la prévention des cultes dissidents s'est empressée sans doute d'exagérer, mais qui, au fond, ne sont pas absolument dépourvues de vérité, et ceux qui ont été la cause de semblables accusations, ont certainement mérité d'être réprimandés par leurs supérieurs, ce qui n'a presque jamais lieu, au grand dommage de la religion catholique.

Les missionnaires dont je parle, appartiennent principalement à trois nations différentes : il y en a d'Espagnols, d'Italiens et de Français. L'opinion générale reconnaît que les Français sont suffisamment instruits et possèdent l'esprit de leur état, mais on n'en saurait dire autant des Italiens et des Espagnols, qui manquent ordinairement d'instruction. Ils sont, en outre, pour la plupart, dépourvus des qualités indispensables aux missionnaires appelés à faire revivre le christianisme dans les lieux qui furent son berceau, et où il est entouré de plus d'ennemis que d'adeptes.

Il serait à désirer qu'il en fût autrement, dans l'intérêt, bien entendu, du catholicisme. Tous ceux qui savent combien j'ai toujours été heureux de m'employer en faveur de la Religion, durant ma longue administration consulaire dans ces contrées, ne me suspecteront pas de partialité, j'en suis sûr, et partageront le vœu que je viens d'exprimer pour l'amélioration prochaine d'un pareil état de choses.

UN DERVICH ALGÉRIEN

EN SYRIE.

I

Invocation. — Le dervich. — Sa sortie de prison de Sainte-Marguerite. — Son arrivée à Marseille. — Ses réflexions. — Son projet de voyage en Orient.

Louange à Dieu qui a créé l'homme intelligent en lui concédant la faculté d'observer, de juger et de communiquer sa pensée, en même temps qu'il a permis, par un effet de son admirable toute-puissance, que le monde fût composé d'éléments divers, de corps et d'êtres d'une variété infinie : les uns inertes et les autres animés, les uns doués seulement d'un instinct limité, et les autres favorisés d'un entendement dont l'étendue est encore inconnue! Oui, la multiplicité des productions de la nature et l'harmonie de l'univers, sont les plus grandes merveilles de la création.

Nous te bénissons donc pour tes bontés envers nous, ô Dieu clément et miséricordieux, et quelque indigne que soit de ta protection un mortel tel que moi, je supplie ta Majesté suprême de daigner me soutenir dans ma faiblesse, puisque tu me destines, peut-être, à de nouvelles épreuves, à de nouveaux malheurs !..... Mais qu'ils viennent fondre sur moi ces nouveaux malheurs ! et fort de ta divine assistance, loin de les redouter, je m'empresserai de les accepter de ta main avec une humble résignation, ne voulant pas cesser de vivre pleinement confiant dans tes bontés et entièrement soumis à ta sainte volonté.

Après avoir rendu au Créateur l'hommage qui lui est dû, et avoir imploré sa sainte grâce, sans laquelle nulle entreprise ne saurait prospérer, dans ce monde d'infortunes, c'est à vous, mes lecteurs, à vous surtout, mes chers compatriotes, que je dois expliquer les motifs qui m'ont porté à écrire ce livre que vous avez en ce moment sous les yeux.

Je crois inutile de vous entretenir de ce qui me concerne personnellement, si ce n'est en peu de mots, parce que ce serait sans attrait pour ceux qui me connaissent et fort peu intéressant pour ceux auxquels je suis inconnu. Devant parcourir une contrée qui est à mille lieues de ma patrie, je désire moins parler de moi que des observations que je ferai pendant ce voyage.

Je conçois, néanmoins, que vous teniez à savoir qui je suis, ce qui m'a amené en France, et quel est le motif encore plus étrange qui, du moment où je suis rendu à la liberté, me fait porter les pas vers l'Orient plutôt que de les diriger vers ma patrie.

Satisfaire simplement à ces trois points n'étant pas entreprendre l'histoire de ma vie, je vais raconter brièvement ce qui me regarde, car je ne voudrais point insister sur certaines circonstances dont le souvenir ne peut que m'être des plus pénibles.

Je suis de l'Algérie, sans être né à Alger, et mon nom est connu de ceux de mes compatriotes qui pourront lire cet écrit. Je prendrai pour mes autres lecteurs le nom de *Hamdan ben-Yahia* et la qualité de dervich plutôt que celle de cheikh qu'on me donnerait, sans cela, en Syrie.

Ma famille, qui est en possession d'un bénéfice entre *Mediah* et *Meliana*, m'a fait élever dans ses principes religieux, et le titre de *fakih* a été pour moi comme une introduction dans la carrière que je devais parcourir, pour suivre les traces de mes ancêtres. Mais, des malheurs politiques étant venus me frapper, je suis descendu de ma haute position, toute sacrée qu'elle était, pour venir tomber dans un pays étranger, et dans une prison de l'île *Sainte-Marguerite*, sur les côtes de Provence.

On pensera, à ce seul nom, que c'est pour crime de *trahison* que j'ai été condamné à l'emprisonnement en France; mais je dois à la vérité de dire que, si j'ai encouru personnellement cette disgrâce, ce n'est pas pour avoir conspiré ouvertement contre les Français, et qu'il faut nécessairement qu'on ait pu pénétrer mes dispositions mentales pour légaliser le jugement qui m'a ravi la liberté.

Voici, au surplus, quelle a été la dernière communication que j'ai eue avec l'officier préposé à la garde des prisonniers algériens réunis dans l'île Sainte-Marguerite. On sentira qu'elle n'a dû verser dans mon âme, profondément humiliée et attristée, qu'un nouveau flot d'amertume, lorsque mon esprit, bercé chaque jour par l'espérance, devait s'attendre à un élargissement qui m'eût ouvert les portes de ma chère patrie.

Oh! combien de fois l'idée de rentrer dans mon pays natal, de revoir mes proches, mes amis, mes bons compatriotes, de vivre de leur vie, de respirer cet air que nulle autre contrée ne peut offrir, de voir les arbres, les sites, les objets enfin que mes yeux ont vainement cherchés depuis mon départ de cette terre bénie, venait me consoler par ses douces illusions dans les affreuses réalités qui m'entouraient!... Mais oublions ces vœux qui ne se sont point réalisés et revenons à la communication qui me fut faite.

Un jour donc, l'officier préposé à ma garde m'abordant laissa sortir de sa bouche les paroles suivantes : « Monsieur le marabout, vous êtes libre ;
» mais vous devez choisir entre le retour en Algé-
» rie, pour y rester sous la surveillance de la police

» *dans le lieu de la province de Constantine* qui vous
» sera désigné, et le goût des voyages hors de la
» France et de ses possessions. On vous donne deux,
» trois et même quatre jours pour réfléchir. Vous me
» direz pour laquelle de ces deux propositions vous
» aurez opté, lorsque vous viendrez prendre votre
» permis de sortie de l'île qui servira à vous faire
» délivrer un passeport définitif avec l'indication
» de la destination que vous aurez choisie. »

Je ne rapporterai pas ici toutes les pensées que fit naître en moi ma nouvelle position, et surtout la perspective d'un retour dans l'Algérie de l'est, pour y vivre sous une surveillance de tous les instants.

Un châtiment mérité est rude à supporter, mais lorsqu'il est dû à la prévention, à l'injustice, il révolte l'âme en même temps qu'il l'humilie.

Je ne balançai pas sur le parti que j'avais à prendre et je résolus de voyager.

Je pris en cela conseil de mes souvenirs, et dans ma perplexité je repassai en ma mémoire les vers qui avaient rapport à ma situation présente ; les voici :

« Va, tu trouveras à remplacer les personnes que tu quittes,

» Car pour jouir des biens de ce monde il ne faut point s'en inquiéter.

» L'homme libre ne saurait se soumettre à l'esclavage,

» Même dans le pays dont les arbres produisent des dattes !..

» Le lion perdant ses griffes cesse-t-il d'être redoutable ?

» Mais le chien avec un collier d'or n'en est pas moins un vil animal.
» Si le vin pouvait prévoir qu'il serait bu par des lâches,
» La vigne jurerait de ne plus produire son délicieux raisin.
» La poudre d'or est traitée sur son sol à l'égal de la terre ;
» De même que l'aloës est brûlé, dans son pays, comme un bois ordinaire. »

Oui vraiment, me disais-je, l'or et l'aloës ne sont estimés que chez les nations qui savent les apprécier, et quoique je n'aie pas la prétention de m'assimiler à aucune matière précieuse, je n'en pense pas moins à la valeur que peut, cependant, avoir mon être, tout obscur et simple qu'il est, malgré son insignifiance absolue en France.

Ces autres vers me vinrent aussi en mémoire :

« Sauve ta personne, du moment qu'elle est en danger,
» Et laisse à ta demeure le soin de regretter ceux qui l'ont bâtie.
» Partout tu trouveras une terre, à la place de celle que tu auras quittée,
» Mais jamais tu n'obtiendras un autre être pour le tien.
» Sache que si le cou du lion a grossi, c'est à son énergie qu'il le doit.
» Nous suivons notre destinée et nul ne fait un pas qu'il ne lui soit commandé d'en haut.
» Ainsi celui qui doit finir dans un pays ne mourra pas en aucun autre. »

Un poëte arabe a dit aussi :

« Ce n'est qu'en travaillant et en veillant, les nuits, que l'homme parvient aux emplois éminents; car ce serait demander l'impossible et perdre son temps que de vouloir y arriver sans prendre aucune peine. »

Cependant je laissai là mes rêveries poétiques pour songer sérieusement aux préparatifs de mon départ. Ayant déclaré à l'officier que je renonçais à retourner dans ma patrie, avec la condition qui m'était imposée, je n'en devais pas moins quitter le sol de la France.

Bientôt un passeport pour Marseille me fut délivré ; seulement je fus obligé, pendant tout le temps que je résidais dans cette ville, de me présenter chaque jour à l'un des bureaux de la préfecture, où, étant arrivé, on se contentait de me dire ces simples mots, qui sonnaient mal à mes oreilles : *c'est bien.*

Me voilà enfin sorti d'une prison d'Etat, tout disposé à quitter une nation que nous avions, moi et mes compatriotes, l'habitude de considérer comme une nation d'infidèles et de barbares, pour laquelle, en un mot, nous nourrissions dans notre esprit les plus étranges préventions ; mais de quel côté dirigerais-je ma course ? Je ne pouvais consentir à retourner dans mon pays aux conditions que le lecteur connaît. Et puis en tournant mes pas ailleurs, comment pouvais-je y exister, sans ressources personnelles, sans amis, sans appui, sans conseils ? J'avoue que ma perplexité était grande, et c'est dans une telle situation que je sentais, dans toute sa force, le besoin providentiel de l'assistance divine. Cependant après m'être prosterné la face contre terre, avec les sentiments de la plus profonde humilité, l'idée me vint de passer sur les terres de l'empire Ottoman. Là au moins, me disais-je, je rencontrerai de nombreux disciples de Mahomet et des mœurs qui présentent une grande analogie avec nos mœurs africaines. Ce point arrêté dans ma pensée, il ne s'agissait plus que de choisir la partie de l'empire où je devais fixer ma résidence. Je les passai successivement en revue, avant de prendre une dernière décision, puisqu'à Marseille, où je recevais chaque jour la somme nécessaire à mon existence, on me laissait toute latitude. Je ne voulus porter le poids de mon exil ni à Tunis, ni dans aucun autre pays de la Barbarie ; j'y étais trop facile à connaître et j'aurais souffert que l'on m'y vît dans un aussi triste état, après avoir subi la peine de la prison et puis une sorte de bannissement du sol qui m'avait vu naître. Enfin après de sérieuses réflexions je me décidai à me rendre en Syrie. Je pensais trouver dans cette contrée les mœurs et le langage des Arabes, et par ce moyen y pourvoir plus facilement à mon existence ; car, on le sait, j'étais dénué de tout.

Dès que ma résolution fut prise, je commençai à nourrir mon esprit : mon cœur semblait s'épanouir et m'encourager à suivre le projet que je venais de former.

La Syrie, en effet, me paraissait un pays enchanté. Tous ceux qui l'avaient parcourue en rendaient le témoignage le plus favorable. En proie aux plus douces illusions, je croyais me rappeler avoir ouï dire qu'un maugrebin (habitant de l'Afrique occidentale), qui se présentait comme médecin, magicien ou astrologue, ou revêtu du caractère de sainteté, ne pouvait qu'être parfaitement accueilli et qu'il lui serait facile de subvenir à tous ses besoins. Je n'avais donc plus qu'à m'occuper de mon départ, et pendant les quelques jours que je fus obligé de rester encore à Marseille, je mis mes moments de loisir à profit : je voulus mieux connaître que je n'avais pu le faire dans mon étroite prison les habitants de la ville et les Français en général. Dans un autre temps, peut-être me sera-t-il permis d'avouer quelles furent à ce sujet mes impressions.

Je ne veux pas oublier de dire que je trouvai à Marseille, ville très-commerçante et populeuse, divers compatriotes, et, comme ils s'apitoyaient sur mon sort, surtout à cause du peu d'espoir que j'avais de trouver en Syrie des personnes de ma connaissance, ils offrirent de m'accompagner chez un négociant qui faisait les affaires des Marocains et qui avait eu une maison à Beyrout.

Ce négociant, nommé M. Altaras, me reçut parfaitement, et comme j'eus l'agréable surprise de l'entendre parler arabe, je sentis aussitôt pour lui une sympathie qui ne s'affaiblit point par la suite, autant par le service qu'il s'empressa de me rendre qu'à cause des éloges que j'entendis faire de cette maison, autrefois dirigée par M. Isaac Altaras, son cousin, qui, par son habileté, sa loyauté et sa philanthropie, s'est placé parmi les hommes les plus distingués de ce pays.

Je vous ai fait grâce, mes chers lecteurs, des émotions qui vinrent m'assaillir, au moment de mon départ de l'île qui m'avait servi de prison, mais en agissant de la sorte j'ai entendu ménager ma sensibilité, bien plus que la vôtre, ne pouvant songer à cette époque de ma vie sans me sentir aussitôt saigner le cœur. Mes compagnons d'infortune furent principalement le sujet de mes vifs chagrins, et cependant il était une personne qui possédait aussi toutes mes sympathies. Je devais de la reconnaissance au curé qui, dès mon arrivée, s'était attaché à adoucir mes peines par des prévenances, comme il appartient à une nation éminemment délicate d'en faire, et à mesure que je parvins à apprendre le français, nos entretiens devinrent plus intimes et plus intéressants. Je lui dois d'avoir sérieusement réfléchi à certaines matières, à certaines propositions, fruits d'une éducation qui devait moins m'instruire que m'inculquer les dogmes et les préjugés de l'islamisme.

II

Départ de Marseille. — Navigation, arrivée à Larnaca, à Beyrout. — Observations du dervich. — Le Liban. — Les druses. — Autorités turques.

Les formalités par lesquelles je dus passer, avant de pouvoir effectuer mon départ, me piquèrent beaucoup, n'en connaissant pas le but ; mais j'en fus amplement consolé lorsque je touchai le secours dont le gouvernement français voulut me gratifier, et cet acte de générosité ne fit qu'augmenter en moi la haute opinion que tout homme impartial doit avoir pour un État qu'on peut, il me semble, citer comme offrant le meilleur des modèles, car il est un composé de principes, d'institutions et de règles qui me paraissent les plus pures et les plus convenables.

Enfin, tout étant disposé, nous sortons du port, et nous voilà bientôt voguant à pleines voiles sur cette mer dont les bords opposés baignent ma terre natale, le pays de mes affections, de laquelle, hélas ! m'a fait bannir peut-être pour toujours un crime politique.

Les pensées qui m'occupèrent pendant une grande partie de la traversée, et qui me revinrent, par la suite, bien souvent à l'esprit, empoisonnaient mon existence en me plongeant dans une mélancolie que j'avais de la peine à dissiper, quoique je sentisse tout le mal qu'elle me faisait. Alors, pour chasser mon chagrin, je cherchais à nourrir mon cœur de quelques idées consolantes et je répétais avec le poëte :

« Espérons que celui qui rendit Joseph à sa famille,
» Après l'avoir consolé dans son humiliante prison,
» Exaucera nos vœux en nous réunissant; car il est le Très-Haut, le Tout-Puissant. »

Mon affliction, cependant, semblait diminuer à mesure que le navire qui me portait prenait une direction presque opposée aux côtes de l'Algérie, et me conduisait vers la nouvelle patrie que j'avais dû choisir, vers cette terre qui m'était inconnue, que je me représentais toujours comme une terre de promission, mais où, peut-être, m'attendaient les plus cruelles déceptions. Oui ! mon chagrin paraissait diminuer ; tant il est vrai que le temps est un excellent médecin pour les maux de l'esprit et que chaque jour qui s'écoule enlève une partie du souvenir de nos malheurs, même les plus grands : c'est là certainement un bienfait inappréciable de la divine Providence.

Une navigation passablement variée, composée de circonstances agréables et fâcheuses, nous conduisit en trois semaines dans la rade de Larnaca en Chypre, où le navire s'arrêta quelques jours, pour les affaires qui l'y avaient amené.

C'était le premier pays musulman que je voyais depuis ma sortie d'Alger ; mais combien j'eus de peine à m'y habituer ! On y parlait un peu le turc, beaucoup le grec, et les crieurs des mosquées appelaient les fidèles à la prière en un si mauvais jargon que je ne pus y reconnaître la langue arabe, cette langue sublime du Koran.

Je rencontrai çà et là des Syriens et des Egyptiens qui me saluèrent de l'épithète de *si-el-Hadj* (M. le pèlerin), parce qu'ils supposaient que c'était le désir de visiter la Mecque qui m'amenait en Turquie.

Le pèlerinage des villes saintes est effectivement le but unique, vrai ou faux, de tous les mahométans occidentaux qui viennent en Orient ; mais dans ma position pouvais-je songer à me sanctifier par un voyage qui exige des dépenses considérables ? J'avais d'ailleurs, comme on le reconnaîtra plus tard, un autre motif d'indifférence pour l'accomplissement d'un précepte dont les nouvelles idées qui commençaient à germer dans mon esprit ne me démontraient pas la rigoureuse nécessité.

Je fus ensuite frappé de l'énorme différence que je trouvai entre le beau pays que je venais de quitter et celui que je visitais en passant. Je ne pus échapper aux tristes réflexions que m'inspira l'aspect de Larnaca, et de vives inquiétudes sur mon existence future commencèrent à m'assaillir.

Un singulier procédé, à l'usage des courtiers de bêtes de somme qui n'aiment pas à laisser traîner les marchés, me frappa, parce qu'il me prouva que, si le vendeur montrait de la tenacité et l'acheteur de l'avidité, la ruse venait puissamment en aide à l'entremetteur pour accélérer la conclusion.

L'île de Chypre fournit une infinité de ses produits à la Syrie, et les marchands forains viennent surtout s'y pourvoir d'ânes et de mulets. Mais les ventes s'éternisent, parce qu'on les accompagne d'un long échange de phrases de convention, avant de pouvoir s'entendre. Aussi les rusés courtiers laissent-ils ces braves gens se batailler quelque temps tout leur soûl pour saisir le moment convenable en les engageant à *se donner la main*, ce qu'ils font encore avec répugnance, ne voulant consentir à conclure que le plus tard possible.

Le courtier se mettant en travers des contractants et prenant leurs deux mains avec les siennes, les secoue fortement à chaque sollicitation d'en finir, après une diminution du vendeur ou une augmentation de l'acheteur, en rendant ces saccades plus violentes à mesure que la conclusion lui semble devoir s'approcher... mais les épaules de ces malheureux sont prêtes à se luxer, ce qui fait que l'un d'eux cède enfin à la douleur.

Nous quittâmes cependant cette échelle, et peu de temps après nous fûmes en vue de Beyrout. Les côtes de Syrie se présentèrent à moi comme une terre bénie ; il me semblait voir la côte d'Afrique aux environs de Cherchel. Je sentis mon cœur battre avec redoublement lorsqu'il me fut permis de mieux considérer la riante nature qui s'offrait à mes regards. Beyrout, avec les maisons de campagne qui l'entourent, me présentait l'aspect d'Alger et de ses environs : une montagne qui domine la ville venait compléter la ressemblance.

Mais l'illusion ne fut pas de longue durée ; le vent qui continuait à souffler avec impétuosité, nous conduisit bien vite au mouillage, d'où le capitaine s'empressa de nous faire mettre à terre, et je me trouvai à Beyrout.

La physionomie de cette ville est toute différente de celle de Larnaca. Beyrout est pleine de vie, et Larnaca est l'image de la mort. L'aspect de la campagne n'offre pas moins de différence. Ici tout est vert et riant, habitations, collines et montagnes : Larnaca et ses environs semblent couverts d'un vieux linceul d'une blancheur jaunissante.

Dès que j'eus descendu à terre, il me fut facile de me procurer un logement. Des gens qui gagnent leur vie à servir les étrangers, m'indiquèrent un *khan*, où je pris une chambre plus que modeste ; elle avait quelques pieds carrés seulement, et ne possédait d'autres ornements que les quatre murs.

On me dit, toutefois, qu'en ma qualité de dervich (ce que j'eus plaisir à entendre), je pouvais prendre logement dans les dépendances des mosquées, qui sont les hôtels des personnes de mon rang; mais n'étant pas encore réduit à cette dure extrémité, et ne voulant pas d'ailleurs me mettre à la charge des établissements de charité, je préférai payer mes quatre sous par jour, plutôt que de me trouver en compagnie de mendiants. Ma détention à Sainte-Marguerite n'avait pas encore tout à fait abattu ma fierté algérienne.

L'assemblage de diverses nations, que présente la ville de Beyrout, me procura la rencontre de plusieurs maugrebins, parmi lesquels il s'en trouvait d'Alger même et des environs de mon propre pays. J'eus la satisfaction de m'entretenir avec eux de notre chère patrie.

Ils m'apprirent qu'on ne faisait pas maintenant fortune en Syrie avec autant de facilité que je me l'étais imaginé, parce que l'extrême faveur avec laquelle on accueillait précédemment les maugrebins, ou musulmans occidentaux, commençait à s'affaiblir. Il est, m'a-t-on dit, des gens de notre Occident qui, dans leur spécialité, ont fait de rapides progrès; mais faut-il en conclure que tout Africain doive arriver au faîte de la grandeur par cela seul qu'il est du pays du Couchant? Ce serait vouloir à peu près l'impossible. Et puis, l'état de soldat, qui était le pis aller de tout maugrebin qui débarquait sur le sol syrien et ne savait qu'y faire, n'était plus praticable depuis la réforme; de sorte que l'espoir de devenir un nouvel *Abou-*

Zéria[1], si je me faisais soldat, ne pouvait plus exister pour moi.

Ne me sentant pourtant aucune disposition pour le métier des armes, et ma qualité de *fakih* m'ayant rendu, d'ailleurs, très-peu propre à suivre cette carrière, je n'eus pas lieu de regretter que cette ressource, qui avait été à la portée de tous mes compatriotes, sous le double rapport de la nationalité et du dénûment, vint à me manquer.

Mes compatriotes relevèrent, cependant, mon courage, un peu abattu, par ces considérations : qu'il ne fallait pas désespérer aussi vite ; que Beyrout n'étant qu'une échelle commerciale, elle ne pouvait, il est vrai, offrir aucun avantage aux gens de ma qualité, mais qu'il fallait me diriger vers l'intérieur du pays, et qu'à leur avis je ferais bien de commencer par aller visiter Alep et ensuite Damas ; que ces deux villes étant les plus populeuses de la Syrie, ce serait là seulement que je pourrais tirer parti de mes connaissances.

« Avez-vous un passeport ? » me demanda un de mes compatriotes, et, sur ma réponse affirmative, il ajouta : « Présentez-vous donc au consulat » de France, et ne négligez nulle part de vous » faire reconnaître comme sujet français, car dans

---

[1] Paysan d'un village au-dessus d'Alger, qui parvint au grade de commandant en chef (général) des troupes barbaresques d'un pacha de Syrie, et qui y jouit d'une grande célébrité.

» ces pays-ci il vaut mieux dépendre d'une auto-
» rité chrétienne que de vivre sous la loi des gou-
» verneurs turcs. Si vous n'étiez point pourvu
» d'une protection européenne, vous seriez exposé
» à bien des désagréments, et dans votre position
» financière il ne doit point vous être indifférent
» de n'avoir rien à démêler avec le fisc. »

Je remerciai cet ami de son conseil et j'en pro-
fitai incontinent.

J'eus lieu de reconnaître tout d'abord qu'à Beyrout on s'occupait beaucoup des affaires d'autrui ;
que le bavardage faisait les délices de bien des
désœuvrés, et que, pour peu qu'on eût la curiosité
et puis la patience de les écouter, on pouvait facilement apprendre bien des particularités sur ses
habitants les plus marquants. Je connus, par ce
moyen, une infinité d'anecdotes, et j'avoue que
je trouvais, dans le défaut dont j'accusais d'abord
mes conteurs, une distraction qui me porta à les
excuser et même à leur en savoir quelque gré,
puisque je pouvais en recueillir d'utiles enseigne-
ments.

Je ne vous ferai pas la confidence de tous les
propos que j'entendis sur le compte d'un grand
nombre d'habitants, ne voulant pas m'exposer à
attaquer des réputations peut-être fort honorables.
Je dirai cependant qu'en général les commerçants
y jouissent d'une réputation de délicatesse fort
contestée, et que, s'il est de louables exceptions,
comme on le verra tout à l'heure, il convient de

ne fréquenter les gens du commerce qu'avec une prudente réserve.

Celui qui me fit cette recommandation me prit pour un riche marchand, mais lorsque je lui appris qui j'étais, et que j'avais une lettre de recommandation pour un négociant de la ville, il m'offrit de me conduire à son magasin.

Ayant donc présenté à ce négociant la lettre de son correspondant de Marseille, il me dit que plusieurs maugrebins lui avaient déjà été adressés par ce même ami; que c'était, sans doute, d'après les témoignages de leur satisfaction, pour les services reçus à Beyrout, que M. Altaras m'envoyait aussi à lui. Je lui dis que, pour moi, je ne pourrais le louer que pour les bons avis qu'il voudrait bien donner à un pauvre dervich; mais que, du reste, je lui en saurais autant de gré que des plus grands services que je n'étais pas dans le cas de lui demander.

Il ajouta, lorsque je voulus sortir, que ses frères me verraient avec plaisir à leur maison de campagne, et qu'il leur annoncerait ma visite, me priant instamment de les en favoriser.

Il est certain que les procédés honnêtes nous touchent davantage lorsqu'ils sont imprévus et qu'on ne pense pas les mériter, quoique notre amour-propre nous porte souvent à croire qu'on ne fait pas assez pour nous.

L'aimable réception des frères Medawar me fit un sensible plaisir. Je ne pouvais l'attribuer à mon mérite; je n'étais à leurs yeux qu'une personne simplement recommandée, et je leur avais été inconnu jusqu'alors, de sorte qu'un accueil aussi affectueux ne pouvait prendre sa source que dans l'excellence du caractère de ces braves gens, et je ne tardai pas d'en être convaincu.

Cette estimable famille me fit l'effet d'un gouvernement sagement administré, dont la belle maison qu'ils habitent semble être le siége.

Les six frères sont les membres de ce gouvernement, chacun ayant sa partie : l'un administre les biens ruraux, qui sont considérables ; deux autres dirigent les affaires très-étendues de leur commerce et la correspondance; un quatrième est occupé de la finance, et les deux derniers sont chargés des relations de ville et du contentieux.

Cette famille que le chef, mort il y a quelques années, avait laissée dans un état assez prospère de fortune, a pu, à la faveur de son union, de son habileté et surtout de son honnêteté, donner à son bien-être toute l'étendue qu'elle a maintenant. J'ajouterai pourtant, et il faut bien l'avouer, qu'elle doit aussi en grande partie sa prospérité à la protection dont elle jouit; ce qui fait faire de tristes réflexions, et prouve qu'on ne peut goûter, en Syrie, un certain bonheur qu'en dehors de la domination de l'autorité locale.

Dans mes promenades en ville ou dans la campagne, je ne manquais jamais de m'éclairer sur ce qui s'offrait à mes regards et pouvait m'intéresser.

Deux choses me frappèrent surtout : la singularité des costumes et le caractère des physionomies. Sous ce double rapport, c'est un pays vraiment extraordinaire.

Ici ce sont des musulmans de la ville, de la campagne, ou étrangers, qui, comme chez nous, ont un type extérieur différent. Puis des *metoualis* (schytes), des druses (idolâtres), des chrétiens de rites divers : maronites, grecs et catholiques, quoiqu'on ne puisse les distinguer par leur costume, ni par leur langue, car tous parlent l'arabe.

On concevra facilement combien j'ai dû être étonné de voir que tous ces gens-là n'étaient pas exclusivement mahométans. Nous ne connaissions, comme *roumis*, que les Français et les autres nations de l'Europe; mais il n'est jamais venu à l'esprit d'aucun Algérien, qu'il y eût, dans les pays soumis au Koran, des êtres vivant librement en dehors de l'islamisme, et y jouissant même d'autant de liberté que les vrais croyants. J'avoue que cette découverte fut pour moi un sujet de grandes et de graves réflexions.

Vous connaissez la différence de croyance qui nous sépare des schytes, et je ne veux point vous en parler; les metoualis étant réduits à un petit nombre dans la contrée où je me trouve, la plus grande partie des membres de cette secte habitant maintenant la Perse.

Je ne vous entretiendrai pas, non plus, de la nation druse qui serait, cependant, très-curieuse à étudier, à cause de la singularité de ses croyances, car je n'ai pu parvenir à pénétrer les mystères qui enveloppent ce qui concerne sa religion. Je rapporterai néanmoins en peu de mots ce que j'ai pu en découvrir.

Les druses paraissent suivre une religion que leur a donnée *el Hakem,* kalife fatimite, ou plutôt son ministre *Hamzé,* et malgré son absurdité ils y tiennent fortement. Selon eux *Dieu,* l'Eternel, le Maître miséricordieux, a eu dix incarnations pour régler, à diverses époques, les affaires de ce monde, et sa dernière venue sera pour juger sa secte chérie, à laquelle est réservée le gouvernement des empires. En attendant cette heureuse époque de grande rémunération, l'âme du druse, qui vient à mourir, change d'enveloppe et va, selon ses mérites, ou dans un autre corps humain ou dans celui d'un animal, s'il y a eu de sa part transgression de la loi.

On voit dans les rues de cette ville leurs prêtres, qu'ils appellent *akkels* (sages) qui, avec un maintien décent, se piquent d'une grande pureté.

Ce qui fait croire au vulgaire ignorant que les druses s'accordent dans quelques-unes de leurs croyances avec les chrétiens et les musulmans, c'est qu'ils s'approprient les livres sacrés de ces deux sectes, prétendant qu'elles ont servi d'introduction à la religion unitaire qui est la leur, et que depuis l'établissement de celle-ci les deux autres ne doivent plus en être séparées.

Les imans ne manquèrent pas, d'après cela, d'adresser de pressantes invitations aux souverains et chefs religieux sectateurs de Mahomet et de Jésus, pour qu'ils eussent, eux et leurs peuples, à reconnaître la suprématie de Hakem, la dernière manifestation de la volonté de Dieu, dont les autres prophètes n'avaient été que la figure, mais ce fut en vain ; la fusion tant désirée n'eut pas lieu et les deux nations s'unirent au contraire pour combattre la nouvelle secte.

J'ai appris bien des particularités sur le compte de cette nation, mais comme il m'est impossible d'y croire, je dois m'abstenir de les publier [1].

J'ai dit, plus haut, que les chrétiens, comme toutes les autres sectes, jouissaient de beaucoup de liberté. Cela a existé certainement dans les temps passés, mais je dois dire qu'à la suite de l'invasion de la Syrie, par les Egyptiens, tout a changé et que les chrétiens ont perdu leurs anciennes prérogatives.

Ils avaient pu néanmoins se rendre utiles à la cause du sultan de Stamboul, et ils espéraient qu'ils

---

[1] Le dervich n'a pu pénétrer fort avant dans la connaissance d'une matière aussi obscure que la croyance des druses, et cela se conçoit aisément, puisque les personnes qui ont fait de longues résidences dans le pays ont pu à peine en connaître quelques particularités. Je crois cependant pouvoir annoncer au public que je suis parvenu à traduire un manuscrit arabe contenant un exposé abrégé de la religion des druses et que je le publierai dès que ce travail sera terminé.

en seraient traités avec bonté. Les derniers événements ont prouvé qu'il est chez les potentats des raisons qui l'emportent sur les sentiments et que la reconnaissance du gouvernement ottoman a été étouffée par l'ombrage qu'une faible nation a paru lui inspirer. Les maronites avaient osé élever la voix ; ils croyaient pouvoir se plaindre du peu d'égards qu'on leur témoignait : que signifiaient ces clameurs ? *évidemment ils voulaient se rendre indépendants et appeler les nations franques à les secourir.* Le souverain turc parut le penser ainsi, et vite il souffla à son visir de Beyrout l'esprit qui devait l'animer ; c'est-à-dire d'allumer le feu de la discorde afin, sans doute, d'avoir un prétexte pour comprimer cette nation.

Les druses se laissèrent facilement soulever contre les maronites, quoique ce ne fût qu'à leur union avec cette nation, qu'ils dussent l'inviolabilité de la montagne ; mais, poussés par les Turcs, ils parvinrent à détruire une grande partie de ceux qui auparavant étaient leurs alliés.

Vous ignorez vraisemblablement toutes les atrocités qui ont été commises dans cette guerre suscitée, ou entretenue, par les pachas envoyés de Constantinople, mais comme de pareils faits seraient sans intérêt pour vous, mes chers compatriotes, je ne vous en parlerai pas davantage. J'ajouterai seulement qu'il faut venir en Turquie pour se convaincre de cette vérité : que les autorités emploient tous leurs efforts pour exterminer leurs propres sujets, même ceux qui sont les plus soumis et les plus laborieux, au point qu'on croirait vraiment qu'elles ont pris plaisir à ruiner la contrée la plus prospère, par ses établissements agricoles, de tout l'empire ottoman.

On me dit, en effet, que le Liban était autrefois le plus beau pays, le plus peuplé de toute la domination turque, et aussi le mieux cultivé, tandis qu'il n'est plus couvert aujourd'hui, du moins dans la partie du sud, que de ruines et de misères. N'était-ce pas ainsi du temps de nos oppresseurs les Turcs! Auraient-ils jamais consenti, je ne dis pas favorisé, la construction d'un seul des nombreux villages qui ont surgi, comme par enchantement, du sol algérien depuis l'occupation des Français?... ces hommes industrieux et guerriers que nous appelions barbares et dont nous nous plaisions à menacer nos enfants en leur disant : *ah hou el roumi* (Voici le chrétien)!

La conduite perfide de l'autorité turque dans le Liban a produit ce fâcheux résultat, et les vengeances particulières sont devenues communes en se perpétuant à la montagne, où naguère ses habitants ne formaient, pour ainsi dire, qu'une famille.

Le pouvoir actuel y est toujours porté à pardonner le crime commis sur un chrétien, lorsqu'on sait provoquer sa clémence par de gros sacrifices pécuniaires, mais je dois convenir, toutefois, qu'il sait sauver les apparences en se bornant à condamner le coupable à une forte amende, sous le spécieux prétexte que l'assassinat n'a pas été prémédité, ou qu'il est d'autres circonstances qui sollicitent pour la vie sauve. Ces vengeances, que la conduite de l'autorité semble exciter à dessein, sont la source d'interminables avanies puisqu'elles donnent lieu les unes aux autres.

Autrefois le plus sûr moyen d'apaiser les querelles, d'effacer les ressentiments, était de mettre entièrement le coupable à la merci de celui qui avait été outragé et dont on craignait le ressentiment. Les amis communs négociaient une réconciliation, et lorsque les conditions étaient acceptées de part et d'autre, le meurtrier se rendait chez l'offensé, le plus proche parent de la personne assassinée, et se présentant à lui un mouchoir tordu autour du cou, en guise de corde, il lui protestait, sur son honneur, qu'il n'avait pas voulu tuer son parent; mais, qu'ayant été vivement attaqué, dans ce qu'il avait de plus cher, il s'était vu saisi d'un mouvement d'indignation et que la fatalité seule l'avait porté à commettre le crime, qu'il a depuis lors détesté et qu'il déplore encore. Il lui proposait de disposer, malgré cela, de sa vie qu'il était venu mettre à sa disposition.

L'hospitalité était aussi la vertu héréditaire des Libanais. Ils l'accordaient à tous ceux qui la réclamaient et considéraient le droit d'asile comme inviolable, ils l'avaient toujours défendu. Les musulmans mêmes des villes, surtout les autorités, n'y avaient pas recours en vain.

La destruction de cet antique privilége peut être considérée comme une grande perte pour les habitants de la Syrie en général, puisque la civilisation ne les dédommage par aucun autre avantage du sacrifice qu'elle leur impose.

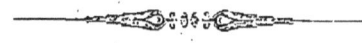

III

Départ de Beyrout. — Arrivée à Lattaquie. — Histoire du *cheikh el-Mograbi*. — M. L. Geofroy, consul de France.

Ne trouvant point de ressources à Beyrout, pour compenser au moins la modeste dépense que j'y faisais, je suivis le conseil qui m'avait été donné, et je résolus de continuer mon voyage. Pour l'effectuer plus économiquement, je pris la voie de mer; et un méchant bateau, en tout semblable aux *sandals* qui font les voyages de la côte de Barbarie, fut le navire sur lequel je m'embarquai.

Nous partîmes le soir. Nous étions à Tripoli dès le lendemain, et, comme le vent continuait à nous servir merveilleusement, ayant repris la mer, nous vînmes passer la nuit dans le port d'une île appelée *Rouad*.

Il y avait six heures environ que nous avions

quitté ce mouillage, avec une bonne brise, lorsqu'un des marins me cria : « Maugrebin, voilà la
» mosquée d'un de tes compatriotes. »

Je vis, en effet, au milieu de la mer, une coupole blanche que le mirage nous montrait dans les airs, avant qu'il nous fût possible d'apercevoir la terre sur laquelle elle reposait. La mosquée se dessina peu à peu, et avec elle tout le promontoire de Lattaquie, dont l'aspect est des plus riants. Le monument érigé à la mémoire du cheikh Mohamed fait l'ornement de la verte colline qui domine cette ville, jadis célèbre, et tombant en ruine aujourd'hui par l'incurie du gouvernement, qui, non-seulement, ne donne aucun encouragement à l'industrie, mais ne protége pas même l'agriculture, cette première source de la prospérité de tous les peuples.

J'aurai plus d'une fois l'occasion de revenir sur des faits analogues qui ne diffèrent en rien de ceux que nous voyions en Algérie du temps des deys : seulement en Algérie, c'était par politique ; le gouvernement encourageant toujours plus les habitants des villes à la course, en même temps qu'il voulait tenir les Arabes de la campagne dans un abaissement continuel ; tandis qu'en Syrie, c'est par la nonchalance des autorités, qui s'obstinent à se soustraire aux intentions bienveillantes de la Porte ottomane, et qui, de plus, sont essentiellement routinières, et, par là, ennemies de toute amélioration. C'est cependant une chose bien déplorable que de voir ainsi se perdre les immenses ressources qu'offre le sol de la Syrie.

On me fit l'historique de la vie du cheikh africain dont j'ai parlé, et quoique je ne fusse pas étranger à ce qui le concernait, j'en éprouvai bien du plaisir. Je vais en présenter un résumé.

Mohamed-el-Mogrebi était natif de Souse, dans la régence de Tunis, et descendait de *saïd Ahmed ben-Tagger*.

Il était venu à Alep, attiré par la réputation de cette grande ville, qui se faisait honneur de protéger les sciences et de posséder un grand nombre de savants.

Il n'y resta pas cependant, parce qu'on ne put approuver son fanatisme outré, dans une ville essentiellement commerçante, et où les relations avec les Européens et les autres chrétiens de la contrée, étaient toute la ressource d'une population nombreuse, et qui se voyait exposée à perdre, par son intolérance, toute son industrie.

Par suite d'une manie blessante, ce cheikh exigeait que les chrétiens ou israélites qu'il rencontrait, passassent à sa gauche, et si quelqu'un ne se conformait pas à son injonction, il l'injuriait et provoquait les passants contre lui.

C'est en exerçant un acte semblable envers le drogman d'un consul, que le pacha fut prié d'éloigner ce personnage dangereux.

Cette leçon porta son fruit. Une fois hors d'Alep, il ne pratiqua plus une si orgueilleuse exigence.

Sa présence à Lattaquie, où ses connaissances devaient plus briller qu'à Alep, fut signalée par la sagesse de ses conseils, invitant les croyants, non-seulement à vivre dans une parfaite union, mais à s'aimer et à se rendre autant de services que leur position le leur permettait. Il leur disait : « Vos » péchés vous seront pardonnés toutes les fois que » vous aurez fait preuve d'un véritable amour » pour vos frères. »

Profitant des occasions qui se présentaient de combattre quelque préjugé ou des usages vicieux, il y mettait tout son zèle.

C'est dans ces pays que les musulmans font un fréquent usage du serment *el-talak,* par suite duquel ils doivent se séparer de leurs femmes, s'ils ne l'ont pas observé.

Cette singulière et fâcheuse coutume est très-souvent suivie des plus amers regrets, et le jureur repentant emploie alors tous les moyens qu'il peut imaginer pour éviter de faire prononcer le divorce; mais les cadis et les autres légistes ne connaissent à cela qu'un remède, qui est pire que le mal : il consiste à faire épouser la femme répudiée par un autre homme, et d'engager ce dernier à répudier, après quelques jours, cette femme, afin qu'elle puisse reprendre son premier mari.

Mohamed el-Mogrebi pensait autrement, et s'étant saisi de la première affaire de ce genre qui survint, il la jugea en faveur du jureur imprudent. Celui-ci, muni de la sentence du cheikh, dont l'autorité commençait à s'établir dans la contrée, conserva sa femme sans le moindre scrupule.

Les juge, muphti et autres hommes de loi, n'étant plus consultés sur de pareilles affaires, qui leur valaient de bons revenus, résolurent d'interpeller le cheikh sur la hardiesse qu'il avait eue de valider des actes qui, d'après les principes de l'islamisme, étaient considérés jusqu'alors comme très-coupables, en ayant soin de lui citer les divers auteurs qui avaient consacré la règle qu'il venait d'enfreindre.

Le cheikh leur fit remarquer que les textes, sur lesquels ils s'appuyaient, n'exprimaient ce qu'ils entendaient que par pure induction, et que, du moment qu'une chose n'était pas expressément défendue, on pouvait se la permettre.

« Doutez-vous, ajoutait-il, que le monde n'ait été
» créé que pour notre saint Prophète? Ne con-
» cevez-vous pas dès lors quel est l'amour de
» l'Etre suprême pour son envoyé Mahomet? Pen-
» sez-vous que ce vénérable Prophète ne soit pas
» pénétré d'une véritable tendresse pour ses secta-
» teurs, et qu'il n'entende vouloir leur accorder
» les plus grands priviléges en ce monde, lui qui
» a le pouvoir de retirer, même de l'enfer, tout
» croyant qui y serait condamné par méprise, la
» permission lui en ayant été donnée pour tou-
» jours? Doutez-vous encore de la puissance de
» celui qui, par la seule institution de l'ablution,

» fait pardonner les péchés des siens ? Si donc
» notre sublime Prophète s'est occupé avec une si
» grande sollicitude des croyants, soit dans ce
» monde, soit dans l'autre, comment pouvez-vous
» obliger un homme, sur un mot dit sans ré-
» flexion, et peut-être dans un moment de viva-
» cité, de divorcer avec la femme que Dieu avait
» unie à son sort ? Le jurement donnant lieu à la
» séparation doit être purement facultatif, et
» l'homme que des motifs graves obligent à ré-
» pudier sa femme, peut s'en servir pour faire
» prononcer légalement le divorce. »

Les antagonistes du cheikh demeurèrent convaincus par les raisons qu'il donnait, et ils n'osèrent plus insister sur les séparations qu'ils ordonnaient si facilement autrefois.

L'habitude du serment, à la charge de renoncer à sa femme, étant très-commune chez les musulmans, principalement parmi ceux de la basse classe, le jugement du cheikh, qui garantissait ces sortes de jureurs de l'impunité, ne fit que rendre ce serment plus fréquent, en lui ôtant toute sa gravité ; mais ce qui augmenta le nombre des partisans du cheikh el-Mogrebi, ce furent certaines libertés qu'il accordait, quoiqu'elles ne fussent pas toujours d'accord avec une parfaite équité.

Plusieurs de nos docteurs ont la faiblesse de penser que les règles strictes de la justice ne doivent être rigoureusement observées qu'envers leurs coreligionnaires, et ils autorisent ceux qui les consultent à être peu scrupuleux envers les chrétiens et les nessaïris *qui paraissent aussi abjects aux yeux de Dieu que les animaux qu'il a créés pour l'usage des musulmans.*

Cette maxime pernicieuse a porté le plus grand tort aux individus de ces deux nations qui, étant attaqués devant les juges mahométans, doivent être inévitablement condamnés, le témoignage de deux croyants suffisant pour faire admettre tout chef d'accusation, et les accusés ne pouvant se défendre qu'en produisant des témoins musulmans, tous les autres étant repoussés par la loi.

Plusieurs circonstances, à l'occasion desquelles les horoscopes du cheikh se confirmèrent entièrement, achevèrent de lui attirer la vénération du peuple, qu'il gagnait également par ses aumônes et surtout par l'extrême affabilité qu'il montrait dans ses entretiens avec les personnes qui venaient le consulter. Ses sermons de tous les vendredis, dans lesquels il déployait une éloquence remarquable à Lattaquie, contribuaient aussi beaucoup à augmenter le nombre de ses admirateurs.

Son ascendant était devenu si grand que nul n'osait plus s'y soustraire, et les pachas, comme les simples gouverneurs, avaient fini par le consulter sur toutes leurs affaires et se conformaient scrupuleusement à toutes ses décisions, quoiqu'elles ne fussent présentées par lui que sous forme de conseil.

La puissance de son ascendant se fit surtout sentir lors de l'assassinat du pacha *el-Mann,* que les habitants de Lattaquie reconnurent être un nessaïri. Le crime resta impuni, parce qu'il avait été commis à l'instigation du cheikh et qu'il avait promis de prendre les auteurs de cet assassinat sous sa protection. Il obtint aussi que ses richesses, dont les assassins s'étaient emparés, leur servissent de récompense.

Le sultan de Stamboul dut sanctionner cette conduite du cheikh, comme en tant d'autres occasions, où il est forcé d'approuver ce que font ses pachas, quelque éloignés que soient leurs actes des véritables intérêts de l'Etat et des principes de la justice.

Du reste on pouvait toujours obtenir par des présents la faveurs des *capigi-bachis*, ou officiers chargés d'exécuter les ordres du grand Seigneur : c'était alors une règle, pour ainsi dire invariable, et aujourd'hui que le gouvernement travaille à réformer les abus monstrueux qui existaient dans l'empire, ce moyen jouit encore de beaucoup de crédit, parce que ce sont toujours les notables des villes qui, de fait, conservent le pouvoir.

L'histoire de notre cheikh serait fort longue, si je voulais rapporter tout ce que j'en ai appris; mais comme je craindrais de fatiguer mes lecteurs, je ne dirai rien de plus sur cet heureux personnage qui a joui pendant sa vie et à sa mort des plus grands honneurs. J'ajouterai néanmoins qu'il mourut pendant la peste de 1828.

La ville de Lattaquie, déjà attristée par les ravages de cette maladie, n'en fut pas moins plongée, par la mort de son cheikh chéri, dans la plus profonde affliction. Ses funérailles furent des plus remarquables, et, dans son enthousiasme, le peuple lui vota la belle mosquée qui renferme son tombeau : on dit qu'elle a coûté un million de piastres, et c'est un sacrifice vraiment considérable pour une petite ville qui ne compte que 3 ou 4,000 musulmans.

Je crois devoir dire, en terminant ce qui regarde ce cheikh, qu'il usait d'une grande finesse avec les chrétiens et les francs, et que, pour éviter de les saluer, ou de leur rendre leur salut, il leur adressait toujours des questions oiseuses lorsqu'il les rencontrait, telles que : *Vous jouissez de la fraîcheur? Vous vous portez bien?* etc., tant il éprouvait d'éloignement pour le christianisme ou les croyances autres que la sienne.

Dès que j'eus appris tout ce qui regardait le cheikh Mohamed-el-Mogrebi, et dont je viens de présenter un résumé succinct, je m'empressai de me conformer au conseil qu'on m'avait si fort engagé de suivre dans toutes les échelles où se trouve un consulat de France. Mon passeport à la main, je me fis donc annoncer chez le consul de Lattaquie qui, me voyant un costume étranger, m'adressa la parole en arabe.

Lorsque je lui eus fait connaître mon intention d'aller à Alep, il ne put s'empêcher de faire un

mouvement de tête dont le sens était loin de répondre aux espérances que j'avais conçues de ce voyage. Il me dit, sans doute par pure politesse : « Vous pouvez tenter le voyage, mais sachez bien
» que les musulmans d'aujourd'hui sont à ceux
» d'autrefois ce que la nuit est au jour. Alep est
» une ville populeuse et assez riche, si ce n'est que
» les habitants de votre religion y sont devenus de
» vrais égoïstes; les cœurs s'y refroidissent toujours
» de plus en plus. Si vous étiez juif ou chrétien, je
» ne vous tiendrais pas ce langage, et je pourrais
» vous donner plus d'espoir. »

Ces franches paroles étaient loin de me consoler dans l'état borné de mes ressources.

Lorsque je sortis de chez le consul, j'appris qu'il était très-aimé dans ce pays, que sa famille y habitait depuis un grand nombre d'années et qu'il y jouissait personnellement de la réputation d'homme plein d'honneur et d'énergie.

Ce consul, M. Lucien Geofroy, a un frère qui remplit à Alep la charge d'interprète-chancelier, et je me promis bien de lui faire mon compliment sur le bon renom que sa famille avait dans toute cette contrée ; ce qui, selon l'expression de nos poëtes et dans les circonstances où je me trouvais, était venu flatter mes oreilles comme l'odeur suave qu'exhalent les fleurs caresse l'odorat des passants.

Je vis aussi d'autres Européens : c'étaient des Français. MM. Bellier, Mazoillier, Aumann et

Michel me conduisirent dans leurs maisons pour me combler de leurs attentions. Je reconnus toujours plus que mon passeport me valait un meilleur accueil que le titre de *fakih*. Je trouvai toutes les dames franques, qui sont sœurs ou proches parentes, d'une amabilité que je ne pourrais comparer qu'à leur extrême politesse. Si ma protection française me valut l'entrée dans ces honorables familles, ce fut à ma langue arabe que je dus de pouvoir apprécier leurs rares mérites. Ils brillaient surtout dans la veuve d'un ancien consul qui eut la bonté de me parler de son voyage à Bagdad, la ville des merveilles. « Madame, lui dis-
» je avec une émotion qui accusait ma gaucherie
» dans l'art des compliments, vous n'auriez pas dû
» la quitter : vous lui teniez lieu de ce qu'elle ne
» possédait plus. »

Les visites ne sont pas seulement agréables en Orient par les bons traitements qu'on y reçoit, elles servent aussi à se procurer les connaissances qu'on désire acquérir, les renseignements ne se communiquant que verbalement, nul n'ayant encore pensé d'en faire le sujet d'un écrit.

C'est ainsi que j'appris de M. Bellier que la réputation du fameux tabac de Lattaquie était due au hasard, et que celui-ci devait le jour à la tyrannie exercée de tous temps contre les habitants de la campagne, vrais idolâtres, de mœurs aussi barbares que dissolues, et dont je donnerai connaissance au lecteur dans un prochain article.

Voilà ce qui m'a été raconté :

Il y a cent ans, la récolte des tabacs fut très-abondante. Les montagnards, alors en insurrection, n'ayant pu en effectuer la vente, comme d'ordinaire, les suspendirent au plafond de leurs maisons et les y laissèrent tout l'hiver.

Au changement de gouverneur, l'ordre se rétablit à la montagne, les négociants de Lattaquie achetèrent alors à bas prix ces tabacs noircis par la fumée de l'âtre et les expédièrent en Egypte, qui en était entièrement dépourvue. Les marchands de Damiette trouvèrent à ce tabac noir un goût parfumé qui leur plut, aussi écrivirent-ils à leurs correspondants de Lattaquie de leur en envoyer de cette même qualité. Ceux-ci s'adressèrent aux montagnards qui leur expliquèrent comment ces tabacs avaient acquis cette couleur noirâtre. On reconnut alors l'avantage du procédé, c'est-à-dire de la fumigation au moyen du bois appelé *ozer*, espèce de chêne que les montagnards brûlent pour se garantir du froid.

L'expérience a démontré plus tard que dans les maisons les plus humides, le tabac, séchant difficilement, s'imprégnait mieux de la fumée de ce bois, ce qui fait que les villages les plus élevés donnent les meilleurs tabacs.

Celui qui depuis ce temps reste appendu pendant les hivers sous la toiture des maisons est surnommé *abou riha* (père des odeurs), et il se vend trois fois plus que les tabacs ordinaires de la plaine, conservant la couleur naturelle qui, dans ces pays-ci, est plutôt claire que foncée.

IV

Des Nessaïris et des Ismaïlies.

Mes courses dans la ville de Lattaquié et dans les environs m'ont fait découvrir des visages de caractères nouveaux. J'avais surtout remarqué que la physionomie de certains habitants de la campagne avait quelque chose de rébarbatif ou de sauvage. J'ai appris que cet aspect repoussant était le partage d'une secte qui porte le nom de *nessaïris*.

Quoique les croyances et les mœurs de ces sectaires soient enveloppées de mystères, je suis cependant parvenu à recueillir quelques lumières sur cette singulière secte, et je vais les exposer.

Ali, fils d'*Abou-Taleb* est leur Dieu : ce fut un certain *Nessar* qui opéra leur conversion en leur faisant abandonner *el-Hakem*, la divinité des druses, avec lesquels ils paraissaient avoir été primitivement unis de croyance. *Ali*, comme vous le savez, signifie *haut, puissant.*

Le soleil, les étoiles, le firmament, jouent un grand rôle dans la religion des nessaïris. C'est de l'*œil* de l'astre radieux que sortira Ali, lorsqu'il viendra juger l'univers.

L'*Entendement*, le *Nom*, la *Porte*, les *Orphelins* et *Hessein*, qui sont les cinq ministres d'Ali, habitent avec lui, et cette divinité réside dans le soleil.

Dieu, ou Ali, a eu sept manifestations, et à chacune d'elles, ses ministres ont pris des noms différents, la plupart bibliques.

Selon les nessaïris, qui se qualifient de croyants, *Ali* représente, dans son unité divine, *Mahomet, Fatime, Hassein, Hosseïn* et *Mohsen.*

La troupe céleste est présidée par cinq orphelins, douze chefs, vingt-huit dévots ou élus.

Les hiérarchies des imans, des patriarches, des apôtres et des poëtes ou hommes illustres, y sont représentées par quatre *sittars* (anges-gardiens).

La religion des nessaïris ayant, réellement ou fictivement, emprunté ses dogmes à différentes religions, il s'ensuit qu'ils honorent, ou semblent honorer les prophètes et les apôtres. Ils ont aussi, disent-ils, de la vénération pour quelques saints du christianisme; ils prétendent posséder la Bible, l'Évangile et le Koran.

Les nessaïris sont en tout si cachés qu'ils ont imaginé des signes à l'aide desquels ils peuvent se reconnaître lorsqu'ils se rencontrent. Ils croient à la métempsycose.

La transmigration des âmes s'opère d'une manière relative aux corps qu'elles ont habités.

Ainsi, l'entrée du paradis est permise à l'âme d'un homme religieux, après qu'elle a passé par un petit nombre de corps; elle est fixée alors dans une étoile. Celle d'un pervers en doit, d'abord, habiter *quatre-vingts*, ni plus ni moins. C'est là une punition qui, chez eux, équivaut à la damnation, à l'enfer.

Pour ce qui est de l'âme d'un infidèle, elle est soumise à cinq grandes et horribles épreuves qui sont appelées : *oueskh, meskh, reckh, feskh* et *neskh*, c'est-à-dire : la *souillure*, l'*outrage*, la *lapidation*, l'*écartellement*, l'*anéantissement;* après quoi elle doit attendre tranquillement dans le corps d'un animal, plus ou moins vil, ou qui fatigue plus ou moins, suivant le rôle que l'âme a joué sur la terre, elle doit attendre, dis-je, l'avénement de Zohra (Fatime), qui est le nom de l'étoile appelée *Vénus*.

L'âme de celui qui a désobéi à la loi d'Ali, est quelquefois condamnée à demeurer dans le corps d'un musulman, d'un chrétien, ou d'un juif; et ce n'est qu'en se purifiant, par le passage successif d'un corps dans un autre, qu'elle peut, à son tour, s'élever au brillant séjour des étoiles.

On compte quatre sectes principales, parmi les nessaïris, dont la solaire et la lunaire adorent le soleil et la lune, tandis que les noms des deux autres, qui sont : *Ketteizi* (chaufournier) et *Chemali* (de gauche ou gaucher) n'offrent aucun sens indicatif, assez clair du moins, de leurs croyances particulières ; et l'on ne remarque, d'ailleurs, pas de différence entre elles et les autres, extérieurement bien entendu, leurs principes religieux étant identiques.

Les deux premières sectes donnent à leur *astre* tutélaire le nom d'*Ali*, qui, comme j'ai dit, signifie haut, en le qualifiant de *très-haut*. Ils le nomment aussi *Prince des Abeilles*, faisant sans doute allusion à ces insectes qui tournent autour de leur reine et obéissent à ses mouvements, comme les planètes sont soumises dans les leurs à l'influence du soleil.

La seule pratique religieuse qu'on voit remplir par les nessaïris, c'est la prière extérieure, pour laquelle ils se tournent vers l'orient et non, comme nous, du côté de la Kaabé ; ils l'interrompent, ou la recommencent, si quelqu'un, qui n'est pas de leur religion, vient à les déranger en passant devant eux.

La prière qu'ils font, au lever du soleil, et en présence de cet astre, est à leurs yeux la plus importante.

Les préceptes de la religion des nessaïris ne les porteraient qu'au bien, s'ils les observaient scrupuleusement, mais ils n'en font rien ; ils sont, dans ce pays, essentiellement voleurs et assassins, quoique ces deux crimes soient expressément défendus par leur loi.

Il leur est recommandé, au contraire, d'être charitables et de s'abstenir de jurer, et ils n'obéissent pas davantage à ces excellents préceptes.

Ils affirment sous serment avec la plus inconcevable légèreté et c'est plutôt pour tromper, que dans la vue d'engager fortement à croire ce qu'ils avancent.

La charité, ou l'hospitalité, est cependant si considérée dans leur religion que ceux qui ont joui de la réputation de pratiquer cette belle vertu reçoivent après leur mort les plus grands honneurs.

Le tombeau des nessaïris est ordinairement construit avec quelques pierres blanchies à la chaux, mais si la piété du défunt a été constatée par d'amples aumônes, et d'autres bonnes œuvres, on ne s'en tient pas là : une coupole, plus ou moins élevée, signale au monde la dernière demeure du saint qui pendant sa vie a consolé l'affligé et soulagé l'infortune. On vient de temps à autre brûler de l'encens sur son tombeau et les passants y récitent des prières. Les mausolées qu'on aperçoit de loin sont disséminés à dessein dans tout le pays des nessaïris comme pour devenir les monuments tutélaires de ces divers lieux.

On porte la confiance en ces saints personnages jusqu'à leur attribuer des miracles, et beaucoup de sectaires, voulant se les rendre propices, les intercèdent et leur font des legs pour que les produits soient employés aux bonnes œuvres, dont ils ont donné l'exemple, ou en instructions charitables.

Dans ces pays d'ignorance, de fourberie et de ruse, les chefs seraient dans l'impuissance de rendre la justice, sans la crainte salutaire que ces saints personnages inspirent. Aussi toutes les fois que le serment est déféré, on est sûr de parvenir à découvrir la vérité, parce que nul ne veut être parjure, étant persuadé que l'âme du saint, dont il prendrait faussement le nom à témoin, s'en vengerait en le frappant de mort.

Pour les nessaïris, les livres sacrés ont d'autres origines que celles qu'on leur attribue vulgairement. Le Mahomet auquel le Koran a été *inspiré* n'est point le Prophète des musulmans, et de tous les noms vénérés par ceux-ci, ils écartent Abou-Beker et Omar, sans doute pour venger le tort fait par eux à *Ali*.

C'est donc uniquement dans la vue de tromper les mahométans qu'ils affectent de pratiquer quelques-uns de leurs préceptes religieux : la *circoncision*, les *ablutions*, dont toute prière doit être précédée, et l'*abstinence* du ramadan.

Ils ont aussi d'autres jeûnes, et je crois qu'ils les observent avec sincérité comme faisant partie de leurs devoirs religieux.

A l'exemple des *musulmans* et des *israélites*, ils ne mangent point la chair du porc et, de plus, ils se privent de celle de tous les quadrupèdes femelles, ce qui leur est particulier. Ils éprouvent, au reste, la même aversion que la secte mosaïque pour tous les animaux qui ont quelques défectuosités, soit naturelles, soit accidentelles. Le chameau, le lièvre et l'anguille leur sont rigoureusement défendus.

Ils ne peuvent faire usage de boissons enivrantes, si ce n'est dans les cérémonies ou assemblées religieuses. Les cheikhs bénissent alors du vin et en donnent à boire aux assistants. Ces fêtes sont qualifiées de *saintes*. Elles se rencontrent avec la Noël et l'Épiphanie des chrétiens.

A l'occasion de l'accomplissement d'un vœu, de la réussite d'une affaire, d'une guérison inespérée, ou d'un retour d'un absent qui leur est cher, des réunions ont lieu, comme aux solennités consacrées par le culte, et ceux qui en font les frais préparent, en outre, une abondante collation à laquelle beaucoup de convives s'empressent toujours de venir prendre part.

Les cérémonies dont il est question sont toutes extrêmement sérieuses et sont célébrées dans le plus impénétrable mystère ; les femmes n'y assistent pas. Les réjouissances publiques, qui les accompagnent, se prolongent fort avant dans la nuit, et consistent en chants et en danses auxquelles le sexe participe, ce qui est sans exemple chez les autres peuples de l'Orient. On accorde cette faveur aux femmes sans doute, en compensation de ce qu'elles sont exclues des cérémonies religieuses.

Dans ces fêtes, le bois résineux qu'on allume, sert de luminaire et la musique se compose d'une grosse caisse accompagnant une cornemuse. Cette modeste musique suffit cependant à ces bonnes gens, chez lesquels l'amour de la danse les ferait sauter, même sans le secours d'aucun instrument, si la vie malheureuse à laquelle ils paraissent être condamnés, sous un gouvernement oppresseur, ne leur enlevait presque toute leur gaîté.

L'opinion généralement répandue veut que les nessaïris n'aient point de livres sacrés, ou d'écrits contenant les préceptes de leur foi, mais j'ai entendu soutenir qu'il en existait et qu'ils sont composés en termes mystiques, tels que ceux-ci : le *corbeau*, l'*anneau*, ce qui signifie : l'*ange Gabriel* et l'*arche*.

La religion recommande surtout aux nessaïris la résignation, et les exhorte à supporter avec courage les malheurs qui peuvent les atteindre.

Enfin l'initiation des jeunes gens aux mystères de la religion n'a pas lieu avant l'âge de quatorze à quinze ans. Ils y sont introduits à la suite de quelques instructions, que les cheikhs leur donnent, et qui consistent, principalement, à leur faire garder le plus profond silence sur tout ce qui leur est communiqué.

Cette initiation doit avoir lieu en présence de deux parrains ou assistants.

La religion des ismaïlies, dont Ali est également le chef, est un composé des croyances les plus absurdes et des pratiques les plus immorales qu'on puisse imaginer.

Leur paradis est représenté comme ayant un grand nombre de portes et d'enceintes, de champs de *safran*, de demeures de nacre et de corail, de galeries de topaze, de salons d'or, de tables d'argent sur lesquelles sont servis des mets *secs*; on y voit en outre des sources de lait et de miel, des pavillons de pourpre, habités par de belles adolescentes, des salons surmontés de dômes d'ambre, sous lesquels sont étalées des merveilles sorties des mains du Tout-Puissant, et chacune de ces enceintes, au nombre de *soixante et dix mille*, contient autant de champs, de demeures, de tous les objets enfin qui viennent d'être énumérés; chaque unité des 70,000 représentant généralement 70,000 autres galeries, salons, tables, sources, pavillons, etc.

Les habitans de ces lieux enchantés sont immortels.

C'était à jouir de ces biens ineffables que tendaient tous les vœux des ismaïlies.

Un des chefs de cette nation, qui était parvenu à se faire un pouvoir immense, dans cette partie de la Syrie, y exerçait une sorte de brigandage, à titre d'indemnité pour la sûreté qu'il garantissait, sa nation s'étant imposée pour la garde de ce pays montagneux et dangereux.

De pareils faits avaient lieu au temps où la force tenait lieu de droit et servait aussi à écarter la raison en obligeant celui qui s'en prévalait à y renoncer.

Pour être bien secondé dans ses nobles vues, le chef avait besoin d'employer des gens énergiques et d'une certaine intrépidité ; aussi ne négligeait-il rien pour se procurer des satellites fidèles et courageux.

L'élément religieux et le merveilleux, avec les jouissances qu'ils promettaient, étaient ce qui exerçait le plus d'empire sur les esprits ; aussi s'empressa-t-il de les mettre en usage, en les faisant tendre aux plaisirs sensuels, si attrayants pour des jeunes gens qu'on voulait impressionner fortement, en leur promettant, d'ailleurs, la possession éternelle des biens dont on ne faisait que leur donner les avant-goûts : ainsi subjugués, ils se sacrifiaient pour la cause qu'ils étaient appelés à servir.

Les élèves, que le chef faisait choisir parmi les habitants de sa province, devaient être remarquables par leurs qualités physiques et morales. Aussitôt qu'ils avaient reçu l'instruction nécessaire, et qu'ils s'étaient livrés aux exercices exigés d'eux, on en prenait, de temps à autre, un petit nombre, et, par une préparation adroitement introduite dans leurs aliments, on les engourdissait à tel point qu'on pouvait les transporter d'un lieu à un autre sans qu'ils s'en aperçussent.

Ce prince avait dans ses réserves un vaste jardin où l'art s'était attaché à réunir tout ce que l'imagination peut se figurer de plus délicieux, de plus attrayant. Des bosquets d'une fraîcheur charmante, des arbres chargés de fruits exquis, des fleurs qui exhalaient les plus doux parfums, des fontaines aux doux murmures, des jets d'eau, des cascades ; les constructions variées, élégantes, les kiosques dorés n'y manquaient pas ; et puis de quels hôtes charmants étaient peuplés ces lieux enchanteurs ? De jeunes et belles filles, aux costumes légers, se promenaient çà et là dans ces jardins admirables, et le silence de ces lieux augmentait le plaisir qu'on éprouvait au son harmonieux de leurs voix.

L'heureux, ou plutôt le malheureux mortel dont le réveil s'opérait au milieu de tant de merveilles, ne résistait pas longtemps aux séductions qui se pressaient autour de lui, et les plaisirs qu'il se donnait n'étaient jamais au-dessous de l'idée que son imagination avait pu se former des béatitudes célestes, promises aux élus par les livres sacrés des religions orientales.

Le procédé qu'on avait employé pour introduire ces jeunes gens dans un si charmant séjour, était mis également en usage pour les en faire sortir ; et lorsqu'ils reprenaient leurs sens, le récit qu'ils faisaient de tant de merveilles et de plaisirs enchanteurs, échauffait l'imagination de leurs camarades qui n'avaient pas goûté le même bonheur, et leur donnait l'espoir de jouir un jour des félicités qui leur étaient promises.

C'était une grande cause d'excitation pour une jeunesse intrépide et vaillante, et tous s'attachaient dès lors à remplir fidèlement les devoirs qui leur étaient imposés.

On croit que le breuvage employé avait pour base le *hachich*, dont on faisait un grand usage, et que c'était pour cette raison que les ismaïlies furent appelés *hachichin*, d'où, par corruption, on a fait plus tard le nom d'*assassin*. Mais je pense, quant à moi, que cette nation a aussi mérité de porter ce second surnom à cause de sa prétention de garantir le pays de tout vol, *assas* voulant dire garde, et *assas-in* en étant le pluriel.

Deux écrits qui m'ont été communiqués sur la religion des ismaïlies font naître deux impressions différentes : l'une, par la saine morale qui en est la base, paraîtrait avoir été l'œuvre de quelque religieux musulman ou chrétien ; l'autre, par la plus déplorable des aberrations à laquelle puisse s'abandonner l'espèce humaine, présente les idées les plus déplorables.

Tout cela me ferait douter que ces deux documents aient pu appartenir à la même nation et convenir à la même croyance.

Il est vrai qu'il court sur les ismaïlies les bruits les plus étranges, au sujet de leurs assemblées nocturnes. On dit qu'ils se réunissent en nombre égal d'hommes et de femmes, et que, pendant qu'un cheikh ou religieux fait la lecture, à un signal donné, les deux sexes cherchent à s'assortir, au milieu de l'obscurité produite par l'extinction des lumières!....

Voici une maxime non moins scandaleuse qu'on

leur attribue : *Celui qui plante un arbre, doit en manger le fruit.*

On dit, enfin, que dans certaines cérémonies de leur culte, une femme est placée sur un autel, et que les fidèles viennent tour à tour se prosterner devant elle pour l'adorer. Le second écrit que je vais rapporter viendrait confirmer cette imputation. Elle fait donner aux ismaïliens le surnom d'*abou-el-ferchekh*, amateurs de l'enjambée.

Un Européen, habitant la ville de Seyde, m'a dit tenir d'un autre Franc de Nazareth, pays voisin d'une contrée occupée par des ismaïlies, que, pendant un de ses voyages, il remarqua un homme prosterné devant une femme appuyée contre un arbre...... et que cette adoration dura environ quinze minutes.

Le premier des deux écrits dont j'ai parlé est conçu en ces termes :

« O enfants d'Adam ! la domination du monde est tout en-
» tière dans mes attributs, et c'est moi qui t'ai accordé tout
» ce qui est en ton pouvoir. Rappelle-toi, cependant, que rien
» ne saurait t'affranchir de ta destinée. Tes vêtements, dont
» tu te couvres, ne t'empêcheront pas d'éprouver les infirmi-
» tés auxquelles t'expose ta nature fragile ; et la nourriture,
» réparatrice de tes forces sans cesse épuisées, ne te défendra
» pas contre la mort, qui sera le terme obligé de ta vie : ta
» fin en sera plus ou moins éloignée, selon que tu auras plus
» pratiqué les voies de la vérité que celle du mensonge.
» Sache, au reste, que sur les trois parties qui forment ton
» être, la première m'appartient exclusivement, que la se-
» conde te revient, et que la troisième nous est commune.

» Ton âme se présente la première ;
» Tes œuvres composent la seconde ;
» Et les prières que tu fais produisent la troisième.

» Tu devras recourir à moi dans toutes tes nécessités, et
» ma sollicitude sera toujours de t'écouter favorablement.
» Honorez-moi, ô enfants d'Adam, et vous saurez qui je
» suis.

» Pour me voir, il faut me craindre ; mais pour m'appro-
» cher, il suffit de m'adorer.

» O enfants d'Adam, ne vous étonnez pas et ne dites point :
» Qui sera donc digne de gagner le paradis, si les potentats
» sont condamnés au feu de l'enfer, à cause de leur tyran-
» nie, les magistrats pour leur infidélité, les savants pour leurs
» jalousies, les ouvriers pour leurs fraudes, les puissants pour
» leur orgueil, les faibles pour leur hypocrisie, les indigents
» pour leurs supercheries ? Car, parmi toutes ces classes, il
» est d'heureuses exceptions..... Tâchez donc de faire partie
» de celles-ci : cela est en votre pouvoir. »

Voici ce que je puis donner du second écrit qui m'a été communiqué, et ce sera à votre pénétration de suppléer à ce que la décence ne me permet pas de publier.

« Si l'homme inique m'aborde avec déférence en m'assu-
» rant que nous nous réunirons tous un jour dans le Seigneur,
» je me dirais : ceci est faux, de même que la prière ; ne
» t'arrête donc pas à son dire, puisque c'est un menteur.
» Mais si un ange vient vers toi, découvre son visage, tu verras
» ton ami, ton bien-aimé et tout ce que tu peux désirer.
» Attire-le alors vers toi et dis : J'ai la face tournée vers la
» lumière pure et resplendissante de mon maître, créateur
» du ciel et de la terre, celui qui est l'unique et n'a point
» d'associé. Prosterne-toi devant lui, car c'est l'idole du jar-
» din. Semblable au paradis dans lequel coulent plusieurs

» fleuves; l'un de miel purifié, deux autres d'eau..... heu-
» reux celui qui se désaltère au bord d'un ruisseau!... *ô hadj*
» *massoud!* de toi nous sommes sortis et à toi nous re-
» tournerons. O mon maître, facilite-moi la connaissance
» des dogmes de ma religion. A quoi il sera répondu : Les
» dogmes de la foi sont compris..... ne lui adjoins jamais
» aucun être. »

Je dois ajouter, en terminant ce qui concerne les ismaïlies, qu'ils font usage, en boisson, de certains produits que je ne veux point nommer, et cela quand on les initie dans leur religion, et que le chef de cette secte, appelé *Rached-eddin*, pour réfuter l'existence d'un créateur céleste, disait à ses partisans : « Vous n'avez jamais ouï parler
» d'une seule créature descendue de ce ciel
» qu'on vous exalte tant, mais vous en avez vu des
» milliers, et vous en voyez sans cesse sortir des
» entrailles des femmes que vous devez reconnaître
» pour la vraie source de notre être. »

Les ismaïlies affectent le musulmanisme, et, comme les druses et les nessaïris, ils font semblant d'en suivre les préceptes.

Cela achèverait de me faire penser que des deux écrits que je viens de rapporter, le dernier leur appartient seulement, l'autre n'étant destiné qu'à donner le change sur leur véritable culte.

L'homme le plus dépravé n'est pas dépourvu, en effet, d'une certaine pudeur qui le porte à cacher ce qu'il ne croit être bien que dans sa propre conviction ou son exaltation religieuse.

J'avouerai, toutefois, que de toutes les sectes de l'Orient sur lesquelles planent des accusations plus ou moins graves de dissolution de mœurs, dérivant de leurs dogmes religieux, celle des nessaïris est la seule dont les livres canoniques, en prononçant sa culpabilité, rendent incontestable le principe criminel de cette religion perverse et donnent une entière raison à l'autorité ottomane qui, la considérant comme étant hors la loi, ne fait que la tolérer, puisque la vie de ses adeptes, leurs femmes et leurs biens sont à la discrétion des musulmans, pouvant aussi les acheter à l'égal de vils esclaves [1].

---

[1] Ce que je trouve dans l'Exposé de la religion des druses, par M. de Sacy, vient à l'appui de l'opinion qui existe en Syrie sur les nessaïris et peut servir de preuve à ce dont ils sont accusés. Voici le passage tiré d'un écrit de Hamza :

« Il m'est, dit-il, tombé entre les mains un livre composé
» par un homme d'entre les nessaïris, d'entre ces gens qui
» ne croient pas en notre Seigneur, qui lui associent d'autres
» que lui, qui débitent contre lui des mensonges ; par un
» homme qui séduit les croyants et les croyantes, qui ne
» cherche que la satisfaction des désirs brutaux et des plus
» honteux appétits de la nature, dont la religion est celle des
» vils nessaïris (t. II, p. 568.). »

Plusieurs passages plus explicites se trouvent dans les pages suivantes de l'écrit cité.   H. Guys.

V

Départ pour Alep. — Aspect misérable du pays. — Terres en friche. — Villages dépourvus d'arbres. — Ruines. — Citernes autour des villages et ruines. — Arrivée à Alep. — Réception.

Une caravane en destination d'Alep, dans laquelle se trouvaient des Européens et des religieux ou prêtres chrétiens, me fit décider à quitter d'autant plus volontiers la petite ville de Lattaquie qu'elle ne présentait aucune ressource, quoiqu'on pût y vivre à bon compte.

J'avais eu de la peine à m'habituer à la physionomie des habitants des environs de Lattaquie. L'aspect du pays que je fus obligé de traverser dans ce voyage, produisit sur moi une tout aussi fâcheuse impression.

Rien au monde ne semble montrer davantage jusqu'où peut aller la dégradation de l'homme, sous un gouvernement arbitraire et tyrannique, que cette contrée désolée.

Les villages sont un composé de méchantes maisons, ou plutôt de huttes informes, construites avec des pierres sèches, ou avec une sorte de terre argileuse; placées çà et là sans ordre, ou séparées par des tas d'immondices; le tout entrecoupé de grands trous qui, pendant l'hiver, deviennent autant de véritables cloaques.

Les habitants de ces misérables villages ou amas

de huttes, couchent pêle-mêle sur leurs terrasses, ou devant la porte de leur logis. La vue de ces familles, ainsi mêlées et endormies, présente des tableaux véritablement grotesques et qui pourraient fournir à un peintre européen de curieux sujets de composition, eux qui cherchent les choses extraordinaires ou singulières.

Le sol pourtant serait fertile sur plusieurs points de la longue route que j'ai parcourue jusqu'à Alep, si toute la contrée n'était point absolument dépourvue d'arbres, et si les habitants, moins exposés à être pressurés, pouvaient jouir paisiblement du fruit de leurs labeurs; mais il n'en est point ainsi : plus ils paraissent dans l'aisance, plus ils sont imposés; de sorte qu'ils sont forcément contraints, pour jouir de quelque repos, de se réduire aux plus stricts besoins et de vivre continuellement dans la misère.

D'un autre côté, il faut remarquer que le possesseur du sol n'en est pas propriétaire dans toute l'acception du mot, et c'est pour lui une nouvelle cause de découragement.

Je n'avais que peu d'instants pour causer avec les habitants des villages que je visitais. Depuis *Dgesser*, ils étaient musulmans et ils parlaient arabe; de sorte qu'il me fut facile d'obtenir quelques renseignements. Au sujet de l'absence des arbres, ils me dirent que le manque d'eau leur empêchait d'en planter. Mais leur ayant fait remarquer qu'un grand nombre d'arbres se suffisaient de celle de la pluie et qu'ils prospéraient dans des terrains plus arides que les leurs, alors poussés à bout par cette observation, ils me firent l'aveu de leur position, telle que je viens de la rapporter.

Cependant, à une époque plus reculée, toute cette contrée était bien plus peuplée, bien plus productive. Il est aisé de le conjecturer par le grand nombre de citernes que l'on rencontre autour de ces villages et par les ruines considérables qui s'offrent fréquemment à la vue du voyageur. D'où vient donc qu'il en est tout autrement aujourd'hui? Hélas! la réponse me semble facile à trouver : c'est qu'à présent toutes ces populations vivent sous un gouvernement oppresseur [1].

Je cheminais en faisant cette dernière réflexion, lorsque je vis se dessiner à l'horizon un groupe de cavaliers que j'eusse pris pour des arabes pillards, dont on m'avait tant effrayé, si nous n'avions pas été si proche d'Alep, que l'on nous dit être situé

---

[1] Il me peine d'être obligé de dire que je ne trouve pas l'opinion du dervich exagérée. Il écrivait en 1844 ou 1845, et les réformes dont on s'occupait depuis quelques années à Constantinople n'avaient pu porter leurs fruits alors, puisqu'elles ne s'étaient pas encore fait bien sentir, dans ce même pays, en 1847, époque à laquelle je le quittai. Le lecteur doit savoir, d'ailleurs, que lorsque le souverain de la Turquie veut que ses sujets jouissent de quelque bienfait, il faut infiniment de temps avant que cela plaise aussi à ses ministres, pachas, gouverneurs, notables ou fermiers des domaines publics.

H. Guys.

derrière une hauteur, à une lieue devant nous. D'ailleurs, en regardant plus attentivement, je reconnus bientôt que ce groupe était une cavalcade élégante composée de personnes des deux sexes.

J'appris de mes compagnons de voyage, avec lesquels j'avais, pendant la route, fait ample connaissance, et particulièrement avec un des religieux chrétiens, que cette sortie d'Alep avait lieu en leur honneur. Je dois dire, dès à présent, que ce religieux me rendit par la suite de signalés services, et que, si je m'abstiens de le nommer, c'est que je ne veux point blesser sa modestie qui m'est bien connue.

Un usage constamment suivi à Alep veut qu'on vienne à la rencontre de celui qui arrive dans cette ville, et qu'on l'accompagne lorsqu'il en part. C'est un cérémonial obligé, sous peine de passer pour un mal appris, et comme il ne constitue en aucuns frais, celui qui en est l'objet aurait la plus mauvaise grâce du monde de vouloir se soustraire à une formalité toute gratuite pour celui qui la reçoit, toute bienveillante pour ceux qui la remplissent.

Le nombre considérable de personnes qui venaient saluer les nouveaux arrivants me fit croire qu'ils jouissaient d'une grande considération dans cette ville, et je voulus les en féliciter ; mais ils m'apprirent qu'un seul d'entre eux était venu à Alep, qu'il y avait fait quelque commerce, sans

cependant se flatter d'y avoir laissé beaucoup d'amis. » Ne vous figurez pas, au reste, s'empressa-
» t-il d'ajouter, que ce soit par un véritable désir
» de me voir que tout ce monde est monté à cheval.
» Il a suffi que le bruit ait couru dans la cité, qu'une
» caravane amenait un seul individu, auquel Alep
» avait autrefois donné l'hospitalité, pour que les
» personnes qui possèdent une monture, ou qui
» peuvent s'en procurer sans être obligées d'en
» payer le louage, se mettent en campagne et ail-
» lent à la rencontre de ceux qui reviennent dans
» la ville, ou qui y arrivent pour la première fois.
» D'ailleurs, l'habitude où l'on est d'accueillir tout
» le monde à peu près de la même manière, fait
» traiter de prime abord en ami intime celui qu'on
» a déjà vu et le nouveau débarqué qui doit le
» devenir. »

On m'avait prévenu, chemin faisant, de l'un des défauts capitaux de la société d'Alep, lequel consiste à accueillir trop facilement tout étranger, à le visiter à son arrivée, à l'admettre dans l'intimité des familles, à courir à son égard la désagréable chance des mauvaises connaissances.

« Tout dervich que vous êtes, vous pouvez pré-
» tendre, en votre qualité de Français-Algérien,
» à l'honneur d'être introduit dans les sociétés
» d'Alep, » me disait un de mes nouveaux amis. A quoi je m'empressais de répondre : « Mon inten-
» tion n'est pas de fréquenter beaucoup les Euro-
» péens, avec lesquels je n'ai rien à faire ; mais

» qui sait comment tourneront les choses ! J'aurai
» recours à votre obligeance, s'il devient nécessaire
» de faire quelques visites de ce genre ; nous pour-
» rons, j'espère, nous revoir. »

Les dames qui se trouvaient dans le cortége me parurent d'agréables personnes, et comme elles portaient différents costumes, il y en avait pour tous les goûts.

Si je fusse venu directement d'Alger j'aurais été scandalisé d'une démonstration que nos mœurs réprouvent, mais n'ayant quitté la France que depuis peu, je ne fus point autant surpris de voir tous ces visages féminins à découvert, et je dois ajouter, pour être sincère, que je les vis avec plaisir.

Dans l'état où sont les mœurs en Europe, la fréquentation des sexes est sans conséquence, et je la trouve même convenable, par la raison qu'elle est naturelle ; mais de combien de désordres ne serait pas suivie l'adoption, par les musulmans, d'un usage qui est si éloigné de leurs idées et de leurs habitudes, surtout s'ils voulaient l'introduire brusquement parmi eux ? Il faudrait une éducation spéciale et graduée pour éviter les inconvénients qui naîtraient d'une transition trop rapide entre les deux extrêmes.

J'eus aussi la satisfaction de revoir des arbres un peu avant d'entrer à Alep. Mes yeux se reposèrent avec complaisance sur les deux grandes ceintures vertes qui entourent cette ville, et qui forment ensuite deux bandes pour suivre le cours de la rivière, allant dans le sud.

J'avais la vue fatiguée de la monotonie du pays; après la dernière montagne qu'on gravit en quittant *Dgesser*, les terres que nous avions parcourues ayant toutes une même couleur roussâtre, grisâtre et quelquefois presque blanchâtre.

Contrairement à ce qu'on voit dans les autres pays, où l'approche des villes s'annonce par la fréquence des villages, des cultures et des maisons de campagne, les environs d'Alep sont déserts à plus de dix heures à la ronde, et il faut être dans une aussi ferme conviction que celle de notre chef de caravane, qu'il ne s'était pas trompé, pour croire que la route que nous tenions devait nous conduire à notre destination.

Qui croirait que ce sont les autorités turques et les bédouins qui ont concouru à ruiner le pays qui entoure Alep? Les gouvernants, en fatiguant les habitants des villages par des corvées et des avanies, et les Arabes, en commettant continuellement des ravages sur leurs terres, ou en les mettant aussi à contribution.

Les divers mouvements des membres de la caravane, les petits groupes qu'ils composaient en s'en éloignant, les gestes que je voyais faire, et enfin quelques propos que je pus aussi entendr achevèrent de me conduire à cette conclusion : que l'arrivée de mes compagnons de voyage n'avait été que le prétexte de la sortie de tous ces amis empressés, et que le véritable but avait été le goût de la promenade, du moins pour le plus grand nombre.

Un peu avant d'entrer en ville, j'aperçus avec plaisir des tentes en poil de chèvre : elles me rappelèrent celles de nos *douars*. Comme en Algérie, elles sont habitées par des gens ayant le même costume et les mêmes mœurs. Leur industrie n'offre non plus aucune différence, et l'illusion fut complète lorsque je voulus parler à l'un d'eux, car j'eus l'agréable surprise de lui trouver le même accent qu'à ses confrères d'Occident.

Leur origine est indubitablement la même. Mais comment sont-ils restés dans une aussi complète ressemblance en tout ce qui constitue leur manière de vivre, quoique leur séparation date de plus de mille ans ?

Je pense que les uns et les autres n'ont pu conserver leur simplicité de mœurs et leur genre de vie qu'en évitant soigneusement le contact des villes, quoique établis à leurs portes.

C'est incontestablement la nécessité de fournir au luxe et autres besoins qu'il se crée que l'homme est forcé d'abandonner peu à peu la simplicité de sa primitive existence.

VI

Installation. — Visites. — Conversations. — Déceptions. — Le dervich prend la résolution d'écrire. — Conseils aux Algériens. — Réflexions sur l'Empire ottoman. — Consulat de France.

Il est très-aisé de se loger en Turquie, surtout pour ceux que leur état de fortune condamne aux plus grandes privations. Je pris, comme à Beyrout, une modeste chambre dégarnie de meubles et je me trouvai ainsi installé. Seulement, cette fois, je m'établis dans la cour d'une mosquée, parce que c'était plus convenable à mon caractère religieux, qui faisait mon unique ressource.

Deux jours après mon installation, je commençai à *prendre langue* en faisant des visites qui me mirent au courant de bien des circonstances que je n'avais pas cherché à connaître, mais qui m'éclairèrent sur le parti que j'en pouvais tirer : tant il est vrai que si Dieu refuse qu'on arrive au jardin de ses félicités par une porte, il en ouvre aussitôt une autre. Je ne tardai pas à remarquer que les Alepins ont une disposition particulière à gloser, à médire. Doit-on l'attribuer à l'air, à l'eau, ou bien à leur oisiveté ? c'est je crois le fruit de ce défaut, car ils passent la plus grande partie du temps à ne rien faire.

Mes premières visites furent pour les personnages

riches et en possession des charges du pays. Je trouvai partout la plus grande indifférence. » Que » savez-vous faire ? me demandait-on. —Rien. — » Mais vos semblables étaient doués de qualités » surnaturelles, et c'est à l'aide de ces moyens » qu'ils ont vécu dans cette ville et que même » quelques-uns se sont retirés avec de la fortune. »

Alors ma réponse était celle-ci :

« Je sais que des fourbes, comme il s'en ren- » contre chez toutes les nations, ont profité des » préjugés établis chez les peuples qu'ils ont visités, » mais est-ce une raison pour les imiter ? »

— « En venant ici, vous avez dû, cependant, » vous proposer d'exercer vos talents, ou une in- » dustrie quelconque : or, si vous n'avez pas le don » de désenchanter les êtres, les objets ou les lieux » ensorcelés, si vous ne savez pas indiquer les en- » droits où se cachent les trésors ; si vous n'êtes pas » possesseur de quelque secret pour guérir les » maladies des hommes et des animaux ; si, en un » mot, vous ne savez lire dans la destinée des hu- » mains, ou tirer leur horoscope, que savez-vous » donc faire ? »

Je convins de mon ignorance dans toutes ces sciences, et en même temps je témoignai mon étonnement de ce que l'on fût encore réduit, dans ce coin du monde, à croire qu'il existe réellement des gens qui possèdent les sciences occultes, et je vis que si je voulais faire mes affaires à Alep, je devais d'abord devenir charlatan, au risque d'entreprendre un métier qui ne pouvait qu'avoir des résultats éphémères.

« Mais la crédulité humaine est une mine inta-
» rissable, me disait-on, parce qu'elle a pour élé-
» ments la crainte aussi bien que l'espérance et le
» désir.» — «Vos gens seraient encore plus disposés
» à me croire que je n'oserais jamais entreprendre
» de les tromper. Les seuls moyens que je puisse
» mettre à leur disposition sont : les prières, les de-
» vises, les conseils approuvés par notre Prophète,
» *sur lequel soit le salut de l'éternel*, parce qu'ils
» ne dérangent en rien l'ordre ordinaire des
» choses et qu'ils ne constituent qu'une voie de
» parvenir à la manifestation de la volonté de Dieu,
» qu'on implore et à laquelle on s'en remet entiè-
» rement. Je suis *fakih* ; je possède tout mon Ko-
» ran ; j'ai retenu, également par cœur, une
» infinité de sentences et de devises de nos plus
» célèbres marabouts, et je mets ma science au
» service du public. » — « Vos principes conscien-
» cieux devraient vous mériter sa confiance, mais
» les hommes sont ainsi faits : ils préfèrent être
» trompés plutôt que de renoncer à leurs illusions
» et aux faiblesses d'esprit qu'ils tiennent de l'ha-
» bitude et des préjugés d'une éducation gros-
» sière. »

Je conclus de cette conversation et de plusieurs autres que j'eus avec les savants de la ville, que les sentiments de droiture étaient peu estimés des habitants d'Alep, et qu'ils préféraient la ruse et la duplicité. Je commençai dès lors à compter mes jours par mes déceptions.

Peu de personnes eurent confiance en mes devises, en mes prières, en mes conseils; ce qui me fit penser que mes efforts n'avaient point valu de résultats favorables à ceux qui s'étaient adressés à moi. J'avais eu cependant la précaution de les prévenir que je ne m'engageais qu'à solliciter la divinité par des moyens que le Prophète indiquait et que nos plus grands marabouts approuvaient, et qu'à Dieu seul reviendrait le mérite de l'obtention des grâces qu'ils sollicitaient par ma bouche. Je n'ai donc trompé personne.

Je passai plusieurs jours dans une cruelle anxiété. Je ne pouvais me résoudre à rester dans un pays où je n'avais, pour exister, que la perspective de la charité publique, qui elle-même est fort refroidie.

Changer de pays, ce n'eût pas été peut-être changer ma position, et je ne pouvais d'ailleurs entreprendre d'autres voyages, qui ne laissent pas que d'être dispendieux, pour courir après des illusions.

Je ne devais pas songer non plus à rentrer en Algérie avant trois ans, et il me fallait trouver le moyen d'employer tout ce temps d'une manière qui me fût utile pour l'avenir.

Je savais combien les peintures de mœurs sont estimées dans notre Occident; je pris donc la résolution d'écrire tout ce que je découvrirais d'intéressant dans mes diverses promenades, ou dans mes conversations.

Cette détermination me satisfit : il me sembla qu'elle me soulageait du poids de mon existence, qui m'était à charge, et je crus que par ce moyen j'éprouverais quelque félicité. Je commençai d'abord par écrire ce que j'ai rapporté jusqu'à ce moment, comme une sorte d'introduction à ce qui me reste à dire. Lecteur, par ce que j'ai fait vous pouvez juger de ce que vous avez à connaître, mais je compte sur votre indulgence et vous prie d'avoir égard à mes bonnes intentions.

En conséquence de ma résolution, bien loin de vouloir vivre dans la solitude, comme j'en avais eu d'abord l'idée, je songeai, au contraire, à me répandre dans la société, à établir des relations; je cherchai enfin à faire quelques bonnes connaissances. Je changeai de logement et j'en choisis un qui me permettait de recevoir les diverses personnes qui viendraient me visiter. La grande ville d'Alep renferme des habitants de différentes nations; on y rencontre des chrétiens, des israélites et, sans m'éloigner des musulmans, je m'établis de manière à être à portée des quartiers franc et juif, afin de pouvoir plus facilement étudier les mœurs de l'un et de l'autre. Je me trouvai dans la nécessité d'acquérir quelques meubles indispensables, mais la simplicité orientale me vint en aide, et je pus le faire sans de trop grands sacrifices. Je ferai remarquer, cependant, que mon nouvel appartement était bien moins confortablement organisé que celui que j'avais occupé à l'île Sainte-Marguerite, quoique j'y fusse prisonnier. Une natte, un divan, et deux coussins furent mes principales acquisitions.

Des personnes que j'avais consultées à Alep me confirmèrent dans l'idée que j'avais de ne point perdre ma nationalité de Français : c'était mon intérêt, et je fus donc me présenter au consul de France. Je fis cette démarche avec d'autant plus de plaisir que ce magistrat jouissait de beaucoup de crédit que lui valait l'estime générale.

A ce sujet, je crois devoir prévenir ceux de mes compatriotes qui viendraient en Orient de ne point mépriser une protection dont ils se croiraient dispensés en arrivant dans des pays soumis à l'islamisme. Ils savent que notre liberté religieuse ne souffre nullement de la part de l'autorité qui gouverne notre Algérie. Eh bien! dans ces contrées-ci, les agents français sont pleins de bienveillance pour nous.

Les Turcs qui possèdent l'empire des Arabes sont bien mahométans, mais *à la manière qu'ils l'étaient dans la régence d'Alger;* c'est-à-dire que c'est moins le Koran qui règle leurs actes, que l'intérêt politique. D'un autre côté, que peut devenir l'intention de l'autorité suprême lorsqu'elle doit passer par une foule d'autorités subalternes qui toutes cherchent à modifier les mesures qu'elle a commandées, pour les soumettre à leur propre convenance ?

Le sultan actuel a succédé à un des souverains turcs qui s'est fait le plus remarquer, et dès son début, il a montré le véritable désir de suivre les traces de son glorieux père. Les populations qui vivent sous sa dépendance présagent un heureux avenir, et elles espèrent être bientôt délivrées de l'oppression tyrannique des autorités inférieures. Des mesures utiles, des améliorations de divers genres, leur sont annoncées, et on attend avec la plus vive impatience le moment où elles seront mises en pratique. Leur impatience, pour ces changements, est tellement grande, que je ne puis mieux vous la faire comprendre qu'en la comparant à celle qu'éprouvent les gens qui composent une longue caravane, où tout le monde est pressé de boire, si ce n'est qu'il faut que chacun attende son tour pour arriver au puits et étancher sa soif ardente.

L'empire ottoman est trop étendu pour que la voix du sultan puisse se faire entendre promptement partout. Il lui manque pour cela trois choses : une armée plus considérable, un plus grand nombre d'employés, et surtout des agents fidèles.

La Syrie, qui compte à peine 1,600,000 habitants, pourrait en nourrir beaucoup plus, mais il ne faut espérer d'y voir augmenter la prospérité que lorsque les autorités cesseront d'agir d'une manière arbitraire et oppressive, et que les lumières, étant répandues davantage parmi les musulmans, ceux-ci ne considéreront plus les peuples d'une autre croyance que la leur, — qui forment les quatre dixièmes de la population de la Syrie, — comme des barbares qui ne sont dignes de vivre ni dans ce monde ni dans l'autre.

Pour être accompagné chez le consul de France, j'eus recours à un Algérien — on en trouve partout depuis quelque temps. — Ce fut en chemin qu'il me dit : « Vous allez voir un ancien habitant de » l'Algérie; » paroles qui remplirent mon cœur d'émotion, tant le souvenir de ma patrie m'est cher.

Le consul se nomme Guys. Son accueil me fit oublier bien des peines : il fut même une douce consolation pour moi. Représentez-vous, en effet, mes chers compatriotes, quelle a dû être ma joie en me trouvant en présence de quelqu'un qui parle arabe comme moi, qui m'entretient d'*Alger*, d'*Oran*, de *Bougie*, de *Bône*, et de tous les personnages que j'y connais, qui a vécu dans l'intimité de divers de mes amis; qui était en rapport avec deux marabouts influents des environs d'Oran et de Tafilet. Les sensations que j'ai éprouvées sont difficiles à concevoir, et il faut, pour les apprécier, être dans ma position, loin de sa terre natale et en proie à plus d'un tourment d'esprit et de corps.

Le consul français ne se contenta pas de m'accueillir avec bonté, de me promettre tout l'appui qui découlait de sa qualité d'agent d'un gouvernement comme celui de la France ; il me dit aussi que je pouvais compter sur son assistance, puisque le gouvernement qu'il sert, veut que ses sujets soient secourus partout où l'on est en mesure de satisfaire à leurs besoins.

En quittant le consul, je me rendis à la chancellerie et j'y reçus un tout aussi bon accueil de la part de M. Geofroy, frère du consul de Lattaquie, et ancien habitant de Tanger, où il a exercé les fonctions qu'il remplit ici. Il m'engagea beaucoup à le voir souvent, et je dois dire que ses bonnes manières contribuèrent, autant que ses aimables invitations, aux fréquentes visites que je lui fis. J'allais le voir maintes fois au *Kettab*, où il avait son logement, et tout en profitant de ses bons traitements, je m'associais au bonheur que lui valaient l'affection et l'estime de ses nombreux amis. S'il m'arrivait d'être triste, en me rendant chez lui, j'étais sûr de ne le quitter que la joie dans le cœur.

Après ces deux agréables visites, je rentrais chez moi plein d'un contentement que je n'avais pas éprouvé depuis longtemps, et aussitôt que j'eus occasion de voir un Alepin, je m'empressai de lui communiquer toute la satisfaction que j'éprouvais de songer que je pouvais, à l'avenir, compter sur un appui, non-seulement pour me défendre contre toute injustice, mais pour me secourir aussi dans les nécessités dont je me voyais menacé. Cette pensée était d'autant plus consolante pour moi, que je ne pouvais me reposer que faiblement sur mes co-religionnaires, gens, comme on sait, dévorés par une honteuse parcimonie, et partant peu charitables : dans mon malheur, j'en avais fait plus d'une fois la triste expérience.

VII

Aspect d'Alep. — Etat des constructions. — Rues. — Industrie.

La ville d'Alep, vue des hauteurs qui la dominent, présente un coup d'œil assez agréable. Cependant on ne peut la contempler dans toute son étendue, parce qu'un immense château, qui s'élève sur une colline, dans le centre de la ville, en dérobe aux regards une grande partie.

Ce château, par son extrême dégradation, offre quelque chose de romantique. La faux du temps, la fatalité des événements et la barbarie des hommes ont réduit en cet état le plus bel ornement d'une des plus célèbres cités de l'Orient.

Tel est du moins le jugement qu'on en porte lorsque le magnifique tableau d'Alep se présente à l'œil du voyageur fatigué par la monotonie et l'affreux aspect du pays qu'il a parcouru avant d'y arriver ; mais à peine est-il entré en ville que son désenchantement commence. On reconnaît alors qu'aucun plan régulier n'a présidé à l'alignement de ses rues, chacun n'ayant consulté que sa propre convenance pour édifier sa maison : de là l'irrégularité remarquable de ses nombreuses voies de communication, quoiqu'elles soient pavées, ce qui est assez rare en Turquie. Les murs lézardés, ou en partie ruinés, qui les bordent, les amas de décombres et d'ordures qu'on y rencontre, et le manque absolu d'entretien rendent ces rues désagréables et incommodes à parcourir.

L'habitude que j'avais prise de l'alignement de celles de France, et surtout de leur propreté, allait me faire oublier que, ce qui m'a choqué ici, c'est la même tortuosité, la même malpropreté des rues de mon pays, et cependant elles ont plus de largeur à Alep, et elles ne sont d'ailleurs pas traversées par des projections et des voûtes comme à Alger : le *kaïd-zoubia*, préposé jadis à l'enlèvement des immondices, faisait qu'elles n'y demeuraient pas en permanence comme à Alep.

L'extérieur des maisons est en tout point aussi insignifiant ici qu'à Alger. Les façades se composent partout de grands murs sur lesquels sont percées de rares fenêtres, ou plutôt des lucarnes élevées et garnies de barreaux de fer et de grilles. Des portes petites et basses sont en général les seules ouvertures qui donnent sur la rue.

Deux ou trois chambres se trouvent à l'entrée de la maison et forment l'*appartement* qui sert à recevoir les hommes et à loger un parent ou un ami. Ces cas, assez rares pour des particuliers, se présentent fréquemment lorsqu'on possède des biens ruraux, car on est alors obligé d'héberger ses fermiers.

Une petite cour sépare constamment cette partie de la maison des autres chambres, qui à l'intérieur se réduisent également à trois ou quatre. Les Orientaux n'ont pas, comme les Européens, des pièces spéciales pour se réunir, travailler, manger et se coucher. Ils n'ont pas même, comme eux, la coutume de se séparer pour dormir; aussi les noms de salons, salles à manger, boudoirs, cabinets sont-ils sans équivalents en Syrie.

La pièce principale sert à tous les usages : lorsqu'on veut prendre ses repas, *le couvert est mis* sur la natte ou le tapis, dont elle est rigoureusement ornée; on y étend tout simplement, sur le sol, une espèce de nappe, ou bien on y place une table ronde, haute de 20 à 25 centimètres et d'un mètre de largeur, puis on la garnit de cuillers de bois et de pain.

Dès que l'heure de se coucher approche, on place, sur ce même sol, les matelas que l'on sort d'une niche, ou d'une estrade, qu'un rideau dérobe à la vue; ensuite on couvre chaque matelas d'un drap et d'une couverture, à laquelle se trouve cousu le second drap. Un large coussin complète ce lit. Les gens riches ont plusieurs matelas, mais ils sont si minces, qu'il en faut trois ou quatre pour faire l'épaisseur de l'un de ceux de France.

Quand le maître de la maison jouit d'une certaine aisance, sa chambre principale est ornée de boiseries qui en partagent les murs en différents compartiments ou panneaux, et ces boiseries, qui sont ornées de sculptures ou de peintures, se terminent par une tablette à hauteur d'homme qui fait tout le tour de la chambre. On y place les ustensiles, les porcelaines, cristaux ou verreries des ménages musulmans, dont tout le luxe consiste à en posséder beaucoup ; mais c'est plutôt comme ornement que pour en faire usage, les occasions où ils pourraient s'en servir étant extrêmement rares, à cause de leur peu de propension pour les réunions.

Entre les compartiments des boiseries dont je viens de parler, on voit quelquefois des rateliers portant horizontalement des pipes, des armes, des chasse-mouches ou des éventails ; au bas se trouvent les divans, et ordinairement ils font le tour de la pièce entière.

Chaque maison a aussi un ou deux *livans*, espèces de chambres à trois murs et une arcade ouverte donnant sur la cour intérieure. C'est le salon d'été, le lieu où se tient la famille pendant le jour et où elle passe une partie de la nuit, lorsque la chaleur la chasse des chambres, qui sont de vraies fournaises, ne recevant de l'air que par la porte et des fenêtres fort petites, ouvertes dans cette même cour. Ces livans sont presque tous tournés au nord.

Cette portion du local étant la plus apparente et la plus nécessaire d'une maison, elle est ornée en conséquence. Les arabesques, dorures, moulures, marqueteries y abondent en proportion de la fortune des propriétaires.

Un sopha règne autour, et la partie qui reste vide est couverte de tapis ou de nattes. Le sol est rehaussé de quarante à cinquante centimètres de la cour, toujours pavée de marbre de diverses couleurs et souvent avec un luxe qui prouverait que la richesse fait les bons ouvriers. Un bassin, duquel s'échappe un jet d'eau, est un appendice obligé pour tous ceux qui peuvent se procurer cette jouissance de luxe.

Le devant des chambres, c'est-à-dire les deux ou trois mètres carrés qui sont entre la porte d'entrée et le plancher, également élevé de trente à quarante centimètres du sol, est aussi pavé en mosaïque chez les riches, et en marbre ou simple pierre polie chez les autres.

Les maisons, terminées en terrasses, sont entièrement bâties en pierres de taille. Celles des gens riches n'ont ordinairement qu'un étage, les autres n'ayant toutes que le rez-de-chaussée.

On a dû remarquer, par la description de l'ameublement des maisons, que les fauteuils, canapés y manquent absolument. Cependant, depuis quelque temps, l'usage des chaises s'est introduit dans cette partie de l'Orient, mais elles ne servent que pour s'asseoir dans les cours intérieures et devant le jet d'eau, ce charme de la vie orientale.

Du reste, point de consoles, de tables, de commodes, de secrétaires. Les effets d'habillement s'enferment avec un grand soin dans des armoires pratiquées le long des murailles.

Les vicissitudes que les anciennes familles ont eues à souffrir, en les contraignant de se borner à n'entretenir que celles de leurs propriétés qui leur ont servi de dernier refuge, les ont portées à livrer les autres aux ravages du temps; de là les nombreuses ruines qu'on voit à Alep, et que l'on serait tenté de mettre sur le compte du grand tremblement de terre de 1822, ou des troubles politiques qui avaient précédé de quelques années seulement ce fléau.

Le dérangement de fortune des habitants de cette ville provient de deux causes non moins funestes.

La ville d'Alep avait dû sa splendeur au transit du commerce de la Perse et de l'Inde par ses comptoirs, et à la fabrication de l'immense quantité de tissus de soie qu'elle fournissait non-seulement à la Turquie, mais à d'autres contrées. Or, par la perte de ces ressources vivifiantes, elle s'est vue ramener de la richesse à la médiocrité, et de celle-ci à la gêne, d'où s'en est suivie une ruine complète.

Les voies maritimes, rendues brèves et sûres, offraient une si grande économie sur le transport, que les négociants ont dû les adopter avec empressement pour ne plus employer le transit d'Alep qu'à l'égard de certaines contrées avec lesquelles cette ville continue à communiquer d'une manière plus directe que par le golfe Persique, ou la mer Noire. Mais d'un autre côté, le Diarbékir et la Mésopotamie s'étant appauvris au physique comme au moral, les relations mercantiles s'en sont ressenties ; ce qui a doublement influé sur la diminution du commerce resté à la ville d'Alep.

La perte de l'industrie qui était sa spécialité, a eu pour premier motif la réduction des fortunes en Turquie et la libre introduction, dans cet empire, d'une infinité de tissus que les inventions nouvelles de la chrétienté ont fait rechercher, autant par la variété des dessins que par le bas prix auxquels ils se sont vendus.

Cette décadence de l'industrie, dans cette ville, est telle que le chiffre de seize à vingt mille métiers que la spéculation faisait mouvoir, est insensiblement tombé à moins de deux milliers ; et encore faut-il dire qu'ils ne sont occupés aux trois quarts qu'à fabriquer des étoffes en coton, les seules avec lesquelles il soit permis de lutter contre l'industrie étrangère.

Les tissus de soie et ceux de coton remplacent aujourd'hui les cachemires, pour les turbans et les ceintures, et le reste de l'habillement a également subi des modifications économiques.

Les dames, qui ne portaient autrefois que des mouchoirs peints *au pinceau* et des fichus brodés en soie et or, se contentent aujourd'hui d'impressions plus ou moins soignées.

Ainsi la décadence commerciale a amené à sa suite la gêne et la parcimonie.

Faut-il donc s'étonner, mon cher lecteur, après ce récit, de voir les habitations n'offrir que des ruines ? Si l'homme est créateur avec de l'aisance, il est forcé de laisser tout dépérir lorsque, cessant d'être dans la prospérité, il tombe dans la pénurie.

Les monuments publics, même les mosquées, sont dans un état de dégradation analogue aux propriétés privées, mais c'est par d'autres motifs.

Les particuliers ne peuvent entretenir leurs maisons, faute de moyens suffisants, tandis que le défaut de réparation des établissements pieux et charitables n'est dû qu'à l'infidélité des administrateurs ; puisque toutes ces fondations sont richement dotées. J'aurai occasion de donner sur ce point de plus amples détails dans un autre article, car il y a beaucoup à dire, en toutes choses, dans un pays où le despotisme et l'arbitraire marchent de front avec la licence la plus effrénée.

J'allais oublier de faire mention d'un usage que je n'ai vu pratiquer qu'à Alep. Le plus proche parent de celui qui s'est rendu à la Mecque, pour remplir le précepte du pèlerinage, fait blanchir et orner de peintures la porte de la maison du nouveau hadgi aussitôt qu'il reçoit l'avis de son retour à Damas. C'est le témoignage de la joie que cette nouvelle répand dans toute la famille, et le pèlerin en reçoit la première preuve en retrouvant sa demeure ainsi embellie. La coutume est aussi de badigeonner les portes de tous les voisins en signe du contentement que leur a causé cet heureux retour.

VIII

Bazars. — Boutiques. — Lieux publics d'Alep.

En parcourant les rue d'Alep, on arrive aux bazars, qui en sont comme la continuation, à l'exception des *souks* ou *balistans*, parce que ce sont de véritables marchés séparés et qu'on ferme le soir.

Le nombre de ces marchés particuliers, comme leur étendue, est relatif à la grandeur de la ville et à sa population d'autrefois, qui s'élevait au quadruple de ce qu'elle est maintenant.

Cette grande différence provient, comme il a été dit, de l'abaissement des fortunes et de l'anéantissement presque complet de l'industrie ; aussi remarque-t-on un grand nombre de boutiques et de fabriques qui tombent en ruines. Ces débris sont autant de témoins de la misère des temps présents. La vue de cette opulence passée est un bien triste spectacle : c'est une preuve évidente de l'impuissance pécuniaire des habitants de cette antique cité.

Par la même raison, les bazars ont également cessé d'être aussi bien et aussi richement pourvus qu'autrefois. Ainsi, sous le rapport de la dépense, quant à l'habillement, la différence est facile à établir : les vêtements étaient jadis en brocard, en étoffes de soie, et maintenant ils sont seulement de mousseline et d'indienne.

Il s'est ouvert ici, comme à Alger, des magasins où l'on a étalé une foule d'objets nouveaux, dus à l'inépuisable industrie européenne, mais les Alepins pourraient dire, comme ce sage de l'antiquité : « Que de choses dont je puis me passer ! » A la différence que s'ils tenaient ce langage, ce serait par manque de moyens et non par philosophie. Un Arabe ne se brosse pas les dents, il les frotte avec son index ; les dents lui épargnent les ciseaux pour se faire les ongles ; les deux mains lui servent d'éponge pour se laver le visage, et les cinq doigts remplacent parfaitement le peigne pour se démêler la barbe, seul objet de cette nature qu'ils conservent.

Les Alepins qui citent leur bon vieux temps m'ont souvent fait venir l'eau à la bouche en me parlant des mets exquis qu'on préparait chez les traiteurs du bazar ; mais, comme je n'ai pu avoir de ceux-ci que des ragoûts très-communs, d'ailleurs fort mal préparés, je me suis promis de ne pas plus vanter la cuisine du bazar que sa pâtisserie.

Un de ces traiteurs, appelé *Yassina*, a laissé, au surplus, une si mauvaise réputation qu'on attribue à sa méthode tout ce qui est mal fait. Il avait l'habitude de faire servir ses rogatons : au riz ou pilau, il ajoutait de la viande et en faisait des farcis ; ceux-ci, au bout de deux ou trois jours, reparaissaient en hachis ou fondus dans un potage à la turque, où la viande est unie aux légumes. Ce Yassina a eu bien des imitateurs, à ce qu'il paraît, parce que les fricoteurs actuels ne jouissent d'aucune réputation. Ce n'est que contraint et forcé qu'on a recours à leur cuisine, qui est détestable, à la seule exception, cependant, des brochettes, pour lesquelles les rôtisseurs levantins conservent une supériorité incontestable.

Vous dépeindrai-je, cher compatriote, l'horreur que j'éprouvai à la vue d'une énorme marmite qu'entouraient des habitués affamés, au nombre desquels on m'invita à prendre rang, lorsque je témoignai le désir de me régaler du plat chéri des habitants de l'Algérie, qu'on me dit se trouver dans la boutique où je fus conduit? Cette marmite contenait, en effet, une espèce de grossier *couscoussou*; mais sa mauvaise composition me dégoûta moins que la manière dont on le mangeait. La marmite était sur un feu lent qui conservait au couscoussou la chaleur convenable, pendant que chaque personnage de la galerie y puisait par cuillerées jusqu'à satiété ; après quoi le gargotier faisait payer en proportion de ce qu'il supposait que chacun avait consommé, et la taxe n'était jamais contestée. Ce qui prouverait une de ces deux choses :

qu'il avait l'œil parfaitement exercé aux coups de cuillers des convives, ou que ceux-ci lui accordaient une confiance aveugle ; et c'était le plus probable, le peuple étant partout le même, bon et nullement méfiant de sa nature.

Il se trouve à Alep une spécialité : ce sont les boutiques de *heïtalié*, espèce de sorbet, qui est très-apprécié en tout temps, surtout pendant les chaleurs, que j'ai dit être suffocantes dans cette ville. Ce sorbet se compose d'une gelée dont la base est la fécule de froment, obtenue par le même procédé que l'amidon. On en met quelques morceaux dans un verre, avec assaisonnement de raisiné et d'eau de rose ou de fleurs d'oranger, et l'on obtient une boisson des plus rafraîchissantes ; elle est d'ailleurs à la portée de toutes les fortunes.

Le devant de la boutique de ces marchands est garni de plats et de vases de différentes formes, le tout d'une extrême propreté, et c'est un moyen d'attirer les consommateurs. Ils ont d'ailleurs soin d'ajouter à la netteté de leurs vases, la plupart en belle porcelaine et en cristal, l'attrait des fleurs, qui est si puissant sur les esprits orientaux.

L'eau est abondante à Alep ; des vendeurs de boissons légères sont les seuls rafraîchissements qui en parcourent les rues.

Vous connaissez, lecteur, la prédilection de cette partie de l'Asie pour le café, qui est le terme moyen entre les liquides que j'ai nommés et ceux dont une coupable cupidité a autorisé depuis longtemps publiquement la vente en Turquie : je veux parler des boissons enivrantes sur lesquelles j'aurai bientôt à revenir.

Pour être juste, il faut convenir que les Syriens aiment généralement le café et lui accordent une préférence marquée, une espèce de culte. Il est servi dans les salons des pachas et chez les particuliers, comme un témoignage de bienveillance ou une politesse; et les personnes qui sont l'objet de cette bienveillance la reçoivent avec plus ou moins de satisfaction, selon le degré de hauteur dont la liqueur est versée. La privation de cette politesse est tellement humiliante pour celui qui en est l'objet, qu'il a rarement lieu ; ce qui fait qu'on l'accorde lors même que la demande qui fait le sujet de la visite doit être rejetée. L'Arabe, qui sait prendre tous les revers avec résignation, se console difficilement, et considère comme le plus grand des affronts le refus d'une tasse de café.

Les établissements où se vend cette précieuse liqueur sont très-nombreux. Ils consistent en grandes salles autour desquelles règnent des estrades avec des divans ou des bancs en maçonnerie recouverts de nattes et de tapis. Beaucoup d'amateurs s'y tiennent sur des tabourets Le public n'y vient pas seulement pour prendre du café, mais aussi pour jouer aux dames ou au *mankalé*. Souvent ces modestes plaisirs sont pris pendant qu'un conteur débite quelqu'une des vieilles histoires que les Syriens aiment toujours à entendre, ou que des musiciens chantent en s'accompagnant de leurs instruments.

L'usage du café, que nos rigoristes de l'Occident réprouvent encore, a donné lieu à tant de controverses, que je crois devoir vous en faire l'historique.

Le café a été découvert par un dervich de Moka, dans l'Yémen, et on assure que cette découverte eut lieu en 656 de l'hégire (1258). Ce religieux, renvoyé de sa maison, vivait sur une montagne du voisinage. Voulant apaiser la faim qui le travaillait, il s'avisa de ramasser les fruits d'un arbuste qu'il rencontrait partout sur ses pas, et les ayant fait bouillir, il n'en trouva point la boisson désagréable. On ajoute que des confrères étant allés voir l'exilé, voulurent essayer de ce qu'il leur dit être devenu son unique nourriture, et qu'en ayant été également satisfaits, ils continuèrent d'en faire usage. Ceux qui rapportent ce fait ajoutent que, pendant le temps que ces personnes passèrent auprès du dervich, elles furent guéries de la gale dont elles étaient affectées, et que cette guérison fut attribuée au café.

Une pareille découverte valut au dervich son pardon, et le prince de Moka lui fit construire un couvent sur l'endroit même où il avait le premier fait usage de la graine du caféier.

L'usage du café se répandit rapidement dans tout l'Yémen, passa en Syrie, en Égypte et dans les autres pays. Deux Syriens ouvrirent, en 1555, à Constantinople, une boutique où le public pouvait aller se régaler de la délicieuse liqueur dont il avait eu, dans son ardente imagination, les avant-goûts par les récits qu'on lui en avait faits. Le concours des amateurs de cette boisson fut tel, que les *ulémas* (savants religieux) pensèrent à défendre son usage. Ils allèrent jusqu'à prétendre que c'était une boisson enivrante, tandis que les amateurs lui attribuaient la vertu d'exciter l'esprit, de l'égayer et de le porter principalement à louer Dieu, facilitant ainsi singulièrement les exercices religieux qui, sans un stimulant, portent par leur monotonie à la somnolence, comme le prouve l'usage qu'en faisaient, même à la Mecque, des corporations de dervichs, pour pouvoir veiller la nuit en récitant leurs prières. Mais l'opinion des ulémas trouva un puissant appui dans le pouvoir du temps, de sorte que les vendeurs de café furent maltraités, forcés de fermer leurs établissements et de supporter la perte même de tout ce qui avait servi à les exploiter et qui fut impitoyablement détruit.

Les imans poussèrent leur zèle fanatique jusqu'à menacer ceux qui prendraient du café de revêtir, au jour du jugement, une peau aussi noire que le marc de cette pernicieuse boisson.

Le café cependant finit par donner lieu à une enquête, à laquelle concoururent des docteurs musulmans de diverses contrées. Le résultat de cette enquête fut encore contre le café : on le condamna comme étant une boisson dangereuse.

Défense expresse fut en conséquence faite d'en prendre.

La raison la plus forte qui fut présentée pour appuyer la condamnation du café, reposait sur les désordres qui se commettaient entre les personnes qui se réunissaient pour en boire, comme si, sans le café, ces désordres n'eussent pas tout autant existé.

On raconte qu'un cheikh consulté, au Caire, sur ce qu'il pensait du café, réunit chez lui un grand nombre de personnes, et qu'ayant préparé du café en leur présence, il leur en servit, les retenant le reste de la journée pour pouvoir s'assurer, en conversant avec eux, qu'elles n'éprouveraient aucune altération dans leurs sens.

Cette expérience l'ayant amené à la conviction que l'usage du café pouvait être permis sans inconvénient, il s'empressa de dire que, quant à lui, il ne trouvait aucune raison plausible d'interdire une boisson que rien ne prouvait être nuisible.

C'est ainsi que cette question, soutenue par de nombreux approbateurs, après avoir été combattue par des juges d'autant plus puissants qu'ils tenaient aux corps religieux, finit par être résolue par la force des circonstances, et l'usage du café put définitivement s'établir et se propager. Il faut pourtant excepter cette partie de l'Occident qu'on nomme le Maroc, parce que, dans ce pays, la croyance musulmane a conservé la rigidité fanatique des premiers temps de l'islamisme.

Quoiqu'il n'existe point de loi qui empêche les Orientaux de fumer, et que la pipe soit comme un appendice de tout homme arrivé à l'âge de raison, c'est encore dans les cafés que les amateurs du tabac aiment à se réunir, la fumée ayant, assure-t-on, un plus haut goût lorsqu'elle est prise en compagnie d'autres fumeurs ; ce que je crois expliquer par le temps que la conversation et l'attention qu'on y prête donnent au tabac d'acquérir ce degré de fermentation qui en fait la bonté. Le fumeur, que sa pipe seule occupe, n'attend pas que cette opération se fasse, et dès lors il éprouve moins de plaisir. Pour obvier au défaut de conversation, l'Arabe gourmet a recours à ses rêveries, et c'est par les absences qu'elles lui valent qu'il retrouve ses moelleuses gorgées de fumée.

Le tabac, qui est si répandu en Turquie, où il est une nécessité bien plus impérieuse qu'en Europe, n'y est connu que depuis 250 ans.

Comme le café, il donna lieu à de longues discussions sur sa nature, et fut même condamné ; mais il triompha, lui aussi, des vains raisonnements des ulémas, et il s'identifia si bien avec les goûts sédentaires des Orientaux, qu'il fut promptement et généralement adopté.

La pipe a, dans le narguilé, un rude antagoniste, et le tombac fait une guerre à outrance au tabac. Il paraît cependant, du moins jusqu'ici, que ces deux moyens récréatifs des Alépins se partagent fraternellement leurs loisirs, et que si chacun se fait un parti séparé, cela n'empêche pas le plus grand nombre de prendre alternativement goût à l'un et à l'autre.

On m'assure que le narguilé, que vous connaissiez à peine, avant l'invasion française, ne s'est répandu en Syrie que depuis une cinquantaine d'années. Il est aujourd'hui dans toutes les mains, et les femmes, comme les filles, s'en permettent l'usage, souvent lorsque leurs moyens leur fournissent à peine de quoi vivre.

Vous connaissez, cher lecteur, quel fut le jugement du Prophète sur la musique : « C'est faire » acte d'insubordination que de l'entendre ; c'est » se montrer corrompu que d'y assister, et c'est » être infidèle que d'y prendre plaisir. »

On devait croire, d'après cet anathème, que les musulmans se seraient entièrement interdits la musique, et pourtant cet art n'a jamais été abandonné dans les pays mahométans, et quoiqu'il n'ait été spécialement cultivé que par une classe de gens qui en font leur métier, on peut assurer qu'il trouve aussi des adeptes parmi des jeunes gens, même des meilleures familles. Plusieurs jouent de quelques instruments, et chantent dans leurs réunions particulières.

L'espèce de contrainte à laquelle ils sont condamnés par la sévérité de leurs parents, et de ce public conservateur d'un reste de pudeur, fait que la musique progresse peu, et que, faute de compositeurs, elle est à peu près stationnaire ; car ce n'est que de loin en loin qu'un poëte surgit de nos jours, dans ce pays de la poésie, ce qui fait que ses vers sont lus ou chantés, au point de remplacer les anciens, qu'on s'accorde néanmoins à trouver inimitables.

Les premiers qui ont osé se livrer à l'entraînement de leur verve avaient deux choses à concilier : l'interdiction du Prophète, et le dédain du public pour ce qui est défendu ; mais le génie rend inventif, et, au moyen de la fiction, les difficultés s'évanouirent. Ils chantèrent le Prophète de Dieu, et comme tous les attributs lui étaient dus, ils purent se livrer à tout ce que leur imagination leur suggérait de plus sublime, de plus attrayant, de plus pathétique. Leurs poésies ayant été accueillies favorablement, ils continuèrent à s'exercer dans ce genre, qui convenait à tous les goûts, puisque les gens pieux y trouvaient des sujets de méditation, tandis que les êtres amoureux y découvraient des allusions tout à fait conformes à leurs passions ou rêveries.

Encouragés par ces succès, les poëtes crurent qu'après avoir chanté le Prophète, qui était incontestablement la plus noble créature de Dieu, ils pourraient aussi préconiser ses autres créations, et ils choisirent, parmi les animaux et les végétaux, les emblèmes de la douceur, de l'amabilité, de l'élégance, de la fraîcheur, de la souplesse.

Les amateurs actuels de musique se font aussi accompagner d'une bande de cinq à six musiciens dans leurs parties de jardin, qui durent toute la journée ou qui ne comprennent quelquefois que la soirée, à partir de l'heure de leur dernier repas, qu'ils prennent vers le coucher du soleil.

Dans les harems, quelques femmes, parentes ou amies, ont autant recours au chant qu'à la danse pour charmer leurs réunions; elles s'accompagnent ordinairement du tambour de basque, qui est le seul instrument que chaque famille puisse posséder en toute sûreté de conscience. Les cheikhs mêmes ne se font pas scrupule de l'employer dans les cérémonies religieuses, en accompagnant leurs chants laudatifs.

La faveur exceptionnelle dont jouit le tambour de basque vient de ce que *Khadidgé* ayant envoyé Mahomet à Damas pour y faire le commerce, alla à sa rencontre avec ses compagnes, et qu'elles employèrent le tambour pour donner plus d'éclat à leurs chants d'allégresse. Or, comme le Prophète ne désapprouva pas l'usage qui fut fait de l'instrument, il se trouva par cela même autorisé.

J'ai dit que je mettrais le lecteur dans la confidence des tristes réflexions que m'ont inspirées les mesures que le gouvernement local a cru devoir prendre pour rendre libre la vente des boissons spiritueuses et pour la protéger d'une manière officielle.

J'avouerai que si une infinité de dispositions législatives portent leur moralité, ce que la simple raison s'explique facilement, je n'ai jamais pu comprendre quel autre motif pouvait avoir eu le gouvernement en accordant cette liberté, si ce n'est celui de se créer un revenu.

Il est impossible, en effet, de penser qu'il se soit proposé autre chose, et l'on est forcé de reconnaître que l'argent que lui rapporte le droit sur les boissons est acquis au prix des plus grands désordres que tout État qui se respecte doit songer plutôt à réprimer qu'à favoriser.

Conçoit-on que les liqueurs enivrantes se vendent publiquement dans des établissements entretenus par l'autorité turque, lorsque la loi fondamentale qui régit cette nation lui en fait un crime ?

Il est vrai que les Arabes, avant Mahomet, et pendant qu'il leur prêchait sa religion, étaient fort adonnés au vin, osant même venir à la prière dans un état complet d'ivresse ; mais aussi n'est-il pas prouvé que le Prophète parvint à les en corriger ? N'est-il pas également vrai que l'usage des boissons fut peu commun depuis dans les pays soumis à l'islamisme, et que du moins ceux qui s'y livraient se conformaient au précepte : «Cachez votre honte, » si vous vous livrez au vice. »

Or, je demande quel avantage le sultan a pu se proposer de cette liberté donnée à ses sujets de boire publiquement, lorsque l'on sait que les Turcs, plus encore que les Arabes, ne sont pas susceptibles de modération, et que rarement les libations ne sont pas suivies de rixes sanglantes ? Les tavernes ne désemplissent pas de soldats et rien n'est plus commun en Turquie que de voir par les rues des militaires ivres.

J'ai plusieurs fois répondu à ceux qui me soutenaient que ces inconvénients étaient une conséquence des coutumes européennes introduites en Turquie : « Je n'ai rien vu de semblable en France, » où le vin est d'ailleurs si abondant, parce que le » peuple en général et les soldats en particulier » sont pénétrés de sentiments que n'ont pas les » gens de l'Orient, qui hantent les tavernes uni- » quement pour se griser. »

Voilà cependant que les chrétiens d'Alep, à qui les boissons ne sont pas interdites, n'en abusent généralement pas au point de noyer leur raison dans un spiritueux quelconque, tandis que les mahométans, auxquels toutes les liqueurs enivrantes sont rigoureusement défendues, peuvent maintenant boire impunément, à la barbe de leur Prophète, pour le plus grand intérêt du trésor ottoman !

Vous savez, cher lecteur, qu'Omar mit le plus grand zèle à faire plusieurs fois renouveler les défenses dont les boissons avaient été l'objet, et que ce fut parce qu'il y eut toujours quelques disciples qui, comme d'autres particuliers, continuèrent à vivre dans la débauche ; mais sa persistance eut pour bon résultat de faire cesser les désordres attribués au vin, contre lequel Mahomet n'avait cessé de fulminer.

Il le qualifiait d'auteur des abominations, et il

comparait le buveur à l'idolâtre : « Lorsqu'un
» homme prend un verre en main, disait-il, il
» est anathématisé par tous les esprits célestes. »

L'horreur d'un mahométan devrait être telle pour le vin, qu'il ne pût jamais se permettre d'en prendre une seule goutte, ni l'employer même en remède, ni en faire un objet de commerce ou de spéculation.

On voulait que la rigueur fût poussée jusqu'à s'interdire l'usage des vases qui auraient servi aux boissons enivrantes.

Un chef de la loi avait ainsi répondu, m'assure-t-on, à la question de savoir si l'on pouvait employer le vin comme remède pour les animaux propres à la boucherie : « Il est indispensable que
» plusieurs jours s'écoulent depuis l'administra-
» tion de la potion avinée jusqu'au moment où l'on
» égorge l'animal. »

Un autre mufti disait, que si un croyant prenait seulement plaisir à voir du vin dans une bouteille, il se rendrait coupable d'un péché.

Je fus témoin, à Alep, du refus d'un Arabe de louer un de ses chameaux pour le transport de barils d'eau-de-vie ; il venait de faire le voyage de la Mecque, et la charge qu'on lui proposait devait, disait-il, lui enlever sa sainteté.

Pour faire diversion à ce que ce chapitre a sans doute de peu récréatif, je vais rapporter le conte suivant dont le sujet est relatif aux amateurs de boisson, comme à ceux qui finissent par le devenir.

Un cadi, appelé *Aba-Yahia,* qui vivait à la cour de l'un des califes, avait une aversion prononcée pour toute boisson enivrante, et comme son maître en buvait beaucoup, il le lui reprochait continuellement, lui faisant sentir combien la religion et les bonnes mœurs réprouvaient sa mauvaise habitude. Le prince supportait patiemment ces remontrances, n'y répondant que par des mots évasifs. Une fois néanmoins, le cadi fut jusqu'à mettre de la dureté dans ses réprimandes et ses menaces, et le calife ne les souffrit qu'en cachant son ressentiment, mais en cherchant le moyen de tendre un piége au juge importun.

Il fit appeler son esclave *Nassibin,* dont la beauté était incomparable, et il lui dit : « Demain, de bonne
» heure, vous irez au jardin, et vous vous tiendrez
» dans la chambre la plus élevée du pavillon, parce
» que j'y ai fait disposer, dès aujourd'hui, des
» fleurs, des mets et des boissons, pour un repas
» que je veux y prendre. Vous aurez soin de ne
» point vous laisser apercevoir dans le cabinet où
» vous vous tiendrez, parce que je me rendrai
» dans ce lieu avec Aba-Yahia, et lorsque nous aurons
» terminé de manger, je descendrai au jardin
» pour m'y promener en laissant le cadi seul dans
» le salon. Vous viendrez alors auprès de lui avec
» votre luth, dont vous vous accompagnerez, et
» vous lui proposerez à boire en insistant jusqu'à
» ce qu'il accepte. »

Nassibin obéit à son maître en promettant de

faire tout ce qui dépendrait d'elle pour remplir ses intentions. Elle se rendit à cet effet de grand matin au jardin, et accomplit exactement la recommandation de se tenir cachée dans le cabinet du salon supérieur.

Le calife s'y rendit aussi, ayant avec lui Aba-Yahia, et s'étant assis pour converser ensemble, ils prirent joyeusement leur repas. Le prince ayant témoigné le désir de se promener, dit au cadi : « Demeurez ici pendant que j'irai faire quelques » tours au jardin. »

En sortant, il fit signe à Nassibin de descendre.

Elle salua respectueusement le cadi en entrant, et celui-ci lui adressa un compliment gracieux.

Prenant alors son instrument, elle se mit à chanter :

« La vue de mon ami est un délice,
» Tandis que sa séparation est pour moi un tourment.
» Je n'avais pas pitié des amoureux,
» Jusqu'à ce que j'aie éprouvé l'amour ;
» J'en ai maintenant compassion.
» O vous, qui avez planté le basilic autour de nos tentes,
» Ne semez que ce qui doit rester.
» Tout être qui goûte l'amour ne le connaît pas :
» De même que celui qui boit le nectar n'est pas un bon
» échanson.
» Je n'ose pas dire que vous m'avez tourmentée ;
» Mais Dieu connaît que je suis malheureuse !

Le cadi resta enchanté de la voix de Nassibin, ce qu'apercevant, elle quitta son luth, prit le flacon, remplit le verre, le but, et le remplissant de nouveau, l'offrit au cadi, qui le refusa.

L'esclave mangea alors quelques fruits, et en ayant aussi présenté à Aba-Yahia, il les accepta.

Elle cueillit également des fleurs, qu'elle lui offrit après les avoir senties.

Nassibin se mit après cela à s'accompagner ces deux couplets :

« Revoyez les amis que vous avez délaissés..... L'amant
» abandonné se plaint, mais il évite de blesser.

» Votre éloignement s'est par trop prolongé !... Et cepen-
» dant je suis demeuré le même : Dieu le sait.

» Si j'avais, pour chaque jour et chaque nuit, le tapis de
» Salomon et les richesses de Cosroës, je ne les estimerais pas
» autant que l'aile d'un moucheron, si mes yeux n'étaient en
» même temps fixés sur votre agréable personne. »

Aba-Yahia, enflammé par la passion, s'est alors écrié : « Vienne la coupe !... » ce que Nassibin ne se fit pas répéter. Elle la lui présenta. En le faisant boire, le premier verre invoqua le second, et celui-ci le troisième, que suivirent beaucoup d'autres, jusqu'à ce que les agaceries de l'esclave firent arriver le cadi à une complète ivresse.

Parmi les fleurs qui se trouvaient là étaient plusieurs vases de basilic, sur lesquels Aba-Yahia se renversa en perdant l'équilibre.

Dans ce moment, le calife reparut, et voyant le cadi, entièrement ivre, couché sur les vases de fleurs, il lui dit :

« Comment dois-je m'y prendre pour que Aba-
» Yahia me raconte la cause de son ivresse et de
» sa position parmi les basilics ? »

Le cadi, que la voix du calife avait rappelé à lui
comme par enchantement, lui fit incontinent cette
réponse hardie :

» Êtes-vous mon Dieu pour me juger sur mes
» fautes ?
» Ou le Prophète pour m'indiquer la droite
» voie ?
» Dieu n'a pas dit : Malheur à ceux qui s'eni-
» vrent ;
» Mais anathème à ceux qui sont dans l'égare-
» ment !
» Soyez, selon votre coutume, généreux à mon
» égard, et faites que Nassibin [1] soit mon partage
» dans ce monde. »

« — Prenez l'esclave, lui repartit le calife, et
» laissez-moi ; mais gardez-vous de me reprendre
» à l'avenir sur mes goûts, car votre tête ne reste-
» rait pas longtemps à sa place. »

Parmi les nombreux campagnards qui viennent
vendre à Alep le produit de leur industrie, il est
des *yézidis* qui, comme les druses et les nessaïris,
semblent appartenir à une secte d'idolâtres dont
les croyances sont enveloppées de l'impénétrable

---

[1] Nassibin veut dire : *deux sorts, deux bonnes fortunes*,
et ce jeu de mots a rapport à plusieurs passages du Koran qui
promettent une double récompense à certains élus.

secret auquel les oblige l'amour de leur conservation au milieu des incessantes persécutions des musulmans.

Ces yézidis sont accusés d'être soumis au diable, et quoiqu'ils soient loin d'avouer un pareil culte, on a inféré d'un aveu qu'on est, dit-on, parvenu à leur arracher, qu'ils avaient une sorte de vénération pour l'esprit infernal. Voici le raisonnement qu'on obtint de l'un d'eux : « Nous n'adorons que
» Dieu, créateur du ciel et de la terre, et loin d'a-
» voir un amour particulier pour Satan, nous évi-
» tons au contraire de jamais le nommer; mais
» nous trouvons ridicule que les hommes se mê-
» lent de ce qui s'est passé entre le Seigneur et
» un de ses anges, qui peut rentrer en grâce un
» jour, ce qui mettrait dans la confusion ceux qui
» n'auraient eu pour lui que des imprécations. »

L'autorité ne défend nullement à ces gens de fréquenter les villes, et ce ne sont que les particuliers, ceux surtout de la basse classe, qui les harcèlent de sarcasmes, et qui cherchent à les tricher dans les rapports qu'ils ont avec eux. On aime beaucoup à leur dire : « Maudit soit votre diable ; puisse-
» t-il ne jamais sortir de l'enfer ! »

Pendant que je parcourais le bazar, on me montra des Persans que j'appris à reconnaître à leur costume et surtout à leur bonnet noir et pointu d'agneau d'Astrakan.

On me raconta que ces étrangers se croient obligés d'acheter l'objet qu'ils sont en train de traiter, si l'une des personnes présentes au marché vient à éternuer; ce qui est d'autant plus heureux, pour le vendeur, que, dans leur méfiance naturelle, les Persans se retirent le plus souvent sans conclure, après avoir marchandé des heures entières, étant persuadés qu'on les trompe, surtout lorsqu'on finit par leur laisser les choses au-dessous des prix demandés.

Ayant achevé ma tournée, qui n'avait été que la continuation de celle commencée l'avant-veille, je fus conduit au marché dit *aux poules*, qui se tient dans le quartier *Benqoussa*. C'est une sorte de foire où viennent s'étaler toutes les espèces de produits : légumes, fruits, ustensiles, meubles, habillements et vieilleries en tous genres. C'est à ce marché, qui dure jusqu'à midi, que beaucoup de gens se pourvoient, parce qu'ils sont persuadés que les divers objets s'y vendent à des prix plus modérés que dans les boutiques.

Un autre grand marché, qui a lieu le vendredi seulement, se tient sous le château, et quoiqu'on y vende un peu de tout aussi, sa spécialité est celle des animaux domestiques, tels que chevaux, ânes, bœufs et moutons. Les Arabes y amènent aussi leurs chameaux, et il s'en vend chaque fois un grand nombre.

IX

Mosquées. — Hôpitaux. — Prisons. — Khans. — Kaïssariés ou manufactures. — Industrie.

Parmi les monuments qui attestent l'ancienne prospérité des habitants d'Alep, et qui maintenant témoignent de leur indifférence, les mosquées tiennent naturellement le premier rang, autant par leur nombre que par les restes de leur magnificence.

On compte encore une vingtaine de grandes mosquées et deux fois autant de *mesdjeds* (oratoires), qui, comme vous le savez, ne servent qu'aux réunions des jours ordinaires, les assemblées générales, pour la prière du vendredi, devant avoir lieu dans les mosquées, qui seules possèdent une tribune du haut de laquelle l'iman débite, ce jour-là, sa morale.

Ces établissements, rendus très-solides et élégants par la piété des musulmans du temps passé, s'étaient également ressentis de l'aisance publique par l'importance des revenus dont ils étaient dotés. Aussi ne devait-on jamais s'attendre à les voir tomber en ruine, puisqu'on pouvait veiller à leur conservation par des réparations convenables.

Cet abandon est d'autant plus impardonnable, que nul n'ignore ici que les diverses mosquées possèdent des biens-fonds dont les produits suffisaient pour subvenir aux charges et laissaient même chaque année un reliquat entre les mains des administrateurs, lesquels se l'appliquaient, sans doute à titre de récompense pour leurs loyaux services.

L'autorité avait trop longtemps souffert cette malversation désastreuse, aussi a-t-elle fini par se faire rendre compte des revenus des mosquées ; et afin qu'ils reçussent à l'avenir un emploi plus convenable, elle a commencé par en faire trois parts. Elle s'est appliqué la première ; la seconde sera employée en réparations, et la troisième servira à payer les frais d'entretien et les autres charges.

Pour que l'administration des mosquées ne soit plus exposée à l'infidélité des directeurs, le sultan a créé un inspecteur général qui a sous ses ordres des agents spéciaux dans chaque ville. Il est donc permis d'espérer que, par ces sages mesures, les établissements religieux cesseront de ressembler à des ruines, et qu'ils deviendront nouvellement dignes de leur destination.

Les grands monceaux de décombres, ou les grandes places vides qu'on aperçoit dans la ville d'Alep, sont dus à des mosquées détruites. Les premiers sont restés là, parce qu'on n'a pas trouvé moyen d'employer saintement ces matériaux, et les emplacements sont demeurés vides par la raison qu'on ne rebâtit pas ordinairement sur un endroit qui a servi de lieu de réunion pour la prière, qui a été une maison de Dieu.

En vous parlant des mosquées, je dois vous dire que ce sont des imans et des muëzzins qui les desservent. Ici, comme chez nous, tous ces employés n'appartiennent qu'à deux rites : *hanefi* et *chafey*.

Les muëzzins sont élus par les habitants des quartiers ; et, sur la confirmation du cadi, qui est le représentant religieux du sultan, ils peuvent entrer en fonctions.

Les cheikhs dépendants des mosquées sont de quatre espèces : *saadi, rifaï, bédoui* et *kaderi*. On leur donne aussi le surnom de *el-tarik* (des rues), parce que c'est sur la voie publique qu'ils remplissent leur office.

Ces cheikhs, qui très-souvent ne savent ni lire ni écrire, sont affiliés par d'autres cheikhs d'un rang plus élevé, et chargés par ces derniers de présider des assemblées de dévots, espèces de sociétés qui se livrent à l'exercice pieux appelé *Halket zeker* (cercle commémoratif) dont il sera fait mention plus tard.

Ils sont aussi chargés d'accompagner les enfants circoncis et ceux qui, ayant terminé leur instruction, sont promenés en triomphe par la ville.

Ils interviennent également lors de l'accomplissement d'un vœu, pour faire teindre les mains d'un enfant ou le raser, dans l'un des lieux de dévotion situés autour de la ville.

On requiert leur office dans la maison d'un mort pour présider à un *cercle* en mémoire du défunt.

D'autres cheikhs, surnommés *el-Korah* (lecteurs), apprennent le Koran par cœur, ce qui les fait inviter dans diverses cérémonies, aux enterrements et aux autres visites dans les cimetières, pour réciter des passages du Koran appropriés à ces circonstances.

Je parlerai des dervichs dans un article séparé, mais je ferai remarquer, dès à présent, que c'est d'eux que descendent les cheikhs actuels, qui n'ont conservé que les noms de leurs devanciers, depuis que leurs différents ordres se sont dissous.

Quatre grandes mosquées ont dans leurs dépendances des bibliothèques au seul usage des musulmans, ce qui empêche de les qualifier de publiques. Elles sont, du reste, si mal organisées, qu'il est presque impossible de connaître les ouvrages qui les composent, pas plus que leur nombre. On se contente de savoir qu'elles existent, et l'on ne s'occupe pas de les rendre utiles.

Ces bibliothèques fournissent des livres aux élèves des *colléges* établis dans chacune de ces mosquées, quoiqu'il s'agisse d'ouvrages spéciaux d'enseignement qui forment des collections à part.

Il n'existe plus d'hôpitaux à Alep. Les mosquées possédaient des établissements de ce genre, dans lesquels les indigents étaient traités jusqu'à parfaite guérison. Ils donnaient également asile aux étrangers de la classe nécessiteuse. La cupidité des administrateurs les a laissés se détruire, et ils ont cessé d'exister. Deux maisons d'aliénés, des deux sexes, ne présentent plus que de belles façades, et ces restes existent encore pour rendre témoignage de la charité des musulmans du temps passé et de l'égoïsme qui règne de nos jours. Les deux beaux portiques que l'on voit encore donnent une haute idée de ce qu'avaient été ces bâtiments et des revenus dont la piété publique les avait pourvus, mais qui, par l'incurie du gouvernement, n'ont servi qu'à enrichir d'infidèles gérants.

Les aliénés sont aujourd'hui renfermés dans les maisons des particuliers, et un malheureux qui perd la raison est souvent abandonné à la garde d'un seul homme, qui, pour écarter *les démons qui finiraient par s'emparer de l'âme du pauvre insensé,* a soin d'arroser constamment le sol avec une eau *fortement salée;* c'est le seul moyen thérapeutique employé à son égard.

La folie n'est pas plus une maladie en Orient qu'en Occident, et les aliénés sont ici entourés d'autant d'égards que chez nous. Il n'est rien qu'on ne leur pardonne, parce qu'en leur retirant la raison, Dieu les a exemptés de tout devoir.

Les Alepins ont conservé le souvenir d'une anecdote, à laquelle donna lieu la visite d'un pacha à l'hôpital des fous.

Le gouverneur étant entré dans l'établissement des aliénés, fut très-surpris de trouver un de ces malheureux dont le bon sens ne paraissait pas être douteux. Il l'avait entendu s'excuser de ce que le poids de ses chaînes l'empêchait de se lever pour lui témoigner tout le respect qu'il lui devait.

D'autres discours qu'il tint furent tellement raisonnables, que le pacha voulut exprimer sa haute satisfaction à cet individu, en le faisant régaler d'un verre de vin qu'il désira boire avec lui.

Le vin versé, le pacha l'offrit au fou qui lui dit, en le remerciant : « Vous avez pris le moyen de » devenir égal à moi, mais si je suis votre exem- » ple, à qui ressemblerai-je ? » C'était effectivement l'excès de la boisson qui lui avait troublé la raison, et elle faisait dans son cerveau de faibles et courtes apparitions.

Si les maladies physiques ne peuvent plus compter sur l'assistance que la philanthropie du beau temps des Arabes leur avait assurée dans de bons établissements, largement dotés par la charité publique, il est encore pour les maladies morales trois espèces de lieux de réclusion, et c'est une garantie pour la société, qui se repose autant sur la sévérité des lois que sur de bons moyens de les mettre à exécution.

Je dirai même, en passant, que l'on diffère sur ce point, comme sur bien d'autres, de la manière de penser d'Europe, où l'on attend que le crime soit accompli pour ne le punir qu'avec le plus d'indulgence possible. En Turquie, on aime mieux le prévenir, par l'effroi de la punition qui lui est destinée, et si cet avertissement ne retient pas, tant pis pour ceux qui se laissent prendre. Cette prudence et cette indulgence européennes sont qualifiées de coupables faiblesses et considérées comme des encouragements à la récidive.

Tout ce que j'ai entendu dire en France sur la propension des forçats libérés à reprendre leur ancien genre de vie, c'est-à-dire à redevenir voleurs et assassins, me faisait trouver que les Arabes avaient raison, et que certains individus devaient être traités comme ces membres gangrenés que l'amputation sépare des corps, parce que, sans pouvoir partager la vie avec eux, ils leur communiqueraient la mort.

Les prisons d'Alep sont au nombre de trois : une au sérail, l'autre chez le cadi, et la troisième dans la maison du *nakib*, le chef des chérifs. Celle du pacha est la plus redoutée, étant divisée en deux parties dont l'intérieure consiste en une grotte basse, profonde, et obscure pouvant contenir une centaine de personnes. Sa noirceur, son sol humide et infect, sur lequel il faut rester et se coucher dans la vermine, l'ont fait appeler *cachot de sang*. Les détenus y sont de plus placés à une barre de justice.

On lie les pieds et les mains des voleurs, assassins, concussionnaires, et des condamnés à mort.

La partie extérieure se compose d'une grande chambre ayant une seule ouverture. Elle peut renfermer deux cents individus. Quelques détenus, comme les débiteurs récalcitrants, y sont seulement enchaînés.

Les deux autres prisons sont moins rigoureuses, quoique celle du cadi soit tout bonnement son écurie, au fond de laquelle est une petite chambre privée de lumière.

Le nakib est le seul qui nourrit ses prisonniers, les chérifs, par suite de la dotation qu'il touche pour les assister dans tous leurs besoins.

Dans les autres prisons, ce sont les parents qui fournissent les aliments, l'autorité n'y pourvoyant que lorsqu'il s'agit d'un étranger.

Les prisonniers payent un droit fixe de onze piastres et demie (environ 2 francs 50 centimes), et trois piastres et demie en sus lorsqu'ils sont mis à la chaîne, ce qui est indépendant des avanies qu'on leur fait.

Chez le cadi, chaque individu ne paye que huit piastres (environ 1 franc 75 centimes).

Les bâtiments les plus remarquables qui se voient à Alep, après les mosquées, sont les khans et les *kaïssariés*. Les premiers servaient d'hôtelleries aux étrangers accourant en foule pour prendre part au commerce considérable qui s'y faisait : les autres renfermaient les innombrables métiers que la consommation d'un empire vaste, peuplé et riche, tenait dans une continuelle activité, cette ville étant la seule qui produisît ces étoffes de soie et or appelées brocards, *herbages et chitaris*.

Le nombre des métiers a été, comme je l'ai dit,

de 16,000 au moins dans le bon temps, et il est réduit à 2,000 ; 450 employant la soie et le fil d'or, 550 la soie et le coton, et les 1,000 autres le coton seulement, pour produire des tissus à aussi bon marché que ceux des Anglais qui, par l'emploi de leurs mécaniques et de la vapeur, ont tué les industries de toute cette contrée.

La plupart des kaïssariés sont tombées en ruines ou sont abandonnées, et elles gisent çà et là, comme de hideux squelettes qui attristent l'âme de l'observateur, parce que leur aspect le reporte vers les temps où, pleines de vie, elles embellissaient la ville.

Les tissus dont j'ai parlé étaient une spécialité pour Alep, mais le peu qu'on en fabrique encore n'est pas l'unique occupation de ses habitants ; ils exercent d'autres industries.

Je rendrai, à ce sujet, aux Syriens, et aux Alepins en particulier, la justice qui leur est due, en disant que, s'ils ne sont pas des génies, on compte cependant, parmi eux, des hommes intelligents chez lesquels la paresse n'est pas en honneur; mais remarquons seulement que les ouvriers manquent d'ambition, car ils cessent de travailler aussitôt qu'ils ont acquis de quoi vivre.

Toutes les professions étant également honorées parmi les musulmans, nul ne rougit de son origine, et lorsque la fortune et une bonne conduite font changer de condition, le nom du premier état n'en est pas moins conservé, et devient celui de la famille.

En effet, pourquoi s'enorgueillir d'un travail plutôt que d'un autre, puisque ce sont les dispositions que Dieu a mises en nous qui nous rendent propres à tel art ou à telle science? Dépend-il de nous de choisir? Non. Il nous convient donc d'obéir à notre destinée et de nous y soumettre avec résignation.

Adam, Noé, Abraham, David, Salomon, Zacharie, etc., sont-ils moins illustres pour avoir été pasteur, agriculteur, menuisier, tisserand ou vannier? Je ne le pense pas. Mahomet et ses lieutenants donnèrent l'exemple du travail, et nous savons aussi qu'*Aboubeker* fut tisserand, *Omar* corroyeur, qu'*Osman* faisait un commerce de denrées, et qu'*Ali* avait débuté par être employé à gages pour gagner sa vie.

Le devoir de travailler découle d'ailleurs de ce précepte sacré : « O mon esclave, remue tes bras, » et je ferai descendre des biens sur toi en abon- » dance. »

Voici, au surplus, quelles ont été les idées du Prophète à l'égard des principales industries.

Il a dit du commerce, sa profession de prédilection, celle qu'il a lui-même exercée : « Le négo- » ciant intègre sera rangé parmi les hommes hono- » rables et les bienheureux. »

« Celui qui sème, Dieu le récompensera, » a-t-il dit aux agriculteurs.

S'adressant aux autres travailleurs, il leur annonce : « Qu'il n'est pas de plus sûr garant

» contre l'indigence que l'industrie, et qu'elle ne
» nous est pas seulement nécessaire, pour nous
» procurer les besoins de la vie, mais aussi pour
» faire remplir les devoirs de l'humanité envers
» ceux qui ne peuvent travailler, les infirmes, les
» estropiés. »

Le Prophète disait aussi à ses compagnons :

« Les hommes composent la famille de Dieu,
» sur la terre, et celui qu'il aime davantage est
» celui qui se rend utile à sa famille. »

Outre ces préceptes, qui ont pour but de rendre l'homme laborieux, charitable, en lui inspirant l'amour de la vertu et le dégoût du vice, il en est d'autres qui l'encouragent dans ses désirs d'arriver à la fortune, *en lui promettant qu'il approchera de Dieu avec une figure aussi calme et brillante qu'une lune dans son plein, s'il a acquis ses biens loyalement.*

Mahomet a, en même temps, menacé les riches sans charité, et ceux qui, étant vicieux, n'ont fait qu'un mauvais usage de leur fortune, en disant :

« Celui qui a cherché les biens de ce monde
» par vanité ou concupiscence trouvera Dieu cour-
» roucé contre lui. »

Quoi de plus beau aussi que cette pensée :
« Oui, si un homme meurt de faim au milieu
» de gens riches, ce seul fait les privera de la
» grâce de Dieu et de son Prophète. »

De tous les préceptes qui ont illustré les premiers siècles de l'islamisme, que reste-t-il ? Des souvenirs aussi désolants que sont tristes les ruines des monuments élevés en vertu de ces préceptes. Le mahométisme n'est plus aujourd'hui qu'une religion d'ignorants, de dupes, d'égoïstes, et je ne crois pas me tromper en avançant qu'une nation descendue si bas et qui se contente de végéter dans une inconcevable torpeur doit être aussi facilement subjuguée sous le rapport de sa nationalité que de sa croyance religieuse.

Les institutions sociales avaient eu d'ailleurs pour objet le respect et les égards que se doivent, dans les diverses positions, les membres de la grande famille; mais ces institutions ont eu le sort de nos anciens préceptes et des monuments. Il n'en reste que de faibles traces qui les font également regretter au milieu de la corruption et du relâchement des mœurs que tout honnête homme doit déplorer.

Le législateur n'avait cependant rien négligé pour rendre ses sectateurs heureux, puisque après leur avoir prescrit leurs devoirs domestiques et sociaux, il leur avait commandé expressément de les remplir.

C'est dans ce but qu'il avait fait de la propreté un devoir de religion, et qu'après leur avoir enjoint de vivre entre eux comme des frères, il leur avait prescrit la droiture, l'honnêteté, la décence, le respect d'eux-mêmes et des autres.

Il leur interdit les jeux de hasard, qui sont la source de tant de maux et le culte des images, parce qu'il leur rappelait trop le paganisme ; et il ne manqua pas, en outre, de leur faire sentir avec quelle réserve ils devraient affirmer un fait, et avec quel scrupule il fallait tenir la parole donnée et leurs serments.

Mais de toutes les recommandations du Prophète, celles qui sont relatives aux jurements et à l'emploi inutile et fréquent du saint nom de Dieu, sont celles que les musulmans de nos jours, les Syriens du moins, s'appliquent le moins à suivre. Bien loin de là, on est forcé, au contraire, de reconnaître chez eux l'habitude la plus immodérée de jurer à tout propos sans aucun motif sérieux et de promettre par serment sans la moindre idée d'agir conformément à ce qu'ils avancent. Dieu est continuellement pris à témoin pour des motifs futiles, et souvent sur des sujets si sales qu'on est saisi d'horreur à la seule pensée des milliers de sacriléges qui se commettent journellement dans les bazars d'Alep, et pourtant par des gens qui se disent musulmans, adorateurs du Dieu unique.

Le nom de Dieu est aussi employé à tout propos, et il y a peu de phrases où l'usage abusif ne trouve moyen de placer ce nom vénérable. Toutes les exclamations, les cris de joie, d'appel, d'horreur ou d'alarme, ont le nom de Dieu pour base. Enfin, il n'est pas jusqu'aux vendeurs des rues qui ne s'en servent pour leurs marchandises, chacun faisant connaître sa denrée par un des attributs de la Divinité. C'est ainsi que les cris suivants annoncent : *O généreux!* les pains ronds, *kaaks*; *ô bon!* les gâteaux au sucre appelés *chibanis*; *ô bienveillant!* le pain blanc; *ô toi, l'intelligence même!* les biscuits. Il en est aussi qui désignent d'autres denrées, comme : *O éternel!* les laitues; *ô consolateur!* les noisettes.

On me dit, toutefois, que ce dernier cri avait été inventé par un plaisant qui, pour ne pas être recherché, si sa marchandise était trouvée mauvaise, avait choisi cette invocation à double sens, car *ya mehannenn* signifie aussi *ô rance*.

Les considérations auxquelles je me suis livré sur l'état actuel des monuments religieux, philanthropiques et industriels, me mèneraient bien naturellement aux tristes réflexions qu'un pareil sujet peut suggérer, mais je me contenterai de dire que, si le commerce d'Alep, qui voyait autrefois les produits de l'Europe et de l'Asie affluer dans ses magasins, a pris une autre direction, on le doit à l'apathie du gouvernement ottoman, qui n'avait pas voulu marcher dans le progrès avec les nations chrétiennes.

Je comprends parfaitement que cette apathie ne soit pas la seule cause de la décadence d'Alep et que la découverte de moyens de communication entre l'Europe et les contrées orientales de l'Asie, par le cap de Bonne-Espérance et les mers Rouge et Noire, n'aient pas été pour cette ville son coup mortel; mais ce que mon entendement se refuse d'admettre, c'est que le divan de Constantinople n'ait fait aucun effort pour rendre la chute du commerce et de l'industrie d'Alep moins complète.

Je vais clore cet article par un fait que toute la ville connaît. Il prouve que Dieu n'a pas renoncé à son droit de punir instantanément le crime.

Un voleur, d'intelligence avec les voisins de quelqu'un qui venait de toucher de l'argent, s'introduisit furtivement chez lui, la porte et les fenêtres de sa chambre étant ouvertes à cause de la chaleur. Reconnaissant parfaitement les lieux qu'on lui avait décrits, il aperçut même le sac d'argent placé sur une tablette ; mais pour l'atteindre, il fallait traverser un lit, et il ne pouvait le faire sans réveiller le mari ou la femme qui l'occupaient. Le génie du mal est inventif : il suggéra une idée qui semblait devoir réussir. Près du lit était un berceau ; il le prit et le transporta dans la cour de l'habitation ; puis il serra fortement le nez de l'enfant, et il courut se cacher dans un coin de la chambre. Les cris de l'enfant réveillèrent la mère qui, ne trouvant pas le berceau près d'elle, fut effrayée par la pensée de l'accident qui avait pu arriver à son nourrisson. Elle réveilla soudainement son mari, et ils coururent du côté des cris... Qui a transporté le berceau ? l'imagination de ce couple se perdait en conjectures ! Des pensées diverses, dans ce pays superstitieux, agitaient leur esprit... Pendant ce temps, la terre tremble ; un roulement, semblable au bruit du tonnerre, est accompagné d'un fracas épouvantable... Alep est tourmentée par une horrible commotion qui la renverse en partie... Le voleur resté dans la chambre est tué par la chute des murailles!... Les deux époux eussent infailliblement péri sous les décombres sans ce qui venait d'arriver. Cette famille fut ainsi sauvée et le voleur périt.

Cet individu appartenait à une famille honnête, et comme le motif qui l'avait amené dans la chambre où il fut trouvé ne put être dissimulé, à cause du sac qu'il tenait à la main, on l'enterra sans bruit.

Cette catastrophe eut lieu le 9 août 1822.

X

Ecoles. — Colléges. — Bibliothèques. — Fontaines publiques.

Le lecteur ne doit pas s'attendre à une description bien intéressante des divers établissements d'instruction : ils n'ont pas été très-remarquables aux beaux temps d'Alep, et ils sont aujourd'hui dans un état tel qu'ils méritent à peine une mention particulière. J'en parlerai cependant afin de ne rien omettre de ce qui concerne la ville.

Les locaux qui leur sont destinés se composent chacun d'une seule pièce, plus ou moins grande et plus ou moins sale et humide, avec des portes et des fenêtres qui ne contribuent guère à les embellir.

Je ne peux pas me flatter d'avoir laissé ces établissements dans un meilleur état en Algérie, et je dirai même que nos *fakihs,* qui vivent en congrégation dans les *fondouks,* uniquement pour y apprendre par cœur le Koran, sont exposés à tous les désagréments de la vie la plus dure ; mais comme la Syrie est plus avancée en civilisation et que les populations y sont beaucoup plus libres que nous ne l'étions sous le régime des deys, je pense qu'on doit reconnaître, à l'état des maisons d'éducation, que les Syriens apprécient trop peu l'instruction publique pour en faire le sujet de leur sérieuse occupation.

On y rencontre même un préjugé fort enraciné qui éloigne de ces établissements toute personne de mérite qui se respecte, et j'en conclus que, si les résultats sont nuls, c'est aux moyens qu'on prend, pour les produire, qu'on doit l'attribuer.

Avant de vous entretenir du genre d'études que font les enfants envoyés aux écoles, je vous ferai connaître quelle est l'opinion générale qu'on a à l'égard des cheikhs ou maîtres ; puis je terminerai ce sujet par quelques anecdotes que j'ai choisies parmi un grand nombre d'autres qui m'ont été communiquées sur ce sujet.

Il est d'abord un fait bizarre : c'est que le témoignage des cheikhs ou maîtres d'école n'est pas admis en justice, par cette singulière raison : *que leur esprit participe de celui des enfants, comme ceux-ci* ont leur part de l'esprit de leur instituteur.

On conçoit qu'une pareille incapacité doive dégrader ces hommes utiles, en ne leur permettant de tenir dans la société qu'un rang peu honorable.

Le public est d'ailleurs persuadé que les maîtres d'école — qu'on me passe cette manière de peindre ma pensée — ne sont doués que d'une demi-intelligence. De là le peu d'estime dont ils jouissent dans les familles et par suite les dispositions des enfants à oublier envers eux les convenances, et même les simples égards qu'ils doivent aux personnes plus âgées qu'eux.

Les émoluments dont jouissent les maîtres d'école varient de dix à vingt centimes par semaine et par chaque élève, et les mosquées y ajoutent un modique salaire.

Il existe six colléges à Alep dépendants des mosquées : *Ismaïlié, Osmanié, Ahmédié, Zénébié, Chaâbanié* et *Kornassié*.

Le nombre des élèves ne saurait être fixé, parce qu'il se compose d'individus de tous les âges qui ne font pas leurs études avec suite.

On compte, en outre, vingt écoles musulmanes. La quantité des élèves qui les fréquentent a suivi la décroissance de la population.

Il y avait autrefois un collége au-dessus de chaque fontaine, ou réservoir public, et l'un était pour ainsi dire l'appendice de l'autre ; on rendait par là ces constructions doublement profitables au public, en l'instruisant et en le désaltérant.

Je serais porté à croire que les Alepins ont davantage apprécié ces fondations, à cause de leur partie inférieure, et je comprends que dans un pays où l'ignorance est si répandue, et où il fait en même temps si horriblement chaud, l'eau fraîche y trouve plus d'amateurs que l'instruction. Ce qui le prouve, c'est qu'on a eu soin de conserver les fontaines, tandis qu'on a laissé dépérir les écoles.

Dans les colléges on enseigne principalement à lire grammaticalement le Koran, et l'on y donne une teinture des sciences que les anciens livres arabes ont transmises, et que les professeurs peuvent encore comprendre.

L'enseignement des écoles est des plus simples. Il consiste à apprendre à lire et à écrire sans autre règle qu'une démonstration des plus routinières.

Les écoles ne ferment que les jours de fêtes, et les élèves n'ont pas d'autres vacances. Ils sont tous reçus au même titre : ils arrivent le matin, apportant leur dîner, ou bien on le leur envoie à midi. Le maître réduit les plats pour en tirer sa subsistance et celle de sa famille, et souvent il lui reste des rogatons qu'il vend à des habitués.

Les enfants n'ont que le moment du repas pour récréation, et encore le passent-ils assis sur leurs talons. Ils gardent cette position depuis l'arrivée jusqu'au départ, qui a lieu à l'*asser*, c'est-à-dire deux heures avant le coucher du soleil.

Il faut avoir habité l'Europe et connaître l'excellente habitude de l'exercice pour sentir tout ce que la vie sédentaire de l'Orient a de désavantageux et même de nuisible à la santé.

Les enfants qui terminent leurs premières études, pour lesquelles il leur faut deux ou trois ans, selon l'âge et l'intelligence, et qui veulent se perfectionner dans la connaissance de l'arabe littéral, se présentent à l'un des colléges et y reçoivent une leçon d'une heure tous les jours de la semaine, les mardis et vendredis exceptés.

Cette étude, que les grammairiens ont très-compliquée, exige un travail de plusieurs années.

La lecture pure et simple du Koran fait partie des études des écoles ordinaires, et, chose singulière, on la commence par la fin de ce livre, sans doute parce que les chapitres en sont courts et faciles à retenir; quoique cela doive paraître indifférent, puisqu'on ne s'attache pas encore à en faire comprendre le texte aux enfants.

Pendant cet apprentissage de lecture, il est des points auxquels les maîtres et les élèves font le plus d'attention; c'est quand on arrive à l'un des cinq ou six endroits de ce livre, parce qu'alors le cheikh reçoit une rétribution extraordinaire. Les écoliers attendent avec impatience le dernier de ces points, par la raison que, tout en étant le plus important pour le maître, il leur donne à eux une grande satisfaction, pour laquelle le cheikh se prépare toujours à l'avance.

Arrivé à la quatrième ligne du chapitre intitulé *la vache*, où il est dit : *Dieu scella leurs cœurs,* un élève fait sauter d'un coup de main le bonnet blanc que le lecteur a mis sur sa tête, et, l'ayant ramassé, il court le porter à ses parents comme preuve des progrès étonnants de leur enfant ; circonstance qui arrache des larmes aux yeux et des piastres aux bourses. Le produit de cette recette est consacré à régaler les élèves en commun.

Dès ce moment, on dispose tout pour la promenade triomphale de l'heureux étudiant, et aussitôt que le maître vient déclarer que son élève mérite une ovation pour avoir terminé la lecture du Koran, on détermine le jour de la cérémonie. Les parents et amis y sont invités. Ce jour venu, toute l'école se met en marche, précédée du cheikh, récitant des prières, au son d'un tambour de basque et avec l'accompagnement des longs cris saccadés et cadencés des femmes.

Un enfant porte un plateau sur la tête au milieu duquel est le Koran recouvert d'un mouchoir brodé en or. D'autres élèves suivent, lisant une antienne laudative et suppliante.

La procession parcourt ainsi le chemin qui, de l'école, conduit à la maison de l'élève triomphateur que, pour mieux présenter à l'admiration publique, on place sur un cheval richement harnaché.

La route la plus longue est toujours la préférée, en pareil cas, afin de tirer un meilleur parti de la cérémonie.

A l'arrivée on répète l'antienne, le père de l'écolier distribue quelques fruits secs à ses camarades, et leur donne en même temps une pièce de monnaie.

Le cheikh reste seul à la maison du père de famille où il prend sa part d'un repas copieux, et s'il se trouve chez un homme riche, il reçoit, en outre, un habillement complet.

L'enseignement des colléges est gratuit : les professeurs sont payés sur les revenus des mosquées qui possèdent ces établissements dans leur dépendance.

Si les maîtres d'école passent pour perdre leur intelligence par l'enseignement, les espiègleries que leur font éprouver les enfants n'y contribuent que trop.

Fatigués d'aller tous les jours à l'école, les élèves, dit-on, imaginèrent un moyen de s'en dispenser. Ils convinrent tous de dire au cheikh au moment où ils arrivèrent et furent lui baiser la main : « Qu'avez-vous? Etes-vous malade ? Que » vous êtes pâle! Dieu! que vous êtes changé!... » Vous devez vous trouver mal, etc.; » jusqu'à ce que le cheikh, finissant par se croire indisposé, se retira chez lui pour se mettre au lit, quoique sa femme fît des efforts pour lui persuader qu'il n'avait rien, en l'engageant à retourner à son école.

Mais l'idée du mal préoccupait tellement le mari qu'il voulut qu'elle allât appeler le barbier, seul médecin dans certains endroits. Cependant, malgré la prétendue maladie, la faim se faisant vivement sentir, le cheikh prit la seule chose qui se trouva sous sa main, un œuf dur. Il achevait de le tirer de sa coquille lorsque le barbier entra; il ne put donc lui cacher ce qu'il allait manger qu'en l'introduisant précipitamment dans sa bouche. Le frater, jugeant à la physionomie du cheikh qu'il s'agissait moins d'une maladie que d'une tumeur, lui dit qu'il n'avait besoin que d'une incision, et, comme le signe que le maître d'école faisait, ne pouvant répondre avec sa bouche embarrassée, semblait être approbatif, quoiqu'il ne voulût qu'indiquer la cause qui l'empêchait de parler, le barbier ne douta pas de son consentement à l'opération qui n'eut pourtant pas lieu, l'opérateur ayant reconnu le quiproquo au moment où l'incision allait avoir lieu.

Voici un autre conte sur les maîtres d'école qui tendrait, en effet, à prouver leur faiblesse d'esprit.

Un dévot qui avait l'habitude de devancer le lever du soleil à la mosquée était surpris de trouver tous les matins un jeune enfant tout déguenillé, tenant un livre, et grelottant dans la cour en attendant l'ouverture de l'école.

Cet homme pieux eut tellement compassion de l'enfant qu'il voulut dire au maître de l'empêcher de venir avant ses camarades pour n'être pas obligé d'attendre en restant exposé à la fraîcheur du matin.

Il se rendit, avec cette louable intention, chez

le cheikh, et, comme celui-ci lui demanda à connaître l'enfant, il lui dit, lorsqu'il le lui eut montré : « Ah! c'est ce petit drôle? sachez qu'il me
» fait endiabler, car depuis que, pour exciter leur
» émulation, j'ai permis à celui qui me devancerait
» à la mosquée de me donner un soufflet, ce maudit gamin est toujours le premier arrivé; j'ai la
» joue enflée de tous les coups que j'en ai reçus. »

Autre anecdote des plus incroyables :

Un barbier voisin d'une école, la voyant fermée depuis quelque temps, s'informa du maître qui était son ami, et, comme on ne put lui donner de ses nouvelles, il résolut de se rendre à son logis. Arrivé là, l'épouse lui dit que son mari s'était retiré dans la cave, et qu'il pouvait y descendre s'il désirait le voir.

Le barbier fut péniblement surpris de le trouver blême, décharné et dans un costume des plus désordonnés. Il lui en demanda la raison, et le cheikh de lui répondre par des lieux communs sur les vicissitudes de ce monde. Le barbier l'ayant cependant vivement sollicité de lui faire connaître le motif de son chagrin, il lui dit : « J'ai perdu ma bien aimée!... » Nouvelle surprise de la part du barbier, qui croyait le cheikh moins inflammable. « Quelle était donc cette belle personne? » lui demanda-t-il aussitôt. « Hélas, je ne la connaissais pas!... » s'empressa de lui répondre le maître d'école, en poussant un profond soupir. « Eh!
» comment pouviez-vous en être amoureux

» alors ? » lui fit observer aussitôt son ami.

Le cheikh lui dit :

« Un ânier passait un jour devant mon école en
» chantant du ton le plus passionné :

« O Em-Amrou, que Dieu t'accorde ses bienfaits ; rends-
» moi mon cœur en quelque endroit qu'il se trouve ! »

« Je me dis alors que si Em-Amrou n'était pas
» une beauté accomplie, son amant ne l'aurait pas
» chantée avec un si ardent amour.

» Dès ce moment, je ne fis que penser à elle, et
» dans le trouble de mes sens, je croyais sans cesse
» qu'elle allait paraître ; aussi avais-je toujours son
» nom à la bouche...

» A quelque temps de là, qui fut pour moi un
» temps de martyre, le même ânier repassa devant
» ma porte, et comme il chanta :

« C'est ainsi que l'âne partit avec Em-Amrou ; et elle n'est
» plus revenue, pas plus que sa monture !... »

» D'où je conclus que cette femme adorable de-
» vait être morte, et depuis lors le plus noir cha-
» grin s'empara de moi. »

Je ne puis pas dire grand'chose des écoles de filles, ces sortes d'établissements, dirigés par des femmes, étant des sanctuaires impénétrables ; mais j'ai su qu'elles étaient peu fréquentées, et qu'elles sont dans une parfaite analogie, pour la simplicité ou l'inutilité, aux établissements de garçons.

Les filles apprennent seulement à coudre et à

broder grossièrement, et ces sortes de talents leur sont donnés par des tailleuses chez lesquelles elles les exercent fréquemment. L'éducation essentielle des jeunes personnes consiste à savoir faire tout le service d'une maison, et c'est ordinairement dans le domicile maternel qu'elles la reçoivent.

A la suite de la cérémonie qui sert à flatter l'amour-propre de l'enfant ayant achevé la lecture du Koran, et de son père, tout glorieux de voir ainsi arriver son fils à une science qu'il ne possède peut-être pas lui-même, j'ai dit que cette circonstance donnait lieu à des récompenses. Or, ce reste des anciens honneurs rendus aux connaissances acquises témoignerait assez du cas qu'on en faisait, si une infinité de poésies n'attestaient qu'on estimait infiniment la science du bien parler et les orateurs.

Les poëtes ont dit :

« Le *nahou* (l'arabe littéral) est l'arc-boutant de l'instruc-
» tion.
» Est-il quelqu'un qui traverse l'eau si ce n'est sur des
» arches, ou dans un bateau?
» Si l'oiseau connaissait ce qu'il y a de gentillesse dans le
» *nahou*,
» Il l'affectionnerait en le chantant et le gazouillant avec
» son bec ;
» Parce que la parole sans *nahou* et sans élégance ressemble
» à l'aboiement des chiens et au miaulement des chats. »

D'après un proverbe, le nahou assaisonne les paroles comme le sel les mets, et les savants du temps ont fait du nahou le père des sciences, et du sarf (rhétorique) leur mère.

On reconnaissait aussi, au temps où la poésie régnait :

> » Que l'instruction relève des maisons n'ayant pas de co-
> » lonnes, lorsque l'ignorance détruit les palais de la gloire et
> » de la magnificence. »

Un maître d'école chez lequel l'amour du nahou était devenu une véritable passion, une sorte de culte, exigeait que ses élèves ne lui parlassent jamais qu'en termes choisis et relevés; ce qui n'était pas sans intérêt pour eux, puisqu'ils s'habituaient ainsi à parler d'une manière élégante et correcte. Mais au lieu d'un *jamais absolu*, le cheikh aurait dû prévoir les cas qui introduisent forcément des exceptions dans toutes les règles.

Il advint que, se promenant la nuit dans un jardin, ses rêvasseries l'empêchèrent de voir une fosse, où l'on détrempait certaines matières devant servir d'engrais, de sorte qu'il y tomba et ne put en sortir.

Les élèves accourus pour l'en retirer étaient chassés avec humeur par le cheikh qui leur disait : « Retirez-vous, vous me tuez, etc., » sans comprendre que c'était à cause qu'ils lui parlaient en arabe vulgaire.

Croyant cependant que leur maître avait perdu la raison, ils furent en prévenir ses anciens élèves, et l'un d'eux, se doutant du motif qui faisait refuser les offres de le tirer d'embarras, prépara un quatrain qu'il lui déclama avec emphase aussitôt qu'il fut près de lui. Le voici :

« O toi le plus illustre des cheikhs ! serait-ce la lune, ou
» le reflet de sa clarté douteuse, qui t'aurait trompé ?
» Que ta gracieuse main s'élève jusqu'à moi et m'accorde
» la faveur de te retirer de cet ignoble fossé. »

Le maître, émerveillé d'entendre enfin les sons harmonieux de son délicieux nahou, répondit aussitôt :

« Si tu n'étais venu à moi avec ce doux langage, je serais,
» certes, resté ici jusqu'au jugement dernier. »

Un cheikh, *Hachem el-Kellessy*, dont on m'a parlé, fait une heureuse exception à la réputation de bonhomie des maîtres d'école, et même à leur imbécillité. Ce cheikh, mort il y a une douzaine d'années, passe pour n'avoir pas eu son pareil. Il a été comme le dernier échantillon que la science arabe ait fait briller aux yeux de cette pauvre nation qui s'endort définitivement dans les bras de l'ignorance.

Ayant un soir chez lui ses élèves, auxquels il donnait de préférence ses leçons pendant la nuit, l'un d'eux, qui était d'une condition ordinaire, tandis que les autres appartenaient à des familles nobles, voulut moucher la chandelle, mais, s'y prenant gauchement, il l'éteignit, ce qui le peina beaucoup, parce qu'il devint le sujet des sarcasmes de ses camarades, qui n'avaient aucun motif de l'épargner.

Le cheikh voulant cependant mettre un terme à leurs railleries, improvisa ce quatrain qui fit taire ceux de ses élèves qu'il avait intérêt à ménager.

« O vous qui êtes dans cette illustre assemblée,
» Je n'ai point trébuché ; c'est ma main qui a failli.
» Mais si j'ai éteint la lumière de cet appartement
» Chacun de vous n'y répand-il pas un brillant éclat? »

Dans les temps anciens, l'arabe était parlé avec tant d'élégance qu'un jeune homme bien né était tenu de savoir s'exprimer en vers dès l'âge de quatorze ans, sans quoi il passait pour un mal élevé, et cela rejaillissait sur sa famille au point qu'elle en était déshonorée.

Un jeune prince donc, qui avait atteint l'âge de rigueur sans être parvenu à apprendre assez les règles de la poésie pour s'exprimer en vers, désolait son père. Celui-ci ayant réuni ses amis chez lui pour en prendre conseil, il fut décidé qu'il fallait que le prince voyageât. On disposa, en conséquence, tout ce qui était nécessaire pour son départ en compagnie de plusieurs personnes affidées.

Le voyage n'offrit rien d'intéressant pendant les trois premiers jours, mais, arrivé près d'une rivière sur les bords de laquelle était bâti un joli village, le prince aperçut une beauté ravissante, et en devint aussitôt éperdûment amoureux. La fille, pénétrée du même sentiment, à la vue de ce beau jeune homme, car ses traits, sa taille, ses mouvements en faisaient un être accompli, ne remplissait que machinalement sa cruche à la rivière et la mettait sur sa tête pour s'acheminer vers sa maison... mais l'amour, qui est fécond en expédients, lui suggéra l'idée de laisser choir son vase, pensant l'obliger ainsi à s'arrêter quelques instants.

L'effet fut presque magique sur l'esprit échauffé du prince, et dans un moment d'enthousiasme poétique, il s'écria :

« C'est à dessein qu'elle a cassé sa cruche pour...
» arroser la terre de son eau; mais, par ma foi de
» vrai musulman, que ne suis-je maintenant cette
» même terre [1]!... »

L'un des officiers de la suite courut aussitôt annoncer ce prodige au père qui s'empressa de rappeler son fils, puisque le talent des vers avait attendu, pour se développer chez lui, le charme d'un beau visage, comme le foyer volcanique attend l'étincelle incendiaire pour s'élancer dans les airs.

---

[1] Ceci fait allusion à un passage du Koran sur ce que les infidèles seront réduits à désirer d'être la terre que fouleront les vrais croyants.

XI

Bains publics d'hommes et de femmes.

En ma qualité d'ancien habitant de la campagne, en Algérie, il m'est permis d'ignorer si dans les villes de notre pays, l'usage des bains est aussi répandu qu'à Alep, et si d'ailleurs tout s'y passe de la même manière, soit sous le rapport de la toilette, soit sous celui des mœurs. Aussi serai-je excusable à vos yeux, chers compatriotes, si mon désir de vous éclairer me fait entrer dans des détails qui vous seraient déjà connus.

Pour éviter néanmoins, et autant qu'il est en moi, de devenir un narrateur fastidieux, je tâcherai d'orner le sujet qui va nous occuper de quelques anecdotes que j'ai entendu raconter au sujet des bains.

Vous savez d'abord que les bains ont été institués en Turquie pour l'accomplissement du précepte de la *purification*, et sur ce point je n'aurais rien à vous dire, si je ne voulais arrêter un instant votre attention sur ce conseil d'un des commentateurs du Koran :

« Celui qui croit en Dieu et au jugement dernier
» ne doit point laisser fréquenter les bains à sa
» légitime épouse. »

Cette opinion, toutefois, fut modifiée par un

autre commentateur qui crut devoir y ajouter cette réfléxion :

« Si c'est possible. »

Les rigoristes considèrent les bains comme des lieux d'intrigues et de conversations déshonnêtes dont les bonnes mœurs ont toujours à souffrir.

Les femmes jouiraient incontestablement dans les bains d'une liberté illimitée pour y nouer des intrigues amoureuses, si les maris ne trouvaient les moyens de faire épier leur conduite. Mais que peuvent ces précautions contre la ruse des femmes qui veulent manquer à leurs devoirs ?

C'est donc avec raison que les bains doivent être considérés comme des endroits dangereux ; mais leur utilité fait qu'on est obligé de passer sur les inconvénients qu'ils présentent, pour ne pas se priver des avantages qu'ils offrent.

Ils sont une indispensabilité sous le rapport religieux, et il serait difficile, à moins de posséder un certain bien-être, de pouvoir y suppléer chez soi ; la santé d'ailleurs y trouve un avantage incontestable, surtout pour les gens du peuple. La privation prolongée des bains, dans ces climats chauds, engendrerait plus d'une maladie.

Les bains publics ont cela de remarquable, c'est que tout le monde y est reçu au même titre sans distinction de classe, et cela dans un pays où l'orgueil des positions et la servilité présentent les caractères les plus marqués. Cette égalité accidentelle peut s'expliquer par ce vieux dicton : *les extrêmes se touchent*. On voit, en effet, sous la même voûte, dans la même pièce, l'ouvrier malheureux et isolé, avec l'opulent aga qu'une foule de servants entourent ; la femme du pauvre à côté de la dame de distinction.

La Turquie offre de fréquentes contradictions de ce genre, et ici il est à considérer que ce sont les dames qui, en cherchant une distraction, se rendent à ces mêmes bains où les femmes du peuple vont réellement pour se décrasser.

Les mêmes bains servent indistinctement aux deux sexes ; les parties du jour déterminent le temps auquel les hommes ou les femmes y sont admis.

Il peut cependant arriver qu'il prenne envie à un cheikh, espèce de *santon*, dont il sera parlé ailleurs, de violer l'asile des bains pendant que les femmes s'y trouvent ; car nul autre n'oserait tenter d'y pénétrer, sachant de quelle punition serait suivie sa témérité. Les cheikhs sont, au contraire, accueillis avec une sorte de bonheur, et les baigneuses sont toujours enchantées de l'attention qu'ils veulent bien leur accorder.

Il est vrai que les grands peuvent dispenser leur harem de sortir pour les ablutions et purifications, les palais qu'ils possèdent leur offrant des bains autrement agréables que ceux publics, mais ces dames ne s'y plaisent pas : elles y sont seules, ou avec des personnes contrôlées par les eunuques ou autres argus, remplaçant le mari et toujours dix fois plus ombrageux que lui.

Les bains qu'on peut nommer bains à vapeur, sont ordonnés à l'occasion de certaines cérémonies, mais c'est comme agents médicamenteux qu'on ne peut se dispenser de les fréquenter, parce que tel ou tel remède, pense-t-on, ne produit son effet que dans ces lieux favorisés.

On prétend qu'une femme qui relève de couches ne peut entièrement reprendre toutes ses fonctions qu'après avoir subi, *au bain*, le traitement appelé *chedoud* (corroborant); et si elle s'en dispensait, elle deviendrait bancale, rachitique et ne traînerait plus qu'une vie languissante. On ne doit pas douter des graves dangers qu'elles courent lorsqu'on voit les peines que se donnent les sages-femmes pour les en préserver. Ayant assis l'accouchée sur le marbre le plus chaud, elles la frottent de miel et d'une poudre composée d'herbes aromatiques pour lui reconforter les membres, et du moment que la transpiration a fait disparaître cette préparation, les laveuses interviennent et tiraillent à leur tour l'accouchée. Elles lui massent tout le corps avec force, employant les mains et les pieds à ces opérations indispensables; car c'est seulement par ce double moyen qu'elles sont sûres de l'avoir entièrement reconstituée.

Les dames d'Orient sont, en outre, sujettes à des incommodités plus ou moins occultes, et, comme leurs médecins de prédilection sont habituellement de leur sexe, c'est d'après les conseils de ces hippocrates en jupon qu'elles doivent se diriger, les maris ne pouvant pas s'opposer à toutes les raisons qu'elles leur donnent. Les femmes vont, au surplus, chercher aux bains ce que les hommes trouvent dans les cafés : des nouvelles de tout ce qui se passe, non dans le domaine de la politique, qui ne les occupe nullement, mais dans celui de la chronique scandaleuse qui a beaucoup d'attraits pour elles. C'est d'ailleurs au bain, si elles veulent nouer des intrigues, qu'elles en trouvent l'occasion par le ministère de certaines entremetteuses.

Les dames passent dans les bains plusieurs heures, lorsqu'elles ne peuvent pas y rester tout le jour, et elles y varient leurs plaisirs par des collations et de nombreux régals en sorbets, pipes, narguilés et cafés. — Les chants s'alternent aussi avec la conversation, qui devient intéressante par les connaissances qu'elles font de femmes aimables et spirituelles.

Les maris qui se sont souvent impatientés d'attendre le retour de leurs épouses ne les ont pas plutôt entendu raconter les mille particularités qu'elles ont apprises, qu'ils en sont de suite enchantés. Elles leur disent que la femme d'un *tel* est belle au suprême degré ; qu'un autre personnage connu a une fille qui pourrait servir de modèle à un peintre ou à un sculpteur, si en Orient on était dans l'habitude de recourir à ces artistes pour représenter la beauté et la grâce des formes ; en définitive, elles se plaisent à en faire une description détaillée, si le moindre doute leur est opposé, sans penser que le goût de caqueter, qu'elles satisfont ainsi, tout en cherchant à complaire à leurs maris, fait souvent naître, dans le cœur de ceux-ci, des passions dont elles sont les premières à souffrir [1]. Lorsque, autrefois, les femmes chrétiennes et israélites étaient reçues dans tous les bains musulmans, les rapports des épouses mahométanes donnaient également lieu, chez leurs maris, à des idées d'enlèvement, ou simplement à des entreprises amoureuses que les facilités qu'ils trouvaient dans le despotisme du temps, avaient toujours rendues fâcheuses pour les époux des beautés recherchées. Or, ce grave inconvénient suffit à lui seul pour demander la séparation des croyances [2] sans que la superstition se chargeât de l'opérer à un titre moins plausible.

Une opinion généralement répandue, et profondément enracinée à Alep, parmi ses habitants de toutes les sortes, veut que si, pendant qu'un musulman fait au bain ses ablutions, une goutte de

---

[1] Pour que la beauté d'une femme soit parfaite en Orient, il faut, pour la composer, un corps élancé et souple comme le jonc, un cou de biche, le visage d'une pleine lune, des yeux de gazelle, un nez effilé comme une pistache, la bouche de la grandeur d'une bague, le menton tel que le pied d'une tasse, les joues enfin représentant les plus belles roses.

H. Guys.

[2] Les femmes chrétiennes sont seules exclues des bains que fréquentent les croyantes, car les hommes sont reçus en même temps que les musulmans.

l'eau dont il se sert vient à rejaillir sur un chrétien, un bouton se forme infailliblement à l'endroit atteint, sans qu'il puisse espérer d'en guérir, si ce n'est par l'emploi du remède que l'établissement possède seul et qui se trouve dans la partie de son égout. Il doit s'en bassiner la pustule, et cette matière impure devient pour lui salutaire.

Un quiproquo faillit un jour coûter la vie à un prêtre chrétien auquel on avait conseillé de prendre un bain.

Etant sous la coupole intérieure à attendre que la transpiration ait marqué le moment où commence le décrassement *à la bourse* (sac de crin) et le savonnage, il se voit interpeller par un inconnu qui, après un moment de conversation, lui demande son nom. Or, comme la formule en pareil cas est celle-ci : « Quel est le nom illustre ? » le prêtre, se doutant de quelque piége, lui répondit aussitôt : « Mahomet », et l'interlocuteur, s'imaginant avoir affaire à un vrai croyant, continua à l'entretenir avec une entière confiance.

Mais quelle ne fut pas sa surprise lorsque, ayant suivi d'assez près son homme dans le vestibule, il le vit se coiffer du bonnet caractéristique de la prêtrise; il en fut tellement irrité qu'il se mit à l'injurier et même à le battre, sans que cette double satisfaction suffît pour l'apaiser, puisque, en s'aidant de quelques fanatiques comme lui, il parvint à le traîner chez le cadi, espérant le faire condamner à être brûlé vif.

A la question que le juge lui adressa, « s'il était vrai qu'il eût répondu de la manière dont on l'accusait », le prêtre l'affirma, faisant seulement remarquer qu'il avait dû prendre la question dans le seul sens qui lui convenait, son humilité ne lui permettant pas d'appliquer à son nom l'épithète d'*illustre* qui appartenait au seul nom du Prophète, le glorieux, le noble par excellence.

Des applaudissements accompagnèrent le prudent papas, qui se promit bien de ne plus s'aventurer dans un bain turc.

Autre préjugé des chrétiens. Ils disent que les montures refusent l'eau dont un musulman s'est lavé, tandis qu'elles boivent celle qui a servi à des chrétiens.

Le fait suivant servira à faire connaître que les maîtres et garçons des établissements publics ont souvent tort de n'accorder leurs égards qu'aux individus dont la mise plaît, en même temps qu'il donnera une idée du service des bains syriens.

Le public y est bien reçu d'une manière égale pour tous, les pièces extérieures comme celles intérieures lui étant communes ; mais il est cependant une distinction dans les *foutes* (grands essuie-mains) qu'on fournit et dans les soins dont on est entouré, ce qui fait que chacun paye autant selon ses moyens que d'une manière relative aux objets qu'il a employés et aux services qu'on lui a rendus.

Un étranger étant entré dans un bain pour s'y faire laver, ne fut pas l'objet de ces attentions qu'on a l'habitude de prodiguer dans les établissements turcs, et comme il pensa qu'on ne l'avait pas estimé capable de les rémunérer, il s'en offensa ; mais, voulant donner une leçon à ces employés impolis, il se fit apporter le miroir qui est la dernière phase du cérémonial d'un bain oriental, s'y regarda, jetta dessus dix piastres et sortit d'un air satisfait.

Cette large rétribution surprit le maître et les garçons qui se repentirent de n'avoir pas eu plus d'attentions pour cet étranger, qui sans doute les aurait gratifiés avec plus de générosité. Ils se promirent en conséquence d'être plus attentifs à l'avenir, surtout si le même individu faisait une seconde visite. Elle eut lieu, en effet, au bout de quelque temps, et cette fois rien ne lui manqua. Les garçons l'accompagnèrent au bain, c'est-à-dire le soutinrent par les bras pendant que, couvert de *foutes*, il cheminait, monté sur des *kabkabs* (galoches), vers les chambres intérieures ; là ils le massèrent et lui firent craquer les os, tandis que, mollement étendu sur des dalles chaudes, il attendait que son corps s'imprégnât de la dose de vapeur que produit la transpiration et qui détermine le moment du frottement au sac et le savonnage à deux ou trois reprises.

On ne fut pas chiche de pipe, de narguilé ni de café, et lorsqu'il fallut sortir, on le couvrit de linges, qu'on changea dans les pièces intermédiaires, pour lui retirer ceux qui avaient humé la première sueur ; enfin il fut ramené sur son estrade, et là les masseurs s'escrimèrent encore sur son corps, pendant qu'il était nonchalamment étendu et chaudement couvert, fumant sa pipe, et buvant son sorbet et son second café.

Lorsque le moment de payer fut venu, les employés s'attendaient à une large rétribution; mais quelle ne fut pas la surprise du maître en voyant tomber sur le miroir une pièce de demi-piastre! il ne put s'empêcher de dire à l'étranger : « Mais ce » n'est pas votre manière de payer? » — « C'est » vrai; au moins je suis conséquent : ces vingt » paras sont pour mon premier bain, et les dix » piastres, je les avais données par anticipation » pour le second. »

Les bains sont indispensables lorsque les dames doivent se préparer aux grandes toilettes des fiançailles, des mariages, des circoncisions et des fêtes ou invitations.

C'est dans ces cas qu'elles se teignent les cheveux, les mains, les pieds [1], les ongles, et qu'elles emploient les compositions épilatoires qui ne réussiraient pas chez elles faute d'une température de vapeur assez élevée.

Les sectateurs de Moïse ont leurs bains spéciaux, et cela tient à un précepte religieux qui concerne les

---

[1] Les femmes de Syrie retirant leurs *mests* (brodequins) lorsqu'elles entrent dans les maisons, les dessins qu'elles font exécuter sur leurs pieds tiennent lieu de tout ornement ou garniture. H. Guys.

femmes et dont il faut qu'elles puissent constater l'accomplissement. C'est pourquoi elles prennent les co-baigneuses à témoin quoiqu'elles redoutent naturellement d'enfreindre le précepte, puisque l'infraction est toujours suivie, pensent-elles, d'éruptions cutanées. Une chose plus certaine, à mes yeux, c'est que le moyen est plus fait pour donner le mal que pour l'empêcher, l'eau du bassin dans lequel les israélites font leur immersion totale n'étant changée ou renouvelée que lorsque son altération devient sensible.

Je finirai mon article par la réponse spirituelle d'un poëte qui, étant allé au bain quoique *dans le malheur*, circonstance qui ne devrait pas permettre même de se laver, selon les Orientaux [1], répondit à son interlocuteur par ce quatrain :

« Ce n'est pas la sensualité qui m'a conduit au bain,
» Mais le feu de l'amour qui me dévore le flanc ;
» Et comme les larmes de mes yeux ne sauraient suffire...
» J'y suis venu pour pleurer par tout mon corps. »

---

[1] Leur opinion est qu'ils sont nuisibles dans ce cas-là.

H. Guys.

XII

Administrations. — Divans. — (Chambres de conseils.)

Que n'aurais-je pas à dire sur tout ce qu'a de défectueux l'administration turque, ou plutôt comment m'y prendrai-je pour vous en démontrer convenablement tous les vices? Elle offre tant de faits inconcevables qu'il faudrait se perdre dans un dédale de recherches pour découvrir tous les ressorts occultes et perfides qui la font agir.

J'avais bien entendu parler de cette plaie mortelle qui ronge la puissance ottomane, mais je croyais qu'il y avait de l'exagération, et j'étais loin alors de penser que les observations que je ferais un jour me démontreraient qu'il n'y a que trop de réalité dans tout ce que l'on dit sur la mauvaise administration turque.

Les administrations et les tribunaux ne sont que de vains simulacres : c'est en sauvant les apparences que les employés font aller la machine gouvernementale, emportant dans sa marche bien des gens, tantôt dessus, tantôt dessous, selon qu'ils sont puissants ou misérables.

L'autorité absolue accordée autrefois aux pachas est réduite maintenant à un état de nullité tel qu'ils ne conservent qu'une ombre de pouvoir. C'est là un de ces contrastes si communs chez les Turcs, qui passent volontiers d'un extrême à l'autre.

Je ne chercherai pas une autre cause pour expliquer le chaos gouvernemental que l'on remarque aujourd'hui.

Je sais que l'auguste souverain de l'empire turc est mu, pour les réformes qu'il veut introduire, par de bonnes intentions, mais, tout en voulant imiter les potentats de l'Europe, il ne songe pas que, quand ceux-là prennent une nouvelle mesure, ils sont certains d'être secondés et obéis par des agents capables et dévoués, tandis qu'il n'en est pas de même en Turquie.

Si les améliorations introduites par le sultan font le bonheur des provinces qui se trouvent sous ses yeux, elles font le malheur de celles qui sont éloignées du centre de l'empire.

En effet, comment espérer, par exemple, quelque justice du conseil municipal d'Alep, qui est aujourd'hui chargé d'informer sur toutes les affaires, et même de les juger, lorsqu'on le voit composé des grands personnages du pays qui, depuis un temps immémorial, en ont été les tyrans?

Le gouvernement ottoman a-t-il donc sitôt oublié que la ville d'Alep a résisté longtemps à son autorité? qu'il n'y exerçait qu'un pouvoir nominal? que les partis en ont souvent chassé ses pachas qui, dans les derniers temps, n'habitaient plus la ville pour ne point grossir le nombre de leurs devanciers mis à mort par des factions?

Ces rebellions, qui tenaient tête au pouvoir suprême, étaient fomentées et soutenues par les grands, et, comme ces mouvements de révolte leur coûtaient beaucoup, ils s'en indemnisaient en s'emparant des revenus publics et en faisant subir des avanies au peuple, surtout à celui des campagnes.

Ne sont-ce pas ces notables qui se sont indûment emparés des terres du domaine impérial en les faisant convertir en mélikhané (fiefs) et qui ont sans cesse exploité les autres propriétés par voie de fermage?

Le gouvernement n'est pas sans savoir que ces *ayans* (grands) ont ruiné le pachalik, puisque les scandaleuses concussions par eux exercées en ont porté les habitants à l'émigration. Que pouvait-il donc espérer de leur concours, de leurs lumières, en les chargeant de composer le conseil du pacha, d'administrer même la justice en matière fiscale et contentieuse? Or, voici ce qui arrive : ils éludent toutes les mesures dont on leur prescrit l'exécution, et qui peuvent en quelque point contrarier leurs intérêts, au grand détriment des droits des autres et même des droits du gouvernement.

Les divers membres du divan sont plus ou moins possesseurs des fiefs en question, avec adjonction de plusieurs fermes, de sorte qu'ils sont d'un sentiment unanime en maintes occasions, et sont intéressés à se prêter une mutuelle assistance.

Malheur à l'étranger, à l'européen surtout qui est dans le cas de réclamer ses justes droits devant un tribunal ainsi composé! je crois qu'il pourrait s'attirer la sympathie des tigres du Taurus plutôt qu'un acte de justice de la part des personnages qui siégent dans un pareil tribunal.

Il est cependant un moyen infaillible d'obtenir de ces juges iniques un résultat favorable : c'est en leur offrant une somme d'argent proportionnée à l'importance de l'affaire sur laquelle ils ont à prononcer; mais n'est-ce pas, en agissant ainsi, profaner le sanctuaire de la justice? Voilà pourtant où conduit la cupidité et la corruption des magistrats.

Il n'est pas un homme du peuple qui ne sache que ce sont les grands qui, non contents de les ruiner, les affament [1], et l'autorité supérieure serait donc seule à ne pas entendre cette clameur générale qui accuse si hautement ces petits tyrans! Au lieu d'écouter ces justes plaintes et d'y faire droit, le gouvernement les honore d'une confiance aveugle, et les rémunère largement de la peine qu'ils prennent en se chargeant du fardeau lucratif de l'administration.

Tout cela n'est qu'une cruelle déception, et il faut en avoir été témoin pour le croire.

C'est en vain qu'on imaginera les meilleures mesures gouvernementales, qu'on rédigera les règlements les mieux entendus, les lois les plus sages, si on ne tient pas fortement la main à leur exécution de la part des agents secondaires.

---

[1] Etant propriétaires de tous les biens ruraux, ils ont le monopole des denrées et ils en profitent sans ménagement.

La création des tribunaux était le premier pas à faire dans la voie des améliorations et leur composition le second, tout en préparant les règlements qui devaient les régir; mais, toute bonne que peut être cette institution, livrée, comme elle l'est, aux vampires d'Alep, elle est sans résultat avantageux pour la population.

Le pacha, comme je l'ai déjà dit, est devenu une simple machine. Il ne possède plus qu'une autorité apparente, tout se borne pour lui à donner aux actes d'administration son visa, et ce n'est qu'une vaine formalité.

Toutes les autorités, sans exception, même l'autorité militaire, trafiquent plus ou moins des revenus de ce malheureux pays et s'enrichissent des lambeaux qui lui sont restés de sa prospérité passée.

L'agriculture se meurt, l'industrie est aux abois, et le commerce ne se soutient plus que grâce aux efforts des négociants européens, que je dois comparer, néanmoins, à ce chat qui, léchant une lime fraîchement huilée, ne s'aperçut pas, lorsqu'elle lui eut entamé la langue, qu'il se repaissait de son propre sang.

Cet état de choses est déplorable, et me fait faire de pénibles réflexions. Il faut donc le dénoncer à la sollicitude du souverain, dont les intentions sont toutes bienveillantes, aussi bien qu'à ses ministres : oui, toutes les peines qu'ils ont prises pour améliorer le sort des sujets de l'empire, doivent avoir produit beaucoup de bien à Constantinople et dans le voisinage de cette capitale; aussi est-il très-fâcheux qu'ils n'aient pu encore doter Alep que d'un fantôme d'administration.

On doit toutefois considérer comme un bienfait la révision, à Constantinople, des jugements qui condamnent à la peine de mort et la suppression des tortures, de la question, des avanies et des emprisonnements arbitraires. C'est certainement un véritable progrès, même un progrès immense ; mais l'ancienne sévérité de l'autorité, dont malheureusement elle faisait un abus effroyable, avait cependant son bon côté; elle intimidait, contenait les mécontents, les malfaiteurs, et leur inspirait une crainte salutaire, très-convenable dans des temps de barbarie.

Il n'est pas moins à désirer que le gouvernement central avise aux moyens d'être efficacement secondé, dans ses bonnes et louables intentions, par tout l'empire, dans les provinces les plus éloignées comme dans celles qui sont les plus rapprochées de la capitale.

Pendant le temps que j'ai habité la France, je n'ai point négligé d'étudier son gouvernement, et je puis dire hardiment que la comparaison est impossible entre ce qui se pratique dans ce beau pays et ce qui se fait ici.

En France, dans chaque chef-lieu se trouvent un conseil et un tribunal qui sont composés d'hommes choisis, ce qui est bien essentiel. A Alep il existe une chambre de conseil et deux tribunaux depuis qu'on a créé un *divan de commerce*, mais ils n'ont tous que le nom de ce qu'ils sont ; leur personnel est tellement détestable qu'on se sent porté à blâmer la réforme, puisqu'en réalité elle n'a encore produit aucun bien.

Un pacha jadis craignait de perdre sa position, et sa responsabilité lui faisait garder des ménagements : il avait d'ailleurs auprès de lui des personnes qui, en l'influençant, pouvaient le remener lorsqu'il prenait des voies vicieuses. Aujourd'hui, les membres du divan, au nombre de seize, ont tous une position indépendante, et ils agissent toujours dans un même but, l'intérêt personnel.

Comment constatera-t-on leurs injustices, puisqu'ils ne sont chargés de l'application d'aucune loi ? La ruse de ces membres est si grande, et leur fourberie si féconde qu'ils ne manquent jamais de faire précéder leurs décisions d'une quantité de formalités dont ils indiquent d'avance les motifs. On conçoit qu'ils ne doivent pas négliger les témoignages dans un pays où la déposition de deux individus suffit pour détruire les actes et les faits les plus solidement établis, et où la cupidité des hommes fait du témoignage un véritable trafic.

Quelques mots me restent à dire pour donner une idée de la dignité des autorités actuelles, ou plutôt pour faire connaître ce qu'elles ont conservé de leur ancien esprit despotique.

Lorsqu'un pacha, *mutsellem* ou defterdar (receveur général), veut donner à dîner, il envoie ses employés, ses domestiques dans les bazars, emprunter les plats et assiettes à ceux qui en vendent, ce qui ne fait pas extrêmement plaisir à ces marchands, parce qu'il est rare que la restitution soit intégrale par l'oubli des agents emprunteurs qui souvent se trompent de porte et déposent les objets chez eux au lieu de les rendre aux malheureux propriétaires. L'usage de boire à la même tasse fait que les vendeurs de cristaux ne sont pas mis à contribution pour les verres et carafes, et je crois qu'ils se joignent aux marchands de linge de table pour prier Dieu que les Turcs ne se civilisent pas au point de boire plus proprement et de se servir de nappes et de serviettes comme les Francs leurs modèles, qu'ils n'ont fait, du reste, que singer, du moins jusqu'ici.

Cela m'amène à une autre réflexion tout aussi juste et également défavorable à nos autorités orientales. L'arrivée d'un prince en Europe est un événement heureux pour le pays qu'il visite, non-seulement par les largesses auxquelles donne lieu son voyage, mais aussi par le mouvement qu'il imprime à l'industrie locale, tandis qu'en Turquie, c'est une occasion de vexations qui prennent un développement relatif à l'importance du personnage.

XIII

Administration (suite). — Tribunaux de justice. — Anecdotes sur les cadis.

Je ne pensais pas devoir parler de l'administration du pays, autrement que d'une manière générale, parce que je ne croyais point pouvoir m'étendre sur une matière qui est rarement bien connue des étrangers, et je craignais, d'un autre côté, de m'exposer à de graves erreurs. Ayant été, cependant, assez heureux pour recueillir quelques nouveaux renseignements, je les présente encore à mes lecteurs, tout en réclamant leur indulgence.

L'empire ottoman était depuis longtemps en butte aux horreurs du plus affreux despotisme, et la vie, comme la fortune de ses habitants, devenait souvent la proie d'avides pachas.

Ces gouverneurs avaient des espions à gages, et ils s'entendaient avec les autres autorités pour trouver en défaut ceux qu'ils voulaient perdre, quoique ce prétexte ne leur était pas absolument nécessaire, la cupidité leur suggérant d'autres moyens toutes les fois qu'il s'agissait de se procurer de l'argent.

Il est un adage oriental qui donne bien l'idée de la fâcheuse conséquence que devait avoir parmi le peuple l'exemple d'une aussi odieuse administration, le voici : *les gens suivent la religion des chefs.*

Ne dit-on pas également que le despotisme porte

à l'exaspération, que l'arbitraire conseille l'injustice !

Dans une ville où les spoliations, les crimes étaient journaliers, et restaient impunis, la contagion passait des grands aux subalternes et la justice n'était plus qu'un simple nom, qu'une vaine apparence.

C'est précisément ce qui arrivait dans les temps dont je parle, et j'ajouterai qu'il en reste encore des traces. Les cadis ont un pouvoir trop discrétionnaire, une latitude d'action trop étendue, pour ne point se permettre des actes qui rappellent, du reste, les abus d'autrefois.

Ces juges achètent leurs places pour un an, et il faut que pendant ce temps ils se dédommagent de leurs sacrifices et qu'ils gagnent de quoi vivre jusqu'à ce qu'ils puissent obtenir un autre emploi.

Le vice n'est-il donc pas dans l'organisation même de cette institution ? elle n'a pas varié, dit-on, de ce qu'elle était anciennement.

Les jugements des cadis sont d'ailleurs sans appel ; autre vice qui les engage à se laisser aller à des abus bien dangereux pour ceux qui ont recours à eux.

Un troisième inconvénient, qui n'est pas moins considérable, c'est l'absence de tout code, ou recueil de lois, d'après lequel les juges puissent prononcer; aussi jamais la partie qui succombe ne peut se rendre compte du motif qui l'a fait condamner.

Il est vrai que ce sont les muftis qui interprètent les lois existantes [1], ou plutôt préjugent les questions qui leur sont exposées en donnant leur avis, appuyé sur l'opinion d'un légiste, et que les cadis ne font qu'appliquer ces *fetvas* (sentences); mais c'est là une plus grande source d'erreurs, une cause encore plus vicieuse qui nuit à la justice en favorisant l'arbitraire des juges.

Le mufti, comme tout le monde sait, répond à toutes les demandes qui lui sont faites par écrit; or, comme dans la même cause on lui en présente insidieusement de dix, de vingt façons différentes, sur lesquelles il donne également son opinion, il s'ensuit que le cadi se trouve souvent dans une confusion d'idées et dans l'embarras du choix par rapport aux moyens mis en avant par les deux parties, ce qui le porte naturellement à pencher pour celle qui appuie ses raisons de plus de générosité.

Les juges sont bien d'avis qu'ils doivent chercher à concilier tous les intérêts, mais lorsqu'ils ne le peuvent pas, ils se laissent facilement corrompre aux dépens de l'une des deux parties, soit qu'elle ait réellement tort ou qu'elle ne soit pas tout à fait dans son droit.

Que l'on dise après cela que les tribunaux sont plus intègres aujourd'hui! Le croira qui voudra, car pour moi je tiens que les mêmes causes produisent toujours les mêmes effets.

---

[1] Ou ce qui en tient lieu.

Quoique l'usage des affiches ne soit pas encore bien répandu en Syrie, on y connaît depuis longtemps celui des placards, et l'on m'a communiqué le quatrain suivant qu'on trouva appliqué sur la porte du *mehkémé* (tribunal).

> « Venez, passants, mes amis, et pleurons la Justice ;
> » Il en est fait d'elle depuis mil quatre-vingt [1].
> » — Un passant, qu'est-ce ? — Hélas ! la Justice n'est plus
> » Que de l'argent dans le creux de la main. »

Le creux de la main est comme le bassin de la balance.

Pour ce qui regarde l'administration gouvernementale, elle est améliorée, et ses écarts, si elle en commet encore, n'ont plus le scandale de la publicité comme dans les temps passés.

Les pachas ne sont plus juges souverains : ils doivent en référer, comme je l'ai dit, aux divans, et dans aucun cas ils ne peuvent prononcer la peine de mort, ni taxer arbitrairement les gens à titre d'amende. Ce sont là assurément deux incontestables améliorations qui font le plus grand honneur au règne du sultan Mahmoud, auteur de la réforme ottomane, et dont le digne fils, Abdul-Medgid Khan, suit les traces avec autant de zèle et plus de succès.

Ces améliorations, dans l'ordre administratif, n'empêchent pas cependant qu'on ne se plaigne de

---

[1] Epoque hégirienne.

plus d'un genre d'injustice : parce que les intrigues, pour faire triompher le vice, sont tout aussi animées qu'autrefois. Seulement, les tribunaux savent mieux sauver les apparences ; car à mesure que les ministres du sultan deviennent plus sévères, ceux qui veulent les tromper emploient plus de finesse et plus de ruse.

Je dois dire, en conséquence, que les abus d'autorité sont encore assez fréquents en Syrie, et que, leurs auteurs restant impunis, ils sont encouragés à les continuer. J'ai connu une infinité de victimes de la rapacité des employés, et je ne sache pas qu'il en soit un seul qui ait osé, ou pu se plaindre. En général, une injustice en fait craindre une autre, et d'ailleurs, à qui s'adresser contre un pacha, un *mutsellem* ou le moindre agent de l'un ou de l'autre? Les *divans chora* sont des tribunaux dont on peut faire agir les membres inviolables comme l'on veut, la qualité qu'ils possèdent le plus étant la liberté d'action ; l'indépendance ne laissant rien à désirer non plus, sous le rapport de la fourberie et de l'esprit d'intrigue.

C'est pourtant dans cet heureux pays que l'on dit encore : « Apprenez la magie, mais ne la pra» tiquez pas », tout en donnant journellement des preuves qu'on ne suit l'axiome qu'à demi.

La chose publique est donc loin d'être dans une position satisfaisante, et si l'on juge de l'état de l'agriculture d'après ce que j'en ai dit, on verra que les gens de la campagne souffrent dans une plus grande proportion que ceux des villes, qui à leur tour sont moins bien que les habitants de la capitale et des provinces qui environnent ce centre de justice et de civilisation, car j'entends dire qu'il s'y fait de grands progrès et de belles choses.

On doit, par conséquent, rendre justice au gouvernement, qui obtient là-bas beaucoup avec de faibles ressources, et il est aussi permis de dire que les résultats produits font présager de plus grands succès encore.

Il faudrait que l'autorité pût aborder franchement les deux mesures auxquelles elle semble préluder d'une manière trop incertaine : le *cadastre* et le *recensement*.

Comment gouverner efficacement un pays dont on ignore les ressources, et des populations qu'on ne connaît que très-imparfaitement?

Ce que je n'approuve point, dans les emprunts faits à la civilisation européenne, c'est, je le répète, l'introduction et la propagation de certaines de ses habitudes vicieuses; aussi dois-je donner plus d'extension que je ne l'ai fait précédemment, à mes réflexions sur le débit public des boissons.

Jadis peu de musulmans y étaient adonnés, et ceux qui se livraient au funeste défaut de boire suivaient le précepte déjà cité : « Si vous vous livrez » au vice, ayez au moins soin de vous cacher. » Leurs désordres n'avaient pour témoins que des commensaux, ou seulement quelques membres de la famille; ils ne présentaient point au public un exemple dangereux. Aujourd'hui les buveurs sont innombrables, et les cabarets privilégiés, établis et affermés par l'autorité, reçoivent publiquement un flot toujours croissant d'habitués. Combien de jeunes gens sont conduits à ces dangereuses écoles et perdent ainsi leur avenir en débutant par un vice qui, comme une pente glissante, conduit rapidement à tous les autres !

Ces tavernes produisent des résultats d'autant plus fâcheux qu'elles ne sont pas surveillées et que les règlements de police (s'il en existe) n'ont encore rien prévu sur les écarts de ce nouveau moyen de distraction créé pour le public oisif. On voit continuellement des ivrognes dans les rues, et je n'entends pas dire que l'autorité le trouve mauvais : sans doute pour ne point faire tort à sa propre industrie, puisque c'est elle qui perçoit, en définitive, l'impôt sur les buveurs.

Je n'ai pas séjourné très-longtemps en France, il est vrai, mais je puis dire, encore une fois, que je ne me suis pas aperçu qu'il y eût des tavernes, parce qu'elles ne donnent pas lieu aux excès dégoûtants qui se commettent en Syrie, où pourtant les lois religieuses et humaines étaient si sévères sur l'usage des liqueurs enivrantes. Je me demande, dès lors, quel avantage le gouvernement ottoman a pu se promettre de l'abrogation de ces lois éminemment sages ?

On m'a appris que lorsque les Egyptiens vinrent en Syrie, ils menèrent à leur suite une foule d'*al-*

mées qui furent autorisées à exercer leur métier autour des villes, et que, s'étant établies sur les routes qui y conduisent, elles excitaient les passants par leurs chants et leurs danses; mais que le public cria si haut contre l'importation de cet échantillon de la civilisation dite européenne que les autorités furent forcées de retirer leur privilége et de renvoyer ces filles de joie dans leur patrie, où, à ce qu'il paraît, elles ne causaient pas autant de scandale qu'en Syrie. Les tavernes ont aussi une origine égyptienne et les osmanlis ont eu le tort de les avoir acceptées comme un fait accompli.

Des femmes dévergondées, sans être des almées, et ne connaissant pas plus le chant que la danse, étalent leurs charmes hideux dans les rues d'Alep sans que la police s'en inquiète et cherche à réprimer cet autre scandale.

Les mœurs publiques donnent fort peu de soucis à l'autorité dans la ville d'Alep, et je sais que ses paisibles citoyens sont aujourd'hui leurs seuls défenseurs. Ils sentent la nécessité d'empêcher le progrès de la corruption, la tendance naturelle de la société étant pour le bon ordre. Il faut que l'homme arrive au dernier degré de la perversité pour étouffer en lui le penchant qui lui fait estimer le bien et abhorrer le mal. Les Alepins ont, en général, conservé leur amour pour les bonnes mœurs, et le gouvernement est donc doublement coupable de négliger maintenant cette partie essentielle de ses devoirs, après y avoir apporté peut-être trop de rigueur autrefois, puisque les moindres méfaits donnaient lieu aux pendaisons et aux noyades, la seule différence du sexe faisant celle du supplice.

Je veux vous dédommager, cher lecteur, de l'ennui que doivent vous avoir causé mes longues informations sur les administrations, en vous rapportant quelques-unes des anecdotes que j'ai recueillies sur les cadis, dont le peuple croit se venger en débitant les histoires auxquelles ils ont donné lieu.

On raconte qu'un cadi ne cessait de recommander à ses gens de tenir le devant du tribunal propre, en le balayant et l'arrosant fréquemment. Or, il arriva que, pendant qu'un campagnard passait avec une charge de bois, son âne salit l'endroit, ce qui mit les domestiques du cadi dans une telle colère, qu'ils se saisirent du maître du baudet et le conduisirent chez leur patron pour lui raconter ce que sa bête avait fait. Le juge, après avoir réfléchi, se tourna vers l'habitant de la campagne, et lui dit d'un ton sentencieux : « J'ai condamné ton âne à » fournir tous les mois une charge de bois à la » cuisine du tribunal. » Et le paysan, qui avait craint une punition plus rigoureuse, répondit très-respectueusement qu'il se conformerait à ce jugement.

Il fut assez exact au commencement, mais au bout de quelque temps, il cessa de paraître. Le fait étant connu du cadi, il fit assigner l'homme et lui demanda par quel motif il n'acquittait pas sa dette.

« C'est, mon bon juge, que ma bête est morte. »
Le cadi lui dit alors : « Emparez-vous du premier
» âne que vous rencontrerez ; déclarez qu'il est à
» vous, et je vous maintiendrai dans sa posses-
» sion. »

Le paysan se mit incontinent à épier l'occasion, et comme un chétien vint à passer avec un âne, il saisit cette bête en criant : « C'est bien l'âne qui » m'a été volé ; c'est le même. » Le maître, voulant s'opposer à ce qu'il l'emmenât, se prit à injurier le paysan, et ils en vinrent aux mains.

Un homme monté sur une jument traversait la rue dans ce moment-là, et, voyant la dispute, il voulut intervenir pour la faire cesser : il se mit, à cet effet, entre les querelleurs. Dans ce moment le campagnard, frappant avec un bâton, atteignit la jument qui était derrière lui et lui creva un œil. Cela fit du cavalier un plaignant de plus.

La foule qui augmentait faisait obstacle à ceux qui poussaient le paysan vers le tribunal, et, en se défendant, celui-ci refoulait les gens de toutes ses forces. Une juive enceinte, qui se trouvait là, fut tellement pressée qu'elle avorta. Aux cris de l'enfant, le public s'indigna et finit par s'emparer de l'homme. Le mari de la juive se joignit aux deux autres accusateurs, et ils allaient entrer chez le juge lorsque le rustre parvint à s'échapper. On courut après lui, et au moment d'être nouvellement arrêté, il se réfugia dans une petite mosquée, monta au minaret, et, comme il n'était pas élevé, il put sauter sur la terrasse pour fuir ceux qui le poursuivaient; mais, quoiqu'il ne tombât pas de bien haut, son poids fit céder les solives, et un malade qui était dessous fut tué. C'était le frère de l'iman qui aida à arrêter le paysan.

Tous les plaignants s'étant présentés au cadi, ils lui exposèrent leurs griefs respectifs.

Le juge, un peu surpris de la gravité des embarras que son protégé avait suscités, signifia néanmoins à ses accusateurs qu'ils eussent à se présenter séparément pour être mieux informé des raisons de chacun.

Le propriétaire de la jument fit le premier sa réclamation pour l'œil crevé de sa monture. Le cadi, ouvrant un livre, se mit à lire, et ayant un peu réfléchi, il dit : « Votre bête a diminué de prix » par la perte d'un œil, cela est incontestable ; la » loi veut, en conséquence, que vous la partagiez » dans sa longueur, et que vous donniez la moitié » endommagée au paysan pour qu'il vous la paye » sur le prix de ce que valait votre jument avant » son accident... » ce qu'entendant l'individu, il se désista de sa prétention et s'éloigna avec sa monture éborgnée.

L'époux se plaignit de l'avortement de sa femme, et le cadi condamna le paysan à épouser celle-ci, et à la répudier au bout de neuf mois ; mais sans attendre la fin de la sentence, le mari, qui ne voulait pas divorcer, s'empressa de quitter le tribunal.

Puis vint l'iman, dont le frère avait été tué par la chute de la toiture. Le juge ordonna qu'il monterait sur le minaret et se jetterait sur une terrasse, pendant que le paysan se tiendrait dessous, pour être écrasé si la chute de l'iman entraînait celle de la toiture sur laquelle il tomberait... Ce jugement ne satisfit pas non plus.

Arriva enfin le maître de l'âne auquel le cadi adressa cette question insidieuse : « Etes-vous du » nombre des croyants ou des infidèles ! » Et le chrétien, qui dut croire, avec raison, qu'on lui tendait un piége, répondit promptement : « Je ne » suis ni des uns ni des autres, mais de ceux qui, » renonçant prudemment à leur bête, prennent le » large. »

Le cadi, voyant ainsi triompher son homme, le mit en possession de l'âne, et le paysan ne manqua plus à son obligation de porter chaque mois sa charge de bois.

Un kurde qui comptait des pièces d'or en fit tomber une à terre, et elle roula vers un individu qui s'empressa de la ramasser, mais nia le fait, tandis que le kurde ne douta pas qu'il ne l'eût prise. Il s'en suivit une altercation qui attira la foule. Quelqu'un dit alors : « Au lieu de vous dis- » puter, sans aucun fruit, sur la voie publique, » vous devriez faire vider votre différend par le » cadi. »

S'étant donc présentés à ce juge, le kurde exposa sa plainte, et, attendu qu'on lui demanda de prouver son assertion par la déposition de deux témoins, il déclara n'en pouvoir citer aucun, nul n'ayant été présent à leur affaire. Voyant ainsi qu'il ne pouvait obtenir la condamnation de celui qu'il croyait être véritablement le détenteur de sa monnaie, il se retira en murmurant entre ses dents *que la justice des kurdes était préférable*. Les gens du tribunal, croyant qu'il blasphémait, le rappelèrent, mais il leur observa qu'il ne faisait que regretter la manière d'expédier les affaires dans son pays... « Eh ! » quelle est-elle et que produit-elle ? — Elle fait » découvrir les fourbes. — De quelle façon, s'il » vous plaît ? » Au même instant le kurde appliqua un soufflet au voleur, et la pièce d'or lui jaillit de la bouche.

Le cadi ne put disconvenir que si le procédé était illégal, il avait du moins pleinement produit son effet dans cette occasion.

Un chasseur retournant avec un bon butin pensait à se régaler, et pour cela faire, il choisit dans son gibier une belle oie et la remit à un rôtisseur, devant la reprendre après avoir fait un tour au marché.

Le cadi venant à passer pendant que l'oie était dans la poêle, l'odeur appétissante qu'elle exhalait lui fit éprouver une agréable sensation, et comme ce magistrat était un gros gourmand, il jeta son dévolu sur ce morceau qu'il jugea devoir être exquis. Il le demanda au rôtisseur et insista, malgré l'affirmation de ce dernier que l'oie ne lui appartenaît pas, en lui insinuant qu'il pourrait répondre au propriétaire qu'elle s'était envolée.

Ce fut, en effet, l'excuse qu'on lui opposa.

Revenu de la surprise qu'une pareille raison produisit en lui, le chasseur réclama vivement son oie, déclarant n'être pas assez niais pour admettre qu'une oie tuée depuis plusieurs heures pût s'élever à tire-d'aile, et en définitive il courut se plaindre au cadi.

Celui-ci parut fort étonné du fait, et déclara d'abord ne pas y croire ; mais pour mieux s'éclairer, il se fit apporter le plus gros de ses livres, et ayant eu l'air d'y chercher quelques instants, il prononça avec une gravité affectée ces mots : « Il
» résulte de ce que disent les plus fameux docteurs
» sur la matière, que, puisque Dieu est tout-puis-
» sant, il peut très-bien permettre qu'une oie s'en-
» vole d'une poêle. »

XIV

Les colporteurs de nouvelles à Alep.

Le grand moyen de publication qui est devenu en Europe un des besoins de l'époque, la presse, n'existe pas à Alep, et il faut dire de suite qu'elle n'y est point encore nécessaire; à quoi servirait-elle ? Ne faut-il pas commencer l'éducation d'un peuple par lui inspirer le goût des choses qu'on veut qu'il apprenne? On me répondra que les journaux se chargeraient de ce soin. — Mais enseigneraient-ils à lire à ceux qui ne le savent pas? J'entends parler d'éducation du peuple. Qu'on s'occupe d'abord de lui donner les premiers éléments de l'instruction d'une manière convenable, et c'est ce qu'on n'a pas encore fait; on n'a pas oublié ce que j'ai dit du petit nombre d'écoles, des élèves qui les fréquentent et du genre de *connaissances* qu'ils y reçoivent.

On aurait tort de croire, néanmoins, qu'il n'y a pas de curieux à Alep : ils sont nombreux, au contraire, parmi les deux sexes des différentes nations. Or, partout où il y a un besoin, la nature a créé les moyens de le satisfaire.

Combien ne voit-on pas de gens dont l'unique occupation est de courir les maisons, les jardins, les bazars, les cafés, les rues même, pour ramasser de quoi composer leur chronique scandaleuse de tous les jours ? Ce sont les *Gazettes* d'Alep; et comme j'ai appris, par un de mes amis, de nation italienne, que ce mot était emprunté à leur idiome et venait du nom d'un oiseau, emblème de la causerie et du bavardage, j'ai pensé qu'il convenait parfaitement aux commères dont la langue n'est jamais en repos. Leur passion, le commérage, est tellement prononcée, que lorsqu'elles n'ont rien de nouveau à raconter (ce qui doit être fort rare), elles inventent des aventures, ou bien elles répètent

celles déjà racontées, avec des variantes. On n'est pas toujours dupe de leurs ruses, mais elles, qui ne sont jamais prises en défaut, savent très-bien répondre : « Eh, qui vous a dit que le même évé-
» nement ne puisse pas arriver deux ou trois fois
» dans la vie? Otez-vous cela de la tête, et croyez
» que je ne suis pas faite pour vous en imposer. »

Les femmes du pays, qui exercent cette honnête profession, sont aussi revendeuses à la toilette, et les contes qu'elles font servent d'appât pour faire remarquer leurs marchandises, ou de véhicule pour en faciliter le débit.

Leurs histoires sont aussi comme une excitation à se faire raconter tout ce qui est à la connaissance des dames qu'elles visitent, et leur métier s'exerce ainsi sous le double rapport du débit et de l'acquisition. Elles possèdent, au suprême degré, le talent de flatter et d'inventer, et l'on comprend que cela leur soit très-facile à l'égard de personnes dont la vanité est l'unique qualité et dans un pays où il y a une presque impossibilité morale de vérifier les faits, les dames ne se voyant pas entre elles, ou très-peu.

Ces marchandes sont en même temps pourvues de toutes sortes de secrets, surtout de ceux qui servent dans les harems. Elles ont des recettes pour réparer les ravages que les années font à la beauté, et si ces recettes ne sont pas toutes efficaces, c'est qu'il est un pouvoir irrésistible qui s'oppose à leur effet.

Il faut dire également que la supercherie a d'autant plus de chance qu'elle s'exerce envers des personnes dont la crédulité est extrême.

Compromettant quelquefois ma dignité de marabout, je m'arrêtais dans un café situé dans la rue la plus fréquentée du quartier des khans, habité par les Européens et les riches négociants du pays, mais ceux-ci seulement pour leurs magasins et comptoirs. Là, je voyais passer une lourde masse de chair, enveloppée d'un drap de lit qu'on me disait couvrir l'exemplaire le plus répandu de la *Gazette Franque*. Elle allait probablement se présenter à ses pratiques, ou bien se disposait-elle à les servir en faisant sa collecte quotidienne de nouvelles. Elle ne ressemblait pas, disait-on, à la laborieuse abeille qui tire ses sucs du calice des fleurs, mais à la mouche qui ne les puise, en bourdonnant, que dans les plaies et les ordures.

On ne saurait croire le mal que font ces agents de publicité, car, n'étant portés à cet état que par un sentiment de jalousie ou un goût pour l'intrigue, souvent aussi par le désir de se venger de torts plus ou moins réels, rien ne leur coûte lorsqu'il s'agit de satisfaire leurs mauvais penchants.

Sans ces commères la bonne intelligence régnerait parmi des gens vivant dans une certaine retenue, irrités qu'ils sont par de faux rapports, par de coupables insinuations. Malheureusement ces causes sont continuelles, parce que la franchise est une chose inconnue dans un pays où l'homme ne saurait prendre trop de formes pour échapper aux dangers qui le menacent sans cesse, et dont, à ses yeux, l'unique remède est la dissimulation.

Le mensonge est un auxiliaire si commode que les Alepins s'en servent maintenant par habitude, après avoir été obligés de l'employer par nécessité : aussi est-il bien difficile de débrouiller ici le vrai d'avec le faux, tellement les habitants sont adroits à déguiser leurs pensées, en matière de commerce, de religion, et même dans les actes de la vie privée.

L'abonnement aux *gazettes vivantes* ne se paye pas en argent, et il n'est point de prix établi pour cette sorte de fourniture. Les plus généreux retiennent à dîner, ou à souper, les donneurs de nouvelles ; d'autres leur font quelques cadeaux, et les indifférents, ou les avares, se contentent de leur promettre leur bienveillance, lorsque leur position peut en faire espérer un bon effet.

Je n'ai parlé jusqu'ici que des colporteurs de nouvelles qui concernent les incidents domestiques, mais il en existe aussi pour la politique, et ces derniers sont les plus nombreux. Dans une contrée encore sous l'impression des événements les plus tragiques, auxquels donnait lieu le pouvoir despotique des pachas, le besoin d'être instruit de tout est facile à concevoir, et comme les habitudes, profondément enracinées, ne se perdent pas facilement, la peur existe souvent longtemps après la cause qui l'a produite.

Nous ne sommes plus, Dieu merci, au temps où la fortune et la vie des hommes ne tenaient qu'au caprice d'un gouverneur, mais nous vivons encore à une époque où les événements extraordinaires sont toujours à craindre en Turquie : de là la timidité et la continuité de l'excessive avidité des Alepins à s'informer de tout ce qu'il y a de nouveau.

Il en est de ces gens-ci comme des hydropiques : les nouvelles qu'on leur donne les mettent dans la nécessité d'en avoir d'autres qui les rassurent, qui les guérissent de l'accès de peur qu'on leur a causé.

Les Orientaux sont amis du merveilleux ; c'est un défaut qu'on leur reconnaît généralement, et puis leur âme effrayée leur vaut de fréquentes représentations de fantasmagorie ; de sorte que ces deux dispositions ont une telle influence sur leur esprit qu'elles font dénaturer tout ce qu'ils apprennent, et le leur font trouver rassurant ou épouvantable, selon la nature du sujet, ou bien d'après l'état de l'esprit du débitant de nouvelles.

Rien n'est ni absurde ni invraisemblable pour eux, aussi sont-ils prêts à croire aux choses les plus extraordinaires, par la seule raison qu'on les leur annonce. La discussion est inutile avec eux, et après les avoir trompés vingt fois on peut encore compter sur leur crédulité. Ils admettent tous les bruits sans s'enquérir de leur source, de la date à laquelle ils sont donnés, du degré de probabilité qu'ils peuvent présenter. On a annoncé maintes fois, depuis que je suis à Alep, que le vice-roi d'Égypte avait obtenu l'investiture de la Syrie, que son fils était nommé généralissime des armées du sultan : ces nouvelles étaient sûres, il ne fallait pas en douter. On ne les avait pas inventées par l'amour qu'on porte à Méhémet-Ali et à Ibrahim-Pacha, car l'occupation égyptienne n'a pas produit des faits dont le souvenir puisse être conservé avec le soin que commande l'affection ou la reconnaissance, mais on les avait fabriquées simplement dans la vue de produire quelque sensation.

Les marchands ont aussi leurs nouvellistes et ceux-ci font en même temps le métier de courtiers. Ils sont ordinairement mystérieux et c'est pour mieux cacher leur jeu. S'il peut leur convenir de faire croire à certains changements arrivés, ou possibles, comme ils n'ont obtenu de les connaître qu'en promettant le secret, ils sont dispensés de nommer les personnes, ou de désigner les sources s'il s'agit d'affaires d'intérêt.

Depuis quelques années les oisifs des échelles ne se sont pas bornés à donner verbalement des nouvelles, mais ils y ont employé leur plume. Aussi puis-je dire, que si *les murailles sont le papier des fous* [1], certains journaux deviennent passablement les annales de la calomnie, par le mauvais choix de leurs correspondants. C'est, en effet, une grande ressource pour des êtres obscurs, et

---

[1] Proverbe arabe.

en même temps méchants, qui, manquant de moyens de célébrité et de courage, pour produire leurs attaques ouvertement, offrent leurs services à des entrepreneurs de feuilles publiques et abusant de leur bonhomie leur font enregistrer, les yeux fermés, tout ce que ces correspondants d'occasion ramassent et souvent inventent à plaisir.

C'est un déplorable moyen de se venger des personnes desquelles ils croient avoir à se plaindre ; ils déversent l'outrage et le déshonneur sans scrupule. Cette tactique est fréquemment employée par les nouvellistes des deux sexes : de là bien des brouilleries, bien des ruptures dans les diverses sociétés d'Alep, d'ailleurs déjà si peu unies.

On avait annoncé la publication à Constantinople, d'un journal en langue arabe et c'eût été une production susceptible de devenir fort utile, pour le soin qu'on aurait pris de la rendre intéressante; mais c'est encore une chose à faire. On m'a assuré qu'en attendant, le gouvernement faisait insérer dans son Moniteur en idiome turc des nouvelles de l'Europe chrétienne, ce qui est une innovation, et des plus remarquables, parce qu'elle prouverait que le sultan pense sérieusement à éclairer ses sujets.

XV

Mœurs des habitants musulmans d'Alep.

Voici encore un titre, mon cher lecteur, qui m'imposerait une tâche considérable si je voulais vous entretenir de tout ce qui a fait ici le sujet de mes observations, mais comme mon intention n'est pas de trop m'étendre sur chaque matière, je ne ferai qu'effleurer celle-ci, en écartant d'ailleurs tout ce qui peut avoir de l'analogie avec nos mœurs occidentales.

Ainsi que dans nos pays, les relations sociales sont fort bornées, et les personnes qui ne fréquentent que peu ou point les voisins, parents et amis, se font une habitude d'aller passer leur temps aux cafés. J'en ai déjà parlé.

Il est pourtant des assemblées, les unes journalières, les autres hebdomadaires, auxquelles sont amenées par des motifs différents deux classes de gens.

Les premières ont lieu chez des chefs de partis : ceux-ci tiennent une salle ouverte pour y recevoir leurs affidés et les autres personnes qui veulent les visiter pendant la soirée. Durant la conversation, qui est rarement générale, les assistants fument dans leurs pipes, à moins que le maître de la maison ne leur ait fait donner un narguilé —

ce qui est une distinction — et puis ils boivent la tasse de l'indispensable café : ces réunions ne se prolongent pas au delà de deux à trois heures.

Les secondes assemblées se composent de dévots affiliés à de pieuses sociétés, ou confréries, dirigées par des cheikhs qui, à cause de la différence des quatre rites, prennent les noms de *Sâadi, Rifaï, Beddaoui* et *Kaderi*, dont il a déjà été question, et qui se font remarquer par la sévérité de leurs pratiques.

Indépendamment de leur réunion de chaque semaine, ces dévots ont tous les hivers une retraite de quarante jours pendant laquelle ils font un second ramadan pour l'abstinence du jour, ne prenant la nuit que des aliments maigres.

Pendant tout le temps que dure cette retraite, ils quittent leurs maisons et se tiennent dans le petit oratoire qui sert à leurs réunions : ils se privent de se faire raser et ne changent pas de linge; le tout pour mieux se mortifier. Cela est d'autant plus étonnant que ces exercices ne sont basés sur aucun livre saint, que le bon sens les qualifie de vains et que leur invention n'est pas fort ancienne.

Le quarantième jour, ils célèbrent une espèce de fête qui leur est particulière.

Tous les soirs, les disciples de ces cheikhs font un *halket-zeker*, cercle commémoratif, et, s'étant levés deux heures avant le soleil, ils s'assemblent de nouveau pour recommencer leur cérémonie qui dure jusqu'à l'apparition de l'astre ; elle consiste à répéter sans cesse le nom de Dieu ou certaines invocations.

Je m'étendrai un peu sur ce qui concerne les cercles que je n'ai fait que nommer dans un précédent article.

Le halket-zeker est exécuté par des dévots exaltés qui, rangés en rond, au son de tambours de basque accompagnant un chant excitatif, marquent la mesure par un balancement de la partie supérieure du corps, de droite à gauche, répétant continuellement, en guise de refrain, les mots *Allah* (Dieu) et *hou* (lui), jusqu'à ce que la musique cesse; seulement, comme elle change de mesure, passant du *piano* au *presto* et *prestissimo*, ceux qui l'accompagnent finissent par perdre haleine, d'autant plus que le mouvement qu'ils se donnent, en se penchant tour à tour sur les deux côtés, les fatigue au point qu'ils tombent à terre dans un état de prostration complète.

On comprend que ces accidents doivent être fréquents si l'on considère que cet exercice mène rapidement à l'exténuation, étant pris dans une pièce étroite où l'air circule à peine, et où l'encombrement finit par en rendre l'atmosphère étouffante.

Les individus qui tombent ainsi sont réputés heureux, de sorte qu'il n'en est point qui évitent cette épreuve, ou qui cherchent à la retarder, en criant ou s'agitant moins que les autres, ou en pensant à respirer un peu.

Le malaise que cette pratique religieuse outrée produit est qualifié de *ravissement*, et dès lors ne pense-t-on pas, non plus, à soulager ceux qui l'éprouvent, parce que ce serait les priver d'un bonheur qu'il faudrait tâcher, au contraire, de prolonger, s'il était permis de rien ajouter à la manifestation de la volonté de Dieu.

Les Turcs ne partagent point l'opinion des Arabes sous ce rapport; le fait suivant va le prouver.

Un pacha qui entendait beaucoup parler d'une réunion devenue célèbre par les nombreux ravissements dont elle était favorisée chaque fois qu'on y faisait le halket-zeker, voulut être témoin de ce miracle et mettre, en même temps, à l'épreuve le cheikh qui le produisait.

Il se travestit pour pouvoir assister à la cérémonie sans être connu, et, s'étant fait suivre d'un certain nombre de personnes, il en fit entrer quelques-unes dans l'endroit de la réunion, laissant les autres dehors. Il put ainsi se rendre raison de toutes les phases qui amenaient à ces prétendus ravissements, et il n'eut aucun scrupule, lorsque la farce fut accomplie, la plupart des hurleurs se trouvant étendus par terre, d'appeler à lui ses soldats et d'ordonner, à haute voix, *qu'on coupât la tête au cheikh*. Cette mesure fit l'effet magique de rendre instantanément l'esprit à tous ceux qui prétendaient l'avoir perdu et de les faire fuir avec vitesse et dans toutes les directions, ce qui prouva au judicieux visir que c'était par ruse que ces fanatiques se laissaient choir pour se montrer inspirés ou ravis; car si leur chute eût été uniquement produite par l'épuisement de leurs forces, ils n'auraient pas entendu la menace, ou, du moins, elle n'aurait pas produit un effet si prompt sur leur esprit.

Les Arabes disent que les meilleures choses sont les médiocres, celles qui tiennent un juste milieu, mais cette règle, qu'ils donnent pour générale, me paraît être de la nature de toutes les autres et présenter une exception.

Après les gens qui croient se ménager une position sur la terre et ceux qui travaillent à leur félicité dans le ciel, il est une classe d'individus qui passent leurs nuits à courir, et ce sont ceux-là que l'adage arabe conseillerait de prendre pour types de modération et exemples de sagesse. Ce n'est pas du tout mon opinion.

Des gens désœuvrés se plaisent à courir nuitamment les jardins par bandes, commettant des dégâts dont nul n'ose les punir ni se plaindre, parce qu'on les craint. Ils sont ordinairement armés et déguisés pour n'être pas reconnus. Ce sont des écervelés qui se vantent de toutes les folies auxquelles ils se livrent, de tous les excès qu'ils commettent. Ils se font toujours accompagner de filles publiques, de mets et de boissons spiritueuses qu'ils consomment dans leurs longues et fatigantes veillées. L'hiver même n'est pas un obstacle à ces aventures nocturnes; il semble, au contraire, les rendre plus attrayantes. Vingt bandes s'en occupent à l'envi. Elles sont la terreur de la campagne, qui n'est au reste habitée que pendant la belle saison, et seulement par des jardiniers ou des familles qui ont loué des arbres fruitiers ou des champs plantés de légumes. Ces troupes de rôdeurs les tiennent en continuel émoi, et leur causent bien des dommages. Ce sont, en quelque sorte, les revenants, les esprits malfaisants du pays, à la différence que leur existence n'est que trop réelle.

Cette excentricité est incontestablement le fruit de la prétendue civilisation des Turcs qui les a fait passer rapidement d'un excès dans un autre : de la tempérance à la débauche, de l'arbitraire à la débonnaireté; aussi s'aperçoit-on aisément que les mœurs sont plus corrompues depuis quelques années.

Les pouvoirs discrétionnaires donnés autrefois aux pachas, et que ceux-ci transmettaient en totalité ou en partie à leurs délégués, avaient pour premier effet de contenir les malveillants et d'empêcher par conséquent bien des crimes.

Le sultan a cru qu'il pouvait se livrer à son libéralisme avant de bien organiser sa nouvelle administration, et d'en assurer la marche au moyen d'une bonne police et sous la protection d'une armée bien disciplinée; mais qu'est-il arrivé ? — Smyrne et le Liban offrent deux grands exemples de l'apathie et de la partialité des nouvelles autorités. les unes ont laissé brûler la ville plutôt que de se déranger, et les autres ont pris fait et cause pour les agresseurs. Mais dans les deux cas il s'agissait de chrétiens, et les membres de l'administration réformée n'étaient pas encore pénétrés de l'idée que les chrétiens sont les sujets du sultan aussi bien que les musulmans, et qu'ils ont droit à la même protection. On voit donc clairement que leur éducation politique et administrative était encore à faire.

Sous l'autre régime, un simple soupçon suffisait pour faire arrêter les individus qui causaient du désordre, tandis qu'aujourd'hui ce n'est qu'avec des témoins à charge qu'on peut sévir contre ceux que l'on sait être des vagabonds et des voleurs.

J'ai déjà donné une idée de la manière dont la justice est rendue, et j'ajouterai qu'elle n'encourage pas seulement à éluder les lois humaines, mais qu'elle pousse la hardiesse de certains personnages jusqu'à violer les lois divines.

D'après le Koran, tout musulman possesseur d'un bien-fonds, dont la valeur est de vingt *midkaux* (environ 300 francs) et au-dessus, est tenu d'en payer la dîme pour être annuellement distribuée aux indigents. Seulement, il est établi que la perception n'a lieu qu'après une année, à compter du jour de l'entrée en jouissance de la propriété.

La grande majorité des mahométans se conforme religieusement à ce commandement si louable, puisqu'il règle le sort de tant de malheureux dont le travail, lors même qu'ils peuvent s'y livrer, est insuffisant pour les faire vivre avec leurs familles, et il est même des âmes généreuses qui ne donnent pas cette limite à leur contribution charitable ; mais en compensation, je pourrai citer des êtres chez qui l'avarice étouffe les plus beaux sentiments et qui éludent une si sage prescription. Ces individus croient pouvoir se dispenser du précepte en faisant don, avant la fin de l'année, de leur bien à un fils, à leur épouse, ou à un parent, lesquels le lui rendent également avant l'expiration du terme de rigueur, de façon qu'aucun d'eux ne l'a possédé une année entière.

Les musulmans qui s'attachent au sens littéral des écritures se fondent sans doute sur ce texte pour éviter de payer la dîme.

« Les actes de charité font récompenser ceux
» qui les pratiquent, mais n'attirent point de
» peines à ceux qui les négligent. »

Une autre ruse de l'invention des usuriers mérite de trouver place ici.

Le Koran condamne absolument le prêt à intérêt, et comme les mahométans de nos jours sont loin de vouloir prêter leur argent pour l'amour de Dieu, ils croient mettre leur conscience à couvert en livrant de la marchandise au lieu de donner du numéraire.

Cette marchandise, estimée à une somme convenable, se compose d'un nombre déterminé de ballots, sacs ou caisses, et, afin que la vente en soit *légale*, ces colis sont réduits à une proportion telle que les deux font la charge d'*un chat*, l'acheteur pouvant ainsi déclarer, devant les témoins, que l'article par lui reçu se compose de tant de charges de l'objet convenu en ballots, sacs ou caisses. Cette tactique a pour but de fournir à l'acquéreur le moyen d'affirmer, au besoin, par serment, d'avoir réellement reçu les articles mentionnés dans son obligation.

D'autres fois, et c'est le plus souvent, le prêteur ajoute à la somme qu'il avance les 30 ou 40 pour cent d'intérêts convenus, et, comme l'emprunteur espère toujours se libérer vite, ce qui convient aussi au banquier qui fait alors un double emploi de ses fonds dans l'année, les billets ne sont souscrits que pour trois ou quatre mois. Mais qu'arrive-t-il dans un pays, que l'on me permette l'expression, où la ruse court les rues? A l'échéance l'argent n'est pas rentré; on recherche l'emprunteur; il est mal dans ses affaires, ou insolvable : on ne peut faire vendre les gages qu'après un certain temps, et d'ailleurs il s'y rattache souvent quelque circonstance qui les rend inaliénables. Bref, l'usurier est trop heureux de rentrer dans ses fonds au bout de plusieurs années, et comme la justice turque n'accorde des intérêts dans aucun cas, on s'est trouvé avoir prêté au taux légal des pays d'Europe, et même souvent beaucoup au-dessous.

En parlant des négociants, je ne veux pas cacher ma pensée sur une habitude que j'ai reconnue chez ceux d'Alep, et qui consiste à faire ouvrir, de leur vivant, un commerce séparé à chacun de leurs fils, leur donnant ainsi des leçons de désunion au lieu de les engager à la concorde, à vivre en bonne harmonie entre eux, à travailler pour l'intérêt commun, puisque les familles se composent d'enfants des deux sexes. Ce système, diamétralement opposé à l'esprit de ce bon père de famille, dont la fable nous retrace le généreux précepte, ne peut être que l'œuvre de quelque rusé du genre des vendeurs de marchandises *à la charge*. Car, comment l'admettre contre les innombrables raisons qui veulent que les fils restent, le plus longtemps possible, soumis ou associés aux pères, que l'union se perpétue au moins entre les frères, et qu'elle soit, en un mot, la force des familles?

Le ramadan était le plus grand mois des musulmans, parce que les mortifications, les prières et, ce qui est mieux encore, les aumônes se pratiquaient dans ce temps beaucoup plus qu'en tout autre; mais que les choses sont changées! Le jeûne est remplacé par la recherche des aliments; les chants et d'autres divertissements mondains sont substitués aux pratiques religieuses, dont on ne s'occupe que par un reste de respect humain; et quant à l'aumône, elle est fort réduite si elle n'est transformée en procédés de bon voisinage, selon l'esprit parcimonieux des Alepins, chez lesquels le verbe *donner* semble ne plus exister.

Deux voisins qui avaient l'habitude d'échanger

un plat de ragoût entre eux, moyen très-simple de garnir sa table, puisqu'on peut agir de la sorte avec plusieurs sans dépenser davantage, en vinrent aux paroles, puis aux mains, excités par leur indigne lésinerie sur le grave motif que l'un avait apporté plus que l'autre n'avait fourni, ce que celui-ci contestait. Leur altercation devint si vive, que la garde dut intervenir et conduire les querelleurs chez le gouverneur.

Il avait pris son repas pendant que ceux-là avaient préféré se livrer aux invectives et aux coups de poing, plutôt que de manger après le jeûne d'une journée qui avait commencé avant la première lueur de l'aurore.

Il examina, avec le sang-froid d'un homme rassasié, la sérieuse question qui lui était exposée, et, comme il ne se crut pas le talent de décider si le plat de *kubbé*[1] était plus *fort* que celui de *mahchi*, après un bon moment de réflexion, il renvoya les parties et leurs mets au cadi pour qu'il en décidât. Il exigea seulement qu'on lui soumît le procès-verbal qui allait être dressé pour porter ensuite tel jugement qu'il appartiendrait.

Le cadi était aussi du nombre des heureux dont l'estomac se trouvait convenablement restauré, et, ne sachant pas qu'il avait affaire à des ventres affamés, il ne mit pas un grand empressement à s'en

---

[1] Le *kubbé* et le *mahchi* sont, avec le *pilau*, les plats les plus populaires des Syriens.

occuper, parce qu'il est recommandé par les médecins arabes de placer un assez long intervalle entre les repas et le travail, intervalle que les Orientaux emploient à prendre du café, à fumer et à dormir.

Le cadi finit cependant par donner son opinion, et des huissiers furent chargés de la porter au pacha.

Celui-ci, qui était occupé avec des visiteurs, tarda un peu de recevoir la communication que devaient lui faire les gens de la justice, et il lui fallait d'ailleurs une expédition écrite de l'acte du cadi, ce qui exigea de nouveaux délais pendant lesquels nos plaignants assouvissaient leur faim canine en se rongeant les poings et en exhalant leurs regrets d'avoir donné lieu à cette malheureuse contestation.

Les nuits de ramadan se passent toutes en fêtes, et la ville est alors plus animée que pendant le jour. Riches et pauvres se livrent, durant ce mois, à des dépenses qui, pour les premiers, ne sont que de faibles saignées à leurs bourses bien garnies, tandis qu'elles réduisent les autres à la dure nécessité de recourir aux emprunts, moyen toujours désastreux partout, et qui est ruineux à Alep.

En dissertant sur les mœurs mahométanes, je voudrais pouvoir parler autant des femmes que des hommes; mais comme cette moitié du genre humain n'est pas aussi facile à étudier dans un pays où elle est toujours dérobée aux yeux du public, je ne pourrai rapporter que ce que j'ai pu apprendre par ouï-dire, ne voulant d'ailleurs exprimer que des faits confirmés par de nombreux témoignages.

Les femmes sont plus couvertes que chez nous lorsqu'elles sont obligées de sortir, et il en est un grand nombre qui ont un voile sur le visage.

Leur mise diffère de celle des Algériennes, et leurs habillements sont plus étoffés.

Les dames vaquent à leur ménage comme les simples femmes d'artisans, si ce n'est qu'elles sont aidées par des esclaves, tandis que les autres sont seules pour leurs affaires. C'est leur occupation, et elles y trouvent aussi la satisfaction de préparer les mets, gâteaux et confitures de la manière la plus convenable.

C'est après avoir terminé cette besogne de tous les jours qu'elles font leur principale toilette. Elles se parent de leurs beaux habits et des fleurs qu'elles ont cueillies ou reçues dans la journée. C'est le moment où elles sont réunies à leurs maris qui ne rentrent guère avant le coucher du soleil, heure à laquelle on dîne généralement, le déjeuner se prenant dans les bureaux ou magasins, selon qu'on est employé, commerçant ou industriel, en se faisant apporter les fruits et denrées qui se trouvent au bazar.

Vous savez, cher lecteur, que d'après notre loi les femmes n'ont droit qu'à une demi-part dans les héritages. J'ai appris ici qu'elles n'avaient été traitées ainsi, que par la raison qu'elles sont réputées n'avoir qu'un demi-jugement.

S'il est vrai que la nature les ait si mal partagées sous ce rapport, il faut reconnaître qu'elle a été très-libérale à leur égard sous celui de la ruse; mille faits pourraient au besoin appuyer ce que j'avance; je ne vous en conterai, à ce sujet, qu'un seul qui s'est passé à Alep.

Ce fait contient d'ailleurs une moralité, et nous devons croire que nous sommes ici-bas les instruments d'une volonté suprême qui se charge souvent de nous corriger les uns par les autres.

Si en Syrie les juges pressurent, en effet, les plaideurs, en faisant payer cher les décisions qu'ils leur vendent, il en est qui savent s'en venger et obtenir d'eux une ample restitution.

Il s'agit donc d'une femme qui trouve le moyen de rançonner l'homme de loi sans cependant attacher à cet acte aucune idée de vengeance. Cette femme était mariée à un homme dévoré par la misère, parce qu'il était paresseux. Un jour l'épouse lui dit : « Tu seras donc toujours le plus grand sans-souci de cette ville? » à quoi il répondit : « Que puis-je donc faire? Je ne suis propre à rien. — Eh bien! ce sera moi qui me remuerai; mais il faudra me seconder. » Elle mit aussitôt son voile, après s'être parée de son mieux, car il est à remarquer que dans ces pays les épouses des hommes les plus déguenillés ne laissent pas que d'avoir quelques bijoux et des habits propres [1]. Ainsi costumée,

---

[1] C'est par compassion que les dames prêtent des vête-

elle se rendit chez le cadi qu'elle savait être un coureur de femmes, et, ayant demandé une audience particulière, elle obtint d'entrer dans son cabinet. La rusée personne lui raconta alors que son mari la rendait très-malheureuse, qu'il poussait les mauvais procédés jusqu'à la battre, que de plus il la privait de manger, et lui faisait enfin passer la vie la plus dure... Tout en débitant ces faits, la femme, en se découvrant, laissait voir le plus joli des visages, dont le cadi admirait la fraîcheur et les agréables traits. La conversation devint intime, et la dame finit par proposer au juge de venir la visiter. Celui-ci accepta, mais à la condition qu'il prendrait un costume ordinaire pour n'être pas reconnu.

Etant rentrée chez elle, la femme instruisit le mari du tour qu'on allait jouer, et le lendemain, il se tint aux environs de la maison pour commencer son rôle dès que le cadi y serait entré.

Il vint exactement à l'heure indiquée, et ayant été introduit par la femme, qui l'attendait, elle ferma la porte à verroux.

A peine étaient-ils ainsi enfermés que le mari arrive et frappe fortement à la porte. Le cadi de-

---

ments et des joyaux aux personnes peu aisées qui viennent leur en demander. Elles pensent qu'un refus les blesserait profondément en les privant d'une satisfaction qu'elles ne pourraient se procurer autrement. En épargnant à leur cœur un vif regret, elles veulent donner cette jouissance *à leurs yeux désireux*.

mande qui ce pouvait être? et la femme de répondre en faisant l'alarmée : « Ah! mon Dieu! ce sera
» mon mari! Eh! comment est-il venu à cette heure?
» Que je suis contrariée! C'est un homme violent,
» et je ne sais trop de quelle façon il prendra la
» chose. » Plus mort que vif, le juge demanda comment il se tirerait de sa position, et elle lui avoua n'avoir qu'une malle qui serait propre à le cacher.
« Pourrai-je y entrer? — Cela vous sera facile en
» vous déshabillant. » Elle le fit mettre en chemise, et dans cet état elle l'enferma. Elle fut aussitôt ouvrir à son mari, qui la gronda vivement de ce qu'elle avait autant tardé à venir. « J'étais à
» arranger ma malle, et ne sachant qui c'était, j'ai
» voulu mettre mes effets en ordre. » Là-dessus, grande dispute entre les époux. Le mari disait que sa femme adorait ses habits, tandis qu'elle le laissait mourir de faim; que ses effets, il voulait s'en faire une ressource, et qu'il fallait absolument qu'il les vendît en place publique. Il appela aussitôt un ânier, qui passait, et il fit charger la malle sur sa monture, après l'avoir cordée. On la descendit au khan de la douane pour l'exposer en vente lorsque les acheteurs se seraient réunis. La femme fut alors prévenir le fils du cadi, lui disant qu'elle savait pertinemment qu'on avait joué un tour à son père, qui s'était introduit furtivement dans la maison de l'une de ses maîtresses; qu'il n'avait pas de temps à perdre, et qu'il lui fallait faire le sacrifice de cent sequins pour le sauver de l'ignominie dont il était

menacé. Le fils se rendit précipitamment au khan de la douane, et, étant entré en marché pour *la malle d'habillements*, il n'en offrit que trente sequins, puis cinquante, et chaque fois le vendeur lui disait : « Comment pouvez-vous me donner si » peu de tant d'effets ? » et il allait les lui montrer, ce à quoi se refusait l'acheteur qui fut enfin obligé de consentir à donner les cent sequins.

XVI

Suite des mœurs musulmanes. — Folles d'amour. — Visites.

Je commencerai cet article par vous faire la confidence de ce que je suis parvenu à savoir sur un grand nombre de femmes, qui se parent du nom de folles d'un nouveau genre d'amour, ne doutant pas que vous n'en soyez aussi désagréablement surpris, que dis-je, aussi profondément indigné que moi, puisqu'elles poussent la passion, pour les personnes de leur sexe, jusqu'au délire.

J'ai parlé des colporteuses de nouvelles, des revendeuses à la toilette et des matrones qui fréquentent continuellement les maisons d'Alep pour y exercer leur état, et j'ajouterai qu'elles exploitent principalement ces amours déréglées qui leur fournissent de larges moyens de gagner de l'argent.

Ces personnes passionnées à l'excès sont, assure-t-on, fort généreuses, et les présents continuels qu'elles font à leurs chéries les disposent naturellement à la reconnaissance envers les entremetteuses; celles-ci ne négligent jamais de répéter : *Que non-seulement les petits cadeaux entretiennent l'amitié, mais qu'ils la font naître lorsqu'elle n'existe pas.* Elles ont d'ailleurs soin d'indiquer d'avance le goût ou le caprice de la bien aimée, sur tel ou tel objet pour lequel on n'aurait pu être fixé.

J'ai été longtemps à croire qu'il existât des êtres de l'espèce dont je vais rapporter quelques traits; mais j'ai obtenu tant de renseignements sur leur compte que je ne puis plus, à mon grand regret, révoquer en doute que ces femmes n'existent à Alep et même en grand nombre ; je dirai, que de plus, — chose vraiment remarquable, — elles se font un plaisir d'afficher leur passion, d'en montrer toute la violence et de se plaindre des ravages qu'elles en éprouvent.

On les voit étaler dans les réunions, dans les bains, la grande préoccupation de leur esprit, et comme elles se font connaître par une ligature qu'elles portent au bras gauche, on n'a pas plutôt aperçu le ruban dénonciateur de la passion qu'on s'explique la physionomie décomposée, la couleur citrine, l'extrême maigreur de celle qui est tombée dans les lacs de cet amour déréglé.

Il faut voir, suivant ce que plusieurs personnes

m'ont assuré, les mouvements, les gestes de ces folles, leurs soupirs, leurs propos ; c'est tout ce que la passion la plus ardente peut se permettre de plus véhément ou de plus violent.

Le sujet favori de leurs discours, comme on peut bien le penser, est l'objet de leur feu, et elles s'en entretiennent aussi bien avec leurs amies qu'avec des étrangères ; tellement les confidences leur coûtent peu. La retenue n'est pas une vertu à l'usage des femmes sentimentales, et comme les mœurs sont fort déréglées parmi notre sexe musulman, qui n'est contenu que par la sévérité des lois religieuses, qu'il sait si bien éluder, elles se pervertissent toujours plus, sans que le blâme des honnêtes gens, qui gémissent de leurs funestes effets, ait pu faire apporter quelque remède salutaire à cette horrible corruption.

J'ai toujours pensé qu'il entrait beaucoup d'égoïsme dans le libre exercice de la passion qui nous occupe, parce que ce sont souvent les épouses des grands et des cheikhs qui deviennent l'objet des feux de ces dames inflammables, et que, tout en s'en amusant, ces personnages se voient débarrassés avec plaisir du soin, non indifférent, d'entretenir leurs chères moitiés et de fournir à leurs caprices incessants.

Il est bien des femmes qui exploitent largement les passions qu'elles inspirent, au point qu'elles ruinent celles qui s'amourachent d'elles. On m'a cité une dame qui a consommé sa fortune à satisfaire tous les goûts, à contenter toutes les fantaisies de son amie et qui, ne pouvant plus lui rien donner, a fini par solliciter la faveur d'être reçue dans sa maison en qualité de servante pour lui être personnellement attachée.

Cette dame ne se plaignit nullement. Elle se dit au contraire plus heureuse que lorsqu'elle était dans l'aisance, quoiqu'on ne l'épargnât point, en lui faisant faire le plus rude travail.

L'avarice sordide des maris est, en outre des cas cités plus haut, une des causes favorables à la propagation de ces passions et à leur réussite ; car, en refusant d'acheter à leurs femmes les parures et les vêtements dont les besoins sont continuels chez elles, ils les obligent, en quelque sorte, à les demander à d'autres : c'est surtout dans ce pays d'Alep que ce qu'une femme veut Dieu le veut. Qui peut suivre les tours et détours qu'une dame a le moyen de faire sous son voile et dans une ville où elle est libre d'appeler à son aide toutes les intrigues qu'il peut lui plaire de nouer.

Les hommes sortent généralement de chez eux de grand matin et n'y rentrent que vers le soir ; de sorte que les femmes ont toute la journée à leur disposition et, comme elles savent que leurs maris ne se gênent pas, elles prennent à leur tour librement leurs aises.

L'absence de toute éducation, le peu d'aptitude qu'on donne aux filles pour le travail, ne leur laissant que le soin du ménage, dont elles se dégoûtent aussitôt qu'elles sont mariées pour le livrer aux esclaves ou à quelque parente, font que le poids de l'oisiveté les accable continuellement et que, comme le cercle de leurs distractions est très-étroit, elles s'abandonnent en quelque sorte au petit nombre de vices qui est à leur *disposition*.

De là leurs éternelles visites et leurs très-longues stations dans les bains, lieu de délices pour le sexe musulman, quel que soit son défaut. Comme on l'a vu précédemment, les parleuses, fumeuses, vaniteuses, intrigantes et autres variétés de ce sexe si changeant, trouvent toutes à s'y satisfaire.

Parmi les gens du pays les fréquentations ont assez lieu entre parents et connaissances, à la différence que si c'est un homme seul qui vient voir son parent ou son ami, il n'est retenu qu'une ou deux heures, tandis que s'il est accompagné de sa famille, la visite dure plusieurs jours. Les gens riches qui reçoivent ces hôtes, se chargent de les entretenir entièrement à leurs frais ; mais, parmi les artisans, celui qui reçoit n'est tenu de donner à manger à ses visiteurs que le premier jour. Le lendemain, c'est le chef de l'une des familles visitantes, et le jour d'après, c'est un autre.

Il est bien entendu que chez les uns et chez les autres la séparation des sexes est entière, les hommes restant séquestrés dans les appartements extérieurs et les femmes dans ceux intérieurs; ce qui est fort gênant pour les personnes d'un certain rang ; car, pour les autres, surtout les habitants des faubourgs, les parentes se montrent aux parents absolument comme dans les campagnes, malgré les divers préceptes qui défendent aux femmes *de se laisser voir à tous ceux qui peuvent les épouser.*

Les femmes redoutent, en général, ces visites, quoiqu'elles soient pour elles une occasion de distraction; mais il arrive que les maris s'accommodent de certaines filles ou veuves qu'ils ont entrevues, dont ils ont entendu parler, et que par la conversation ils apprennent être chez elles, car l'union se conclut alors séance tenante, en présence du cheikh qu'on a fait appeler, et l'épouse qui avait seule présidé à son ménage se trouve vis-à-vis d'une rivale, sa parente ou son amie, qu'elle ne doit plus voir avec plaisir.

Les visites arabes ont d'abord l'air d'être amicales, mais aussitôt qu'on a présenté le café on reconnaît qu'elles sont intéressées. C'est seulement à ce moment que les convenances sociales permettent qu'on parle d'affaires. Avant cela, la conversation roule sur des sujets sans importance, et si, par malheur, l'on n'est pas prompt à apporter la liqueur *mokale*, il faut essuyer un déluge de paroles oiseuses; car, attendu le peu d'esprit des Arabes, les conversations ne peuvent pas être soutenues longtemps sur le même sujet. On ne fait que les effleurer; de là, la diversité d'idées, de matières, de paroles décousues qui font d'un entretien d'une demi-heure un véritable pot-pourri.

En hiver, les hommes du même quartier se réunissent à tour de rôle chez l'un d'eux, chaque semaine, en commençant le vendredi soir pour finir le jeudi à la même heure par quelques plats de friandises qu'on sert fort tard. Les autres soirs, celui qui traite n'est tenu de fournir que la lumière, le café et le tombac. Mais, une fois sa semaine terminée, il prend sa revanche en jouissant, à son tour, de la dépense des autres.

Le temps se passe dans ces sociétés en conversations, en chants et en divers jeux. Ils affectionnent surtout celui des *fingeans*, dont je donnerai la description.

Pendant le ramadan, les réunions sont plus fréquentes, soit dans les maisons, soit dans les cafés qui restent ouverts jusqu'au coup de canon de la petite aurore, après lequel on ne peut plus manger. Les habitués y fument et boivent force café, et pour tuer le temps, ils entendent, tour à tour, des musiciens, des conteurs, ou bien ils assistent aux représentations de l'éternel *Karagueuz*. Quelquefois des joûteurs ou des escamoteurs viennent faire diversion à ces divertissements ordinaires.

La veille de la fête de ramadan, les femmes sont en grand travail pour préparer les mets du lendemain; les hommes, s'étant rendus à la mosquée quinze à vingt minutes après le lever du soleil, font leur prière et se portent incontinent au cimetière pour accomplir le précepte traditionnel de visiter les morts à l'occasion des grandes solennités. Ils ont soin, toutefois, de ne point revenir par le même chemin, pour se conformer au même commandement.

Rentrant en ville, ils se félicitent entre eux en se débitant les quatre ou cinq compliments que la coutume a rendus obligatoires sous peine de se montrer impolis.

Arrivés à la maison, on sert à déjeuner, et un plat doux est de rigueur, comme, par exemple, du riz au miel, qui est un mets populaire.

Après le déjeuner, on fait les visites aux autorités, aux grands, aux parents et aux amis.

A l'occasion des fêtes turques, les visites que le femmes se font entre elles donnent lieu à des collations auxquelles elles sont obligées de prendre part sous peine de déplaire sérieusement, et de passer d'ailleurs pour mal élevées. On conçoit la surcharge qui en résulte pour ces pauvres estomacs, d'autant plus que les mets servis sont généralement composés de lait, de sucre ou de miel et de fruits. Aussi, dans leur embarras de répondre aux exigences de la mode, comme pour satisfaire leur propre gourmandise, les femmes ont-elles trouvé, dans leur trésor inépuisable de ruses, qu'en provoquant délicatement une décharge stomacale, elles pouvaient remplir toutes les conditions attachées à ces visites. Elles n'ont donc pas plutôt joui du plaisir d'engloutir les douceurs du *beyram*, tout en se montrant complaisantes à l'excès, qu'au détour d'une rue, ou dans tout autre lieu propice, elles rejettent ce qu'elles ne peuvent garder sans faire tort aux autres amies qu'elles doivent visiter. Il est d'ailleurs une loi qui les oblige de toujours manger ; c'est celle du proverbe : « Ne te gêne pas » plus chez ton ami que chez ton ennemi ; car le » premier en aura du plaisir, tandis que le second » en mourra de dépit. »

Pendant les fêtes, des jeux publics s'établissent dans certains endroits intérieurs et extérieurs pour l'amusement des enfants.

Il existe aussi en ville des cours et des appartements où l'on trouve des escarpolettes pour les femmes, et ces lieux ne désemplissent pas. Sous prétexte d'y amuser leurs filles, les mères se livrent elles-mêmes avec passion à ces divertissements, qui ne se renouvellent qu'aux deux grandes fêtes.

Pour la naissance du Prophète, le 12 Rabi-el-Evel, il se fait encore des réunions, et ce jour-là le gouverneur a l'habitude de régaler de sorbets et d'amandes pralines tous ceux qui assistent à la prière de midi de la grande mosquée.

Le 14 chaaban [1], les musulmans ont la coutume de veiller toute la nuit, après avoir assisté à la lecture du *mooradj* [2].

Les Alepins ont adopté certaines cérémonies grecques : ils célèbrent les quatre derniers jeudis

---

[1] C'est le cinquième mois de l'année hégirienne.
[2] Description de l'ascension de Mahomet.

de leur carême, appelés les jeudis *des bourgeons, des chats, des morts* et *des œufs*. Pendant le premier et le second, les arbres et les chats se reproduisent; le troisième donne lieu à la visite des tombeaux; et, pour le quatrième, chacun teint ses œufs pour aller les manger à la campagne : hommes et femmes se répandent ce jour-là dans les jardins.

Le lundi de Pâques, les habitants ont aussi la coutume de s'y rendre généralement et d'y rester jusqu'au soir. La ville est déserte ce jour-là.

Dans ces occasions, il arrive beaucoup d'aventures galantes, car elles sont attendues par ceux qui les combinent à l'avance, pour les accomplir à ces diverses époques, justement considérées comme un temps de désordres.

On m'a raconté un événement tragique qui eut lieu pendant ces fêtes, et que je rapporterai pour prouver de nouveau la superstition des Alepins.

Un boucher ayant été appelé chez un particulier pour égorger deux moutons, le jour du *courban* (sacrifice), reçut la proposition de les tuer en prononçant sur l'un d'eux le nom d'*Abou-Beker* et sur l'autre celui d'*Omar*, chose pour laquelle on lui offrait plusieurs pièces d'or; mais le boucher, saisi d'une sainte indignation, se jeta sur son interlocuteur et le tua. Rentrant chez lui tout troublé, il rencontra sa femme qui, étant parée pour la fête, courut à lui pour l'embrasser, mais l'ayant repoussée, elle l'entraîna dans sa chute, et le couteau qui était à sa ceinture traversa le corps de la femme. La voyant morte, il se retira fuyant le châtiment qu'il avait mérité... Chemin faisant il rencontra son beau-père... sa vue l'effraya... il lui dit d'un ton sombre *qu'il était occupé*... Mais l'autre insista et l'emmena forcément à la maison dont ils trouvèrent la porte fermée, ce qui plut au mari, parce qu'il eut le prétexte de dire que sa femme était sortie. Elle vint ouvrir cependant, et l'étonnement du mari ne put se dissimuler. Le beau-père lui en demanda la raison et il la lui fit connaître. La femme leur raconta alors que Mahomet était venu la visiter pendant son trépas et l'avait rappelée à la vie.

C'était en récompense de la fidélité du mari, puisqu'il n'avait pas voulu invoquer dans le sacrifice auquel on le faisait concourir, des noms étrangers, bien que respectables, au lieu du nom sacré de Dieu clément et miséricordieux.

XVII

Mariages musulmans. — Divorces.

Lorsqu'un jeune homme désire se marier, après s'être informé du caractère d'une fille, dont on lui fait ordinairement le portrait le plus flatteur, il ne se décide cependant pas encore à la demander en mariage; il s'assure, par lui-même, qu'il n'y a rien de trop exagéré dans les qualités physiques qu'on lui attribue, et les personnes qui s'intéressent à cette union, souscrivent à cette prétention en conduisant la fille dans une maison où elle peut être vue, car la loi qui défend à tout homme de regarder une femme, le permet dans ce cas, comme lors de l'achat d'une esclave.

Le Koran permet aussi à un marchand de regarder sa pratique, pourvu que ce soit sans convoitise.

Quand une pareille entrevue ne peut avoir lieu, ce sont des femmes parentes qui engagent les épouseurs en leur faisant des peintures attrayantes des jeunes personnes à marier.

Des amis se chargent alors de solliciter le père de la fille préférée, et ils emploient à cette occasion la phrase suivante :

« Nous venons pour fiancer, et notre désir est » de réussir. Ne nous rebutez donc pas en nous » refusant. »

Si l'on accepte, la réponse est celle-ci : « J'agrée » votre demande avec plaisir. »

Des femmes sont ensuite chargées d'aller *fixer le prix* de la fille, et elle s'adressent, à cet effet, à la mère, laquelle fait une demande relative à sa position, mais en se tenant toujours un peu au-dessus, d'autant plus que l'épouse ne reçoit pas toute la somme comptant, un tiers à peu près n'étant payé qu'à la mort du mari, ou lors du divorce, s'il survient une séparation. Le prix payé est, au surplus, employé, avec une pareille somme que donne le père de la future, en meubles, ustensiles, effets d'habillement, le mari ne devant fournir sa maison que de nattes.

Après le paiement de la partie du prix qui est exigible, le père du futur, ou le cheikh du quartier, se rend chez le cadi pour lui demander une *formule* d'acte de mariage, dans laquelle le greffier écrit : « Notre maître le juge légal autorise *tel* à » conclure mariage entre la vierge majeure *telle* » et son promis *tel*, à condition qu'il n'y ait point » entre eux d'empêchements dirimants; *et la date.* »

Cette pièce est apportée à la maison de la future, où sont réunis les parents et amis, hommes et femmes. Un cheikh est chargé de remplir l'acte de mariage et il s'assure, avant tout, qu'il n'existe aucun bijou visible, d'argent ou d'or, dans la chambre et sur les assistants, n'y pouvant pas même souffrir un vêtement qui serait tissu *entièrement de soie*, sans faire sortir la personne qui le porterait.

Le cheikh dit alors au père de la future : « Faites » la demande suivante au père du futur : »

« Mariez-vous ma mandante, ma fille [1], au pro-

---

[1] La procuration de la fille a lieu à cause des divergences d'opinions des chefs de sectes, dont l'un veut que le père puisse forcer sa fille dans ses dispositions, tandis qu'un autre dit qu'étant majeure, elle est libre de son choix.

» cureur de votre fils, à *tel* prix, dont *telle* partie
» est reçue et l'autre reste à payer ? »

Le père du futur est chargé de répondre :

« J'ai le désir de la marier à mon fils, ainsi que
» vous l'avez dit. »

Alors on lit le *feteha* et l'on félicite les contractants.

Ces formalités sont consignées dans la pièce retirée du cadi, et elles restent chez le cheikh. Tous les assistants y sont mentionnés comme témoins.

Tous les effets sont transportés, avec une certaine pompe, au domicile conjugal deux jours avant le mariage. Ils sont chargés sur des chameaux, mulets, chevaux, ou portés par des hommes, accompagnés, pour rendre la cérémonie plus brillante, de musique et de nombreux amis.

Quelque temps avant son mariage, une fille est menée tous les jours au bain par ses parentes, et elles y passent les après-midi dans les délices dont j'ai parlé.

La future, après avoir été parée de ses plus beaux habits et coloriée pour la dernière fois *au bain*, n'est soumise à la toilette définitive que chez son fiancé. C'est la coiffeuse qui, en étant chargée, commence par lui couper les cheveux du front, qu'elle établit carrément un peu au-dessus des sourcils, laissant pendre deux touffes sur les oreilles jusqu'à la naissance des seins. C'est le signe des femmes mariées ; les filles ne le prennent que le jour de leurs noces. Après cette première opération, elle lui noircit les sourcils avec une composition et lui applique sur la figure des parcelles de feuilles d'or au moyen d'une dissolution de gomme. De longs flots de lamettes d'or sont aussi suspendus à sa tête et pendent sur ses épaules : le tout est couvert d'un crêpe rouge, brodé d'or, qui tombe jusqu'aux pieds ; c'est l'ornement obligé de toute union nuptiale. Les veuves seules en sont dispensées.

Le lendemain du mariage, la coiffeuse doit procéder à une nouvelle toilette de la mariée, qui doit être semblable en tous points à celle de la veille, afin que les visiteurs puissent la voir dans son costume complet.

Elle ne doit reprendre ses habillements journaliers qu'après trois fois vingt-quatre heures.

Peu de jours avant la cérémonie, sept à huit femmes se rendent dans les maisons pour faire les invitations. Les parents et amis font alors des cadeaux, qu'ils choisissent parmi les tissus et les denrées. Quelquefois ils envoient un mouton. Le tout est rendu en pareille circonstance.

Un repas, où il n'y a que des hommes, a lieu le matin du jour du mariage. La veille, les parents et amis se réunissent chez le futur pour chanter, entendre de la musique et se teindre les mains au *henné* [1].

---

[1] On sait que le henné est une plante d'Égypte, dont les feuilles séchées et réduites en poudre ont la propriété de

Pendant la soirée de ce jour-là, les cuisinières se mettent à l'œuvre pour être prêtes à l'aube, les conviés commençant à venir une heure après le lever du soleil. Les repas se répètent pendant plusieurs heures ; à midi les hommes se retirent.

A cette heure, les parentes amènent l'épousée ; elles ne se permettent alors que quelques cris d'allégresse, qui consistent à répéter longtemps et précipitamment, en élevant la voix, le mot *lou*, et les femmes invitées accourent de tous côtés au point qu'il s'en réunit quelquefois jusqu'à trois cents et plus.

La mère de l'époux attend sa bru à la porte de la maison : aussitôt qu'elle est arrivée, elle rompt en deux avec elle une grosse pastille de sucre, et ayant à la main un morceau de candi, elle le lui met dans la bouche *pour qu'elle ait le parler doux* avec sa belle-mère.

Le jour où l'on écrit le contrat de mariage, la future s'asseoit dans un fauteuil, ayant devant elle un miroir. Elle doit être habillée entièrement en blanc et n'avoir aucun nœud, bouton ou gance quelconque. Sous un voile également blanc, elle peut être ornée de fleurs naturelles de toutes couleurs.

Au mogreb (coucher du soleil), on sert à dîner aux dames ; de ce moment à l'*éché* (une heure et

---

teindre la peau. On en fait une pâte avec de l'eau et on l'applique le soir sur les pieds et les mains.

demie après), les principaux parents et amis, de trente à quarante, se réunissent dans la maison d'emprunt, où l'époux s'est provisoirement établi, et l'ayant habillé, ainsi que son *sakhloudj* (assistant ou compère), qui doit lui ressembler au physique, avoir le même costume que lui, devenir enfin son véritable Sosie, ils se remettent en route avec des cierges allumés, plaçant l'époux à droite et le *sakhloudj* à gauche, au milieu des chants, des plaisanteries et des cris de joie, jusqu'à l'arrivée au domicile des époux, où des khodjat (femmes chanteuses de profession) ou des matrones le reçoivent seul, ou avec son père, s'il en a, pour le conduire dans l'assemblée et le placer sur une estrade où toutes les femmes invitées viennent le féliciter tacitement, c'est-à-dire en jetant dans un mouchoir, que deux matrones tiennent ouvert devant lui, une pièce d'or ou d'argent. Cela s'appelle *géloué* (blanchiment ou polissure).

Après cette cérémonie, l'épouse est amenée à son tour, et, quand elle a uni sa main à celle de l'époux, on les introduit dans la chambre à coucher, où ils ne sont suivis que par leurs mères, à l'exception toutefois de la coiffeuse et de la sage-femme, qui, ayant reçu une étrenne, se retirent avec elles. Seulement la mère de l'épouse se tient à la porte jusqu'à la sortie de l'époux, qui ne tarde pas de se rendre auprès du sakhloudj et de la compagnie, réunis dans la maison du voisinage cédée pour la circonstance.

La mère de la mariée s'empresse d'apporter aux parents de l'époux les preuves de la virginité de sa fille, et des chants d'allégresse sont entonnés à cette occasion.

L'époux ne reste qu'une heure avec ses parents et amis. Il rentre chez lui pour se coucher, et toutes les invitées demeurent dans une pièce particulière pour *blanchir* également la nouvelle mariée (lui faire leur cadeau, *géloué*) lorsqu'elle se lève, avant la pointe du jour, parfaitement *peinturée* et parée. L'argent produit par cette espèce de cotisation sert à payer les cuisinières, les bougies et autres dépenses extraordinaires.

Le lendemain matin, l'époux doit faire, à son tour, un présent en argent à sa femme, et, si celle-ci lui a préparé quelque vêtement, c'est en ce moment qu'elle le lui donne.

Aussitôt après, les voisins viennent inviter l'époux au bain et à une *journée entière*, à laquelle on fait concourir les divertissements que comportent le pays et la saison ; c'est-à-dire que la musique et les repas sont offerts à la campagne en été, ou dans une maison en hiver.

Ces invitations sont répétées autant de jours que le nombre des parents et amis de l'époux peut fournir de compagnies de huit, dix ou douze individus, se chargeant de la dépense en commun.

Comme il est d'usage qu'on ne fasse pas la cuisine dans la maison nuptiale, les invitants doivent y envoyer la portion de la nouvelle mariée.

Chaque soir, l'époux est ramené chez lui avec le cérémonial du jour des noces, c'est-à-dire avec des cierges allumés, des chants et des cris d'allégresse.

Les invitations terminées, aucun homme, fût-il le plus proche parent, ne fréquente plus la maison jusqu'au quinzième jour.

C'est alors que commencent les visites des pères, mères, frères, sœurs, oncles et tantes, lesquels sont retenus quatre à cinq jours.

Le premier jour, c'est l'époux, ou son père, qui traite les visiteurs; mais, le second, cela regarde le père de la mariée. Puis vient le tour de son oncle et celui de ses autres proches parents, l'un après l'autre. Dans ces cas-là, ils doivent tout apporter de chez eux, même le combustible et le poivre comme le sel pour les assaisonnements.

L'épouse reste à la maison de deux à quatre mois; celles qui se respectent davantage, ne mettent le pied hors de chez elles qu'au bout d'un an, pour aller voir leur père et les autres proches parents.

Un cheikh de grande réputation, appelé *Termeninn*, ayant marié sa fille, son gendre vint au bout de quinze jours le prier de leur rendre visite selon la coutume; mais le personnage qui était aussi sage que savant, lui répondit : « Si je vais chez » vous, ma fille pourra s'enorgueillir de mon grand » turban, et l'affection qu'elle doit avoir pour vous, » s'en ressentira. En vous la donnant pour épouse, » je l'ai mise en vos mains, homme probe, comme

» j'aurais fait d'un dépôt précieux ; or son sort
» ne dépend plus de moi : votre loyauté m'en ré-
» pond devant Dieu, et c'est seulement en pré-
» sence de ce juge suprême que je vous demande-
» rai compte de la conduite que vous aurez tenue
» à son égard. »

A l'occasion des fêtes du beyram, les époux se rendirent chez le cheikh qui les accueillit en bon père, leur faisant servir une légère collation, et, comme ils tardaient de se retirer, il leur en fit l'observation. « Vous serions-nous à charge, dit le
» gendre, pour nous renvoyer ? » — « Non, répon-
» dit le cheikh, car la bénédiction du ciel suffit à
» tout ; mais je craindrais que ma fille se plût trop
» chez moi, tandis qu'elle doit garder toutes ses
» affections pour votre maison. »

A la naissance d'un enfant, on est sept jours sans lui donner un nom ; au bout de ce temps, des femmes *cheikhats* (espèces de prêtresses) ou *almées* (savantes), se réunissent autour du berceau en agitant et battant leurs tambours de basque pour proclamer le nom que l'enfant vient de recevoir de son père, qui lui frotte, dans ce moment-là, tout le corps d'essence de rose. On finit par le laver, et cette double précaution a l'avantage de préserver le nouveau-né du danger des odeurs fortes et de l'empêcher de s'effrayer.

Les règles qui concernent le divorce différant peu des nôtres, je n'en parlerai qu'en passant et pour prendre occasion de rapporter une anecdote qui en fera sentir le ridicule et le danger.

Le divorce n'est accordé qu'à la requête de l'époux. La fille qui a été mariée dans sa minorité, a aussi le droit de demander à être séparée de son mari; il lui faut, néanmoins, attendre l'époque de ses premières menstrues, parce que, passé ce temps, elle demeure irrévocablement sous la loi de son époux.

Il arrive parfois que, dans des réunions de femmes, il est constaté que deux époux ont sucé du lait de la même mamelle : alors le divorce a lieu de fait, *les deux bouches n'auraient-elles teté au même sein qu'un instant.*

On comprend avec quelle facilité un pareil expédient doit être employé dans les cas où une femme, dont le ménage est un enfer, n'a pas d'autre moyen de se séparer de son mari. Il est surtout commode en ce qu'il n'exige aucune preuve, une simple déclaration suffisant de la part de celle qui s'en sert. Cela me rappelle un proverbe italien, que mes amis d'Alep me répètent souvent et qui est applicable à la circonstance : *Celui qui a fait la loi, a aussi inventé le moyen de l'éluder.*

Un pauvre diable qui entrait dans Alep, à la pointe du jour, ayant couché dans le quartier le plus éloigné de l'un de ses faubourgs, fut agréablement surpris d'apercevoir sur le sol un *kamar*, qu'il ramassa aussitôt : il le trouva plein de pièces d'or, comme il se l'était d'abord figuré, parce que c'est dans ces ceintures que les Orientaux cachent habituellement leur monnaie de réserve.

La découverte était donc heureuse pour le mendiant, et il se livrait à toutes les jouissances que son imagination lui promettait, lorsqu'au bout de quelques heures, il entendit un crieur public annoncer cet objet perdu et promettre 500 piastres à celui qui le rapporterait.

Quoique pauvre, notre homme était honnête. Il réfléchit qu'en gardant cette ceinture, il ferait peut-être le malheur de son propriétaire, tandis que, sans opérer son bonheur, elle serait pour lui un sujet d'éternels remords, surtout après la récompense qui lui était offerte. Il pensa donc qu'il fallait accepter les 500 piastres qui, dans sa position, étaient une somme importante pour lui.

Il aborda, en conséquence, le crieur, et lui déclara qu'il avait l'objet par lui réclamé, puis il se fit conduire chez celui qui avait fait la perte et lui remit la ceinture.

Celui-ci s'empressa d'en vérifier le contenu et, l'ayant trouvé exact, il remercia le mendiant qui, au lieu de se tenir pour payé, par cet acte de politesse, réclama les 500 piastres promises. Mais l'individu répondit que c'était pour rattraper sa ceinture qu'il avait fait annoncer cette récompense, son intention étant de ne donner que vingt paras (dix centimes) qu'il lui mit dans la main. « Que » ferai-je de cette petite pièce? lui objecta le pauvre » diable. — Ce que vous voudrez : vous pourrez

» l'employer à une corde pour vous pendre, » repartit brusquement l'autre. Indigné de ce manque de foi et de ce propos inhumain, le mendiant lui rejeta la pièce, déclarant qu'il était une créature de Dieu comme lui, et que, quoiqu'il n'eût pu réaliser, comptant sur sa parole, la faveur qu'il avait cru avoir obtenue de la sollicitude divine, il n'en conservait pas moins sa confiance dans l'Être infiniment bon et miséricordieux.

Ce malheureux sentit alors tout le poids de son infortune, et, donnant un libre cours à ses larmes, seule consolation des affligés, il courut chercher un asile dans une mosquée, habitation des gens sans état, privés de tout moyen d'existence.

Il y était depuis quelques jours lorsque, une nuit, il entendit frapper à la porte, et vit entrer deux hommes tenant un fanal, qui se mirent à parler au gardien. Ils lui disaient : « Avez-vous quelque étran» ger, quelque bon diable, qui soit bien aise de » gagner 500 piastres ? » On appela aussitôt le mendiant, et on lui proposa cette somme pour remplir une simple formalité légale. « Je suis prêt » à faire tout ce qu'on voudra de moi, dit-il aux » chercheurs, pourvu cependant que ce soit hon» nête ; car je suis sans emploi, et je ne saurais, » d'ailleurs, en attendre jamais un qui me rende » 500 piastres en une seule nuit. »

S'étant mis en chemin, on lui expliqua en ces termes le motif pour lequel on désirait son intervention :

14

« Nous sommes les parents d'une femme avec la-
» quelle son mari a divorcé dans un accès de mau-
» vaise humeur, et, comme nous désirons légaliser
» leur réunion au plus vite, nous voulons vous faire
» épouser cette femme, selon les formes établies
» par la loi, pour que vous ayez à la répudier à vo-
» tre tour, et que son légitime époux puisse la re-
» prendre. C'est à cette condition que les 500 pias-
» tres vous sont accordées »

Arrivés à la maison, on trouva le cheikh et les témoins, et l'acte fut aussitôt dressé sur la déclaration du procureur de la femme, qu'elle consentait à prendre en mariage *celui-ci*, et celle de l'épousant qu'il agréait *telle* femme pour son épouse.

La chose avait dû être si précipitée qu'on n'avait pas pensé même à faire faire une toilette au futur époux, à recouvrir, au moins, ses guenilles de quelqu'un de ces vêtements arabes, si commodes pour dissimuler la misère.

On introduisit le nouveau marié dans le harem, et aussitôt qu'il eut franchi la porte, une esclave se chargea de le conduire. Elle le présenta à l'entrée d'un salon meublé avec élégance et éclairé d'une manière resplendissante.

Le mendiant n'en croyait pas ses yeux, et, quoiqu'il se sentît bien éveillé, il doutait que tout ce qui frappait sa vue fût vrai. Il avait entendu dire que l'imagination décuplait, centuplait même les effets, les sensations ; son éblouissement le retenait sur le seuil de la porte, et il n'en bougeait pas plus qu'une statue.

La dame qui était venue le recevoir, ne comprenant rien à sa retenue, lui fit signe d'entrer, mais l'homme, également étonné de l'étrange disparate qui existait entre sa mise et celle du houri qu'il avait sous les yeux, lui dit : « Ne voyez-vous pas
» mon accoutrement? Je ne suis vraiment pas digne
» de m'approcher de vous. — C'est vrai, » lui répondit-elle ; et aussitôt elle ordonna à l'esclave de lui apporter un habillement complet, qui transforma le mendiant en un bel homme, fort avenant.

Lorsqu'il fut resté quelques instants avec la dame, il voulut partir, mais elle le retint en lui demandant où il comptait aller. « Je dois me retirer
« selon ma promesse et toucher les 500 piastres
» qui m'ont été accordées. — Vous voulez donc me
» vendre pour cette somme, tandis que je refuserais
» le plus beau sort pour vous? — Que dois-je faire,
» de grâce? lui demanda l'époux embarrassé. —
» Si je vous conviens, le cheikh-islam même ne
» pourra pas vous forcer à me répudier; ainsi, pre-
» nez votre parti. — Que je vous veuille? s'écria
» le mendiant émerveillé, cela ne saurait être
» mis en question ; mais ma parole!... et puis,
» comment me tirerai-je des mains de ceux
» qui ont contracté avec moi...? » En prononçant ces dernières paroles, il aperçut le *kamar*, et cette découverte lui causa une telle émotion, que la dame voulut en connaître le motif, qu'il s'empressa de lui raconter.

« Quoi, dit-elle alors avec surprise, c'est vous
» qui êtes l'auteur de cette bonne action et qui
» avez été victime de la déloyauté de mon mari ? Je
» ne doute plus que Dieu n'ait voulu le punir et
» vous récompenser. Je suis maîtresse de tout le
» bien que vous voyez, et je vous le donne entiè-
» rement, puisque le sort vient de nous unir. Je me
» charge de tout : n'ayez, par conséquent, aucune
» inquiétude sur le résultat d'un événement qui doit
» faire notre bonheur mutuel. »

Elle envoya aussitôt un présent au cadi, et, lorsqu'on voulut plaider devant lui pour faire tenir au mendiant sa promesse, le juge trouva dans son vaste répertoire de quoi débouter l'ancien mari et donner gain de cause au nouveau.

On avait manqué de prendre les précautions qui mettent à l'abri du désagrément de la détermination réfléchie de l'épousant intérimaire, car on choisit d'ordinaire, en pareil cas, des hommes difformes ou d'un certain âge.

XVIII

Funérailles. — Tombeaux.

Quand un décès a lieu, les parents appellent plusieurs cheikhs et leur font un don, composé d'argent monnayé et d'un bijou en or, qui est de toute rigueur, en expiation des péchés du défunt. A cet effet, les parents interpellent l'un des cheikhs de cette manière : « Acceptez-vous cette offrande en » réparation des oublis de prière et des autres man- » quements de *tel* ? » A quoi il répond : « Je l'ac- » cepte et j'en fais don, à mon tour. » Et il remet ces objets à un autre cheikh, lequel les passe à son voisin et ainsi de suite jusqu'au dernier, qui finit par offrir le bijou aux parents, ne gardant que la somme d'argent.

Après cette cérémonie, on prépare trois linceuls sur lesquels on met des herbes odoriférantes, et l'on place le corps sur un banc pour le laver, ce qui est une pratique figurative du passage du mort de ce monde dans l'éternité. Ce lavage se fait avec de l'eau chaude et du savon. On a soin de boucher les narines et les oreilles avec du coton, et, après avoir fondu du camphre dans de l'eau de rose, on en frotte tout le corps ; puis, on l'enveloppe des trois linceuls ; après quoi, il est placé dans une bière banale et transporté à la mosquée, où des prières sont adressées au ciel pour l'âme du défunt. Un des assistants dit alors ces paroles à l'assemblée : « Quel jugement portez-vous sur la con- » duite du défunt ? »

Tous s'empressent de déclarer qu'il était le meilleur des hommes, eût-il été le plus méchant.

Les assistants font une pareille réponse, quelle qu'ait été la conduite du mort pendant sa vie, parce qu'on a confiance dans la miséricorde de Dieu.

Le corps est ensuite transporté au cimetière, où on le place dans la fosse, la tête tournée vers l'occident, les pieds à l'orient et la tête appuyée sur l'épaule droite, afin qu'il ait le regard dirigé vers le sud, où se trouve la ville de la Mecque.

La fosse, bâtie en pierres, est recouverte de grandes dalles, rejointes avec du mortier pour empêcher la terre de retomber sur le corps; puis, on remplit la fosse à demi seulement, le défunt ayant à recevoir une dernière instruction; on lui annonce donc que deux anges, qui se nomment *Mounker* et *Nékir*, viendront le visiter, qu'ils lui demanderont quelle est sa religion; à quoi il devra répondre qu'il est musulman croyant en Dieu, en son prophète, etc.; après quoi, l'on achève de combler la fosse.

C'est le moment de faire des distributions d'aumônes aux cheikhs et aux pauvres qui ont accompagné le corps.

Avant de rentrer en ville, les parents se placent en file selon leur rang et reçoivent les compliments de condoléance de tous ceux qui ont fait partie du cortége. En voici la formule : « Que Dieu accroisse » vos mérites et qu'il vous épargne dans les épreu- » ves qu'il vous destine! »

Le soir, on a coutume de traiter les cheikhs, les parents et amis : on leur sert ordinairement un plat doux, composé de semoule, de beurre et de miel.

Le troisième jour, on se transporte, de nouveau,

au sépulcre, et, après les prières, on distribue pareillement des aumônes.

Le septième jour, on donne à manger aux pauvres et aux cheikhs. Cette formalité se renouvelle le quarantième jour et au bout de l'an.

Selon les musulmans, l'âme d'un mort fait une ascension au ciel, où elle va se prosterner devant le Créateur, aussitôt qu'elle a quitté le corps auquel elle était attachée; elle revient ensuite assister aux dernières formalités qu'elle doit subir avant de retourner au ciel si elle est exempte de faute, ou bien au purgatoire si elle est coupable. Elle se tient suspendue sur la tête du défunt jusqu'au moment de l'interrogatoire que lui font subir les deux anges.

La porte du ciel ne s'ouvre pas pour une âme perverse. Elle en est rejetée.

Lorsqu'il existe un testament, on se conforme à la volonté du défunt, si ses legs ne dépassent pas le tiers de son bien; dans le cas contraire, on ne peut y toucher, pour faire des libéralités, surtout s'il laisse des enfants mineurs. Il leur est réservé de faire telles aumônes qu'ils désirent; mais, avant que leur intention ait été exprimée, il est défendu de rien recevoir de leur part et même de manger dans leur maison.

La veuve observe un deuil de quatre mois; dix jours après, elle peut convoler à de nouvelles noces; si cependant elle était enceinte, à la mort de son mari, elle ne pourrait se remarier que dix jours après sa délivrance.

La veuve reçoit ce qui lui est resté dû sur *son prix*, et elle a part à l'héritage de son époux pour un huitième, s'il existe un ou plusieurs enfants; dans le cas contraire, elle a droit à un quart. Lorsque c'est la femme qui vient à mourir, le mari retire le quart de la succession de son épouse et la moitié sur la totalité de ce qui reste, après avoir acquitté ce qu'il devait sur le prix convenu de sa femme.

Parmi les enfants, le garçon reçoit le double de la fille, c'est-à-dire que deux filles ont autant qu'un garçon.

On dit en jurisprudence musulmane que la présence d'une fille n'empêche pas les parents d'hériter. Si le défunt n'en laisse qu'une, elle n'a droit qu'à la moitié de l'héritage, et, s'il a laissé deux filles, elles reçoivent les deux tiers. La demie ou le tiers restant est partagé entre les ascendants.

Les tombeaux sont placés autour des villes, comme dans tous les pays musulmans, et la seule raison qu'on en donne, c'est la commodité de ceux qui doivent les visiter, surtout les femmes.

Le Koran oblige les fidèles à visiter souvent les lieux où reposent leurs morts, et il fait surtout un précepte de ces visites les jours des fêtes, aussitôt après les prières du matin. Des cheikhs sont alors amenés au cimetière pour réciter sur les tombeaux des passages du livre saint.

Le seul ornement permis pour l'usage des cimetières, ce sont les plantes qu'on sème autour. Les embellissements inventés par la somptuosité sont généralement condamnés. L'adage consacré par la tradition doit éloigner toute idée de luxe de la demeure des morts; voici cet adage :

« La terre labourée est le meilleur des tombeaux. »

Que de sagesse dans ces paroles !

Les chrétiens et les juifs ont leur cimetière au sortir des portes de leurs quartiers respectifs, et, comme les habitants qui professent ces deux religions sont très-nombreux, leurs tombeaux s'étendent au loin dans la campagne.

Un Européen avec lequel j'ai l'habitude d'échanger quelques idées, de discuter même sur quelques points, me disait, l'autre jour, que c'était montrer le plus mauvais goût que d'entourer les villes de sépulcres; que cet usage leur donnait un aspect triste; que, dans les pays chrétiens, on se faisait une idée avantageuse des beaux monuments de l'intérieur d'une ville, rien qu'à la vue des jolies maisons de campagne qu'on voyait à l'entour et que chaque propriétaire s'efforçait d'embellir de son mieux; que, quant aux cimetières, ils les plaçaient dans des lieux écartés, loin de leurs demeures; que d'ailleurs les tombeaux étaient bien plus soignés que ceux des musulmans et autant visités et respectés; qu'en un mot, ils étaient de vrais champs de repos, très-propres à inspirer des idées de recueillement, telles qu'on en doit avoir lorsqu'on visite la demeure des morts, tandis que les sépulcres orientaux, se trouvant à la sortie des villes, aux bords des routes et servant à divers usages, comme par exemple, à étendre des toiles, il en résulte une irrévérence blâmable.

J'ai eu beau raisonner avec mon Européen et insister sur les motifs qui militent en faveur de la coutume asiatique, notamment sur la convenance qu'offrent nos sépultures, à cause des fréquentes visites des femmes; il en revenait toujours à sa grande raison, m'objectant sans cesse que les Européens tiennent le sceptre du goût, de l'esprit, de l'habileté, et qu'ils dominent en tout sur l'Orient, les goûts des Orientaux étant baroques à l'excès, opposés en tout aux leurs; c'est-à-dire, que ce qui est bien en Europe est mal ici.

Il est reconnu, et des observations journalières le prouvent, qu'il existe une très-grande différence dans les usages des deux peuples; j'ajouterai qu'elle se retrouve aussi dans leur façon de penser, qui en est la conséquence; mais, sans vouloir prétendre, à mon tour, que tout le mérite appartienne exclusivement à l'une, je dirai qu'il en est de la diversité des manières d'agir et de parler, comme de celle des goûts et des couleurs, l'une résultant des tempéraments et des idées, l'autre des climats et des mœurs.

Pour revenir à la question des sépulcres, j'avouai

que je n'avais pas eu le temps de visiter les cimetières français, dans mon rapide passage au travers de leurs villes, rien ne m'y engageant alors, et que, sans méconnaître que mes *compatriotes* sont supérieurs à mes co-religionnaires d'Orient, j'ai dû lui répondre : « Mais vos semblables ici suivent-
» ils les bons exemples de l'Occident, ou ceux
» mêmes des musulmans que vous n'approuvez
» pas? » J'ajoutai : « On accuse les croyants de ne
» point visiter aussi fréquemment leurs tombeaux
» pour s'y occuper uniquement de leurs morts;
» on leur prête des intentions que la sainteté du
» lieu réprouverait; c'est une opinion; peut-être
» n'est-ce aussi qu'une calomnie. Et vos chrétiens,
» que font-ils au milieu de leurs cimetières, non
» pas dans de mystérieux détours, mais au vu
» de tout le monde ? »

Dès sept heures du soir en été, et beaucoup plus tôt en hiver, leurs tombeaux ne se couvrent-ils pas de personnes des deux sexes qui s'y établissent, comme dans un jardin ou sur un pré, pour y fumer et y boire, car dans ce bienheureux climat, ces deux vices marchent presque toujours de compagnie.

Quant aux gens du peuple, dont les goûts sont peu difficiles, les cimetières deviennent des cafés en plein vent, et les fourneaux qu'on y allume calcinent peut-être des ossements que le temps n'a pas encore pulvérisés.

Quel est celui qui, revenant de *Baballah*, n'a pas

joui de ce spectacle étrange, ou n'a pas plutôt gémi de ce douloureux scandale?

Ceux qui ne fument, ni ne boivent, se laissent charmer par des conteurs, qui n'empruntent pas leurs récits à des thèmes analogues à la localité, mais traitant volontiers, selon le goût oriental, des sujets gais, à l'aide desquels ils transportent leurs auditeurs dans des régions enchantées.

Un soir de ramadan, ayant fait une course dans les environs septentrionaux de la ville, et voulant revenir par les abords occidentaux, je passai le long des tombeaux chrétiens qui bordent la route, dont les bastions forment le côté opposé. Quelle ne fut pas ma surprise d'y voir des feux suspendus et d'entendre un murmure de conversations partant de divers endroits, entremêlées d'exclamations et de chants!...

L'état de rêverie où j'étais, en ce moment, ne me permit pas de reconnaître tout d'abord la cause de ce que je voyais, de ce que j'entendais, et j'avouerai que j'étais loin, dans ma préoccupation d'esprit, d'expliquer la chose d'une manière naturelle, d'autant plus que la nuit et les tombeaux me disposaient aux idées mélancoliques. Un sentiment pénible me saisit lorsque je pus deviner ce que j'avais eu de la peine à comprendre, et je m'éloignai promptement de ce lieu si indignement profané.

Je me rappelai alors tout ce qu'on m'avait raconté des intrigues érotiques que les vivants allaient ourdir sur la cendre des morts, et je me dis que ces gens-là devaient être de vrais animaux déraisonnables, sans cœur et sans âme, puisqu'ils passaient ainsi leur temps dans un pareil lieu, puisqu'ils se livraient ainsi à une joie brutale sur la tombe des auteurs de leurs jours ou sur celles de leurs proches.

Je me ressouvins, à ce sujet, de la réponse d'un chrétien qui prétendait fumer par esprit de mortification, et j'excusai dès lors tous ceux qui l'imitaient, les tombeaux pouvant produire des idées autrement édifiantes que le narguilé de mon pénitent.

Voici, du reste, quel était son raisonnement :

Le cœur du narguilé, tourné à viroles saillantes, lui figurait l'échelle des vices qui perdent l'âme; la tête, le gouffre de l'enfer; le tombac mouillé et pétri, l'assemblage des péchés qui mènent à la perdition; le feu qui sert à l'allumer, l'élément qui doit faire éternellement le supplice des réprouvés; le roseau [1] placé horizontalement, la position du corps mort; sa couleur citrine, celle que nos chairs revêtent; le glouglou de la bouteille, les murmures de la conscience; l'aspiration, les soupirs d'un cœur repentant; la fumée, les vanités du monde qui se dissipent comme la vapeur.

Quoique je n'eusse rien compris à ce galimatias spiritualiste, je dus l'approuver pour en finir sur un sujet que l'individu m'avait assuré être mo-

---

[1] On voit qu'il s'agit du narguilé qui se tient à la main.

ral, sans toutefois m'empêcher de déplorer les aberrations de ce pauvre esprit humain qui croit tromper jusqu'à l'Être suprême.

Mais il renoncerait bientôt à ces rêveries s'il réfléchissait qu'en s'étourdissant de la sorte, ses illusions ne le mènent pas loin, ou, pour mieux dire, que, si elles présentent à son esprit une consolation apparente, ce n'est que pour le replonger promptement dans l'affreuse réalité dont l'habitude lui avait, un instant, dissimulé les rigueurs.

C'est ainsi, pourtant, que les personnes qui fréquentent les tombeaux, viennent demander des émotions aux conteurs qui, les transportant dans des lieux où brillent l'or et les pierres précieuses, où coulent des ruisseaux de lait et de miel, leur procurent de beaux rêves et de terribles réveils aussi, le quartier des cimetières n'étant couvert que de pierres tumulaires, et n'offrant pas le moindre arbuste, le moindre objet qui fasse diversion à la triste monotonie des sépultures.

Beaucoup d'habitués s'y livrent eux-mêmes à leur goût pour les narrations exagérées, et, comme le nombre en est grand, on a donné à ce lieu le nom de *Tel-el-fechar* (colline des hableurs), quoiqu'on eût mieux fait de l'appeler le mont des turpitudes.

XIX

Les dervichs mevléouis.

Il faut que j'entre dans quelques détails au sujet d'une espèce de dévots qui, sans être *marabouts* ni *fakihs*, vivent d'une manière très-pieuse et sont soumis à des règles qui en font une véritable corporation religieuse.

Leur origine remonte aux premiers temps de l'islamisme. Quatre-vingt-dix habitants de la Mecque et de Médine s'unirent, dit-on, pour former une confraternité dont l'objet était des exercices pieux à pratiquer par mortification ou par esprit de pénitence.

Dans le principe, les dervichs faisaient les trois vœux des moines européens ; comme eux, ils devaient ne rien posséder, renoncer au mariage et obéir aveuglément à leurs supérieurs ; mais une pareille institution s'est relâchée avec le temps : ces hommes étaient si mal vus dans un pays où l'on aime, avant tout, une grande progéniture; force leur a donc été de se marier et de déroger aussi à la règle sur la possession des biens, qui devenait un point essentiel, du moment qu'ils entraient en famille.

Il est, du reste, un adage oriental qui explique tous les changements qui surviennent sans cesse dans les institutions musulmanes; le voici : « L'es-

» prit de l'homme est trop léger pour pouvoir s'ar-
» rêter longtemps à la même résolution. »

Il y a eu jusqu'à trente-deux ordres de dervichs, qui ont pris les noms de leurs fondateurs : trois descendaient de la congrégation d'Abou-Beker ; les autres venaient, assure-t-on, d'Ali, ce qui les faisait appeler *la postérité des apôtres de Dieu.*

Il n'existe à Alep que des *mevléouis* (tourneurs).

Les dervichs sont tenus de faire journellement des actes d'adoration, de contrition, d'exposition, de soumission et de persévérance : les deux derniers doivent être répétés neuf fois et les autres sept.

Il leur est facultatif de les dire en commun ou séparément. Pour leurs réunions, ils doivent choisir le jeudi soir, veille du vendredi.

Les mevléouis sont habillés de blanc, et portent un long bonnet de feutre qui a la forme d'un pain de sucre.

Chaque dervich doit avoir un chapelet de quatre-vingt-dix-neuf grains, à cause du nombre des attributs de Dieu. Souvent ils partagent cette quantité de grains en trente-trois ou soixante-six ; alors ils sont obligés de recommencer à égrainer leurs chapelets deux fois de plus dans le premier cas, une demi-fois dans le second. Les sept principales exclamations suivantes des dervichs rendent hommage : « Il n'est point de Dieu que Dieu, » à son unité ; « O Dieu ! » à sa puissance ; « O lui ! » à la constatation de son existence ; « O juste ! ô vivant !

» ô existant! ô vengeur! » à ses plus sublimes attributs.

Les réceptions de dervichs ont lieu chez le dadah. Prenant le récipiendaire par la main, il s'approche de son oreille pour lui répéter trois fois, à voix basse : *Il n'est de Dieu que Dieu*, paroles qu'il lui fait redire cent une fois, cent cinquante-une et trois cent une fois par jour. C'est ce qui s'appelle le *telkin*, l'inculcation. Le disciple prend l'engagement de vivre de la manière la plus retirée, la plus régulière, et de rapporter exactement au chef tous les rêves qu'il pourra faire durant son noviciat, toutes les visions qu'il pourra avoir. Les rapports que fait le novice, déterminent les époques auxquelles le supérieur devra souffler successivement à l'oreille du candidat les autres paroles sacramentelles, car la cérémonie ne se termine guère avant un an, à moins que d'heureuses dispositions du néophyte n'aient fait accélérer son initiation définitive. Il demeure pendant son noviciat sous la direction d'un cheikh qui l'instruit des devoirs qu'il aura à remplir dans sa carrière religieuse.

Chez les mevléouis, le noviciat est soumis à de dures épreuves qui ne consistent pas seulement dans les cérémonies que je viens de rapporter, mais ont trait également aux services qu'ils doivent rendre à la communauté, s'astreignant, par exemple, à travailler *mille et un jours* sous les ordres du cuisinier, sauf à recommencer, si cet office était interrompu *un seul jour*. Une chose digne de remarque, c'est de voir la réception de cette espèce de marmiton se faire, avec une certaine pompe, dans l'assemblée des dervichs, en présence du dadah, le chef de cuisine tenant le récipiendaire, une main placée sur son front, l'autre sur sa nuque, tandis que le supérieur prononce les mots suivants d'une voix solennelle :

« C'est un vrai bonheur, c'est une satisfaction
» inappréciable que de fuir les passions mondaines,
» l'éloignement des vices étant le résultat fortuné
» de la conquête que nous procure la bienveillante
» protection de notre Prophète. »

Le supérieur, prononçant ces paroles, tient le bonnet du novice suspendu sur sa tête, et il la lui couvre lorsque tous les dervichs ont chanté en chœur le morceau appelé *tekbir* (exaltation). En ce moment, le récipiendaire et son chef de cuisine se retirent au milieu de la salle ; ils s'y tiennent dans l'attitude la plus humble, les deux mains croisées sur la poitrine, les pieds également superposés, le gauche étant sous le droit, la tête enfin penchée sur l'épaule gauche.

Le dadah, s'adressant au cuisinier, lui dit :

« Puissent les services du nouveau dervich être
» agréables à Dieu et à notre fondateur ! Puisse-t-il
» voir, en même temps, sa satisfaction intérieure
» son bonheur, son mérite s'accroître dans ce réduit
» des simples, dans cette maison de l'indigence !
» Répétons aussi tous ensemble : **Hou**, en mémoire
» de notre seigneur. »

Après ce dernier cri poussé par les assistants, le novice va baiser la main du cheikh[1]; il en reçoit des conseils paternels sur les obligations de son état; puis il est reconnu, admis, embrassé par tous les dervichs.

La salle consacrée à leur cérémonie tournante, qu'ils appellent *tarika* (manière ou système), affecte une forme particulière : elle est couverte d'un dôme très-élevé que supportent des pilastres. Sur l'un des côtés règne une tribune grillée, dans laquelle se tiennent les femmes; vis-à-vis s'élève l'estrade destinée aux musiciens, joueurs de flûte et de tambours de basque.

On y voit encore une chaire, une niche (*mehrab*) destinée à ceux qui prient, et un trône enveloppé d'un énorme chapelet de mille et un grains.

Le carré du milieu est fermé par une balustrade et couvert d'un plancher en bois de noyer simple, mais proprement joint et lustré.

A droite du mehrab, on lit cette inscription : *Ja haderat chems,* etc. « *O majesté soleil, présence splendide du reflet de l'Etre suprême, Allah!* »

Les dervichs assistants se tiennent dans la tribune des musiciens, et les simples spectateurs se placent autour de la balustrade.

La cérémonie commence à midi précis. Le dadah

---

[1] Le mot cheikh est synonyme de chef, supérieur, directeur, maître.

se présente suivi d'un maître de cérémonie, franchit gravement la barrière du sanctuaire, avance vers le trône, croise les bras, courbe la tête sans se pencher, et se met à genoux. Viennent ensuite sept dervichs en habits mystérieux, mais couverts de leurs manteaux ordinaires. Ils sont précédés du grand lévite et de l'ancien de l'ordre. Le plus âgé des officiants se présente le premier, incline humblement la tête, et, ayant les bras croisés, se met à genoux. Les six autres en font autant. Le nombre des officiants est censé répondre à celui des planètes.

Le rôle du doyen est d'entonner le *fatha* (premier chapitre du Koran).

Aussitôt cette prière terminée, les dervichs, qui sont nu-pieds, se prosternent silencieusement, baisent la terre et frappent à la fois le parquet de leurs deux mains.

C'est le moment où la musique commence sa partie en accompagnant les cantiques chantés ou récités par les dervichs. Voici un des morceaux que j'ai entendus :

« Tout commence et finit dans l'univers! le Très-
» Haut seul est éternel ; il n'a ni commencement ni
» fin. Heureux celui qui connaît le principe de son
» être pour pouvoir apprécier sa fin. Tout est en
» mouvement dans la nature; mais c'est le souffle de
» Dieu qui lui a donné son premier élan ; c'est lui
» qui la soutient... Un jour il s'arrêtera ; ce sera
» pour lui en imprimer un autre, etc. »

Le dadah étant debout, l'ancien de l'ordre vient le saluer, en s'inclinant devant le trône. Il lui présente la main droite, et le chef en fait autant. Les dervichs s'approchent à tour de rôle, relèvent leurs mains jointes, se présentent la droite et se la baisent mutuellement ; après quoi, un officiant fait un demi-tour à droite, recule de sept pas et quitte son manteau en répétant le salut. Les autres répètent en tout point ce qu'a fait le premier. Alors, le dadah s'avance de trois pas vers le bord du grand cercle décrit par les dervichs, et, saisissant son bonnet, exécute très-gracieusement trois tours (pirouettes) pour donner l'exemple et le premier élan. Puis il se met à genoux, et aussitôt les sept dervichs commencent à tourner au son de la musique, les bras tour à tour ouverts ou croisés sur la poitrine, pirouettant sur le pied gauche, le droit leur servant à entretenir l'élan et à garder l'équilibre.

Quoiqu'ils aient les yeux fermés, ils n'en conservent pas moins l'espace qui s'est établi entre eux au premier tour, et qui est nécessaire à l'excessive ampleur que le mouvement fait prendre à leur jupe.

Trois ou quatre petites poses interrompent seulement cette danse, à quelques minutes d'intervalle : le dadah, qui est retiré sur son siége, en profite pour continuer ses prières accoutumées. Mais avant la fin de la cérémonie, il entre, à son tour, dans l'enceinte pour prendre part au mouvement général et réciter les dernières oraisons, ainsi que le chant final du *fatha* qui commence et termine toutes les solennités mahométanes.

Je n'ai pu obtenir qu'une partie de la prière appelée *mentale*, la voici :

« Divinité immuable et éternelle! c'est ainsi
» que ton système universel tourne constamment.
» Il a commencé avec nous, lors de la création, et
» il finira pour ta gloire. Nous avons débuté par le
» mouvement, nous terminerons de même. Dai-
» gne recevoir nos hommages silencieux; la parole,
» l'éloquence même la plus sublime, n'est pas suf-
» fisante pour te louer, pour t'adorer, pour t'offrir
» nos pensées et nos œuvres. Il faut une pureté de
» cœur que l'homme ne saurait avoir sans ta grâce,
» sans ta miséricorde; il faut, en tournant aussi
» rapidement que l'éclair, s'enivrer de ton amour !
» Soyons muets et humiliés devant ta majesté
» divine! tournons en habit sans tache devant ton
» trône, ô majesté sublime! Imitons ces corps lu-
» mineux et invariables! tournons sans cesse, nuit
» et jour, au pied de ton trône céleste! Imitons aussi
» tes mouvements réglés par notre persévérance à
» te servir, à t'adorer, à t'aimer ! tournons comme
» le soleil et la lune! tournons comme les planètes!
» tournons comme les étoiles du firmament! tour-
» nons comme les vagues de la mer qui se replient
» sans cesse! tournons comme tous les êtres vivants,
» qui naissent et qui passent ainsi que l'herbe! tour-
» nons comme le cercle qui n'a ni commencement

» ni fin! ouvrons enfin les bras pour te témoigner
» l'ardent désir que nous avons de retourner à toi,
» et croisons-les pour reconnaître notre éternel
» esclavage ! »

A un signal donné, la musique cesse, et une salutation générale des officiants termine la cérémonie.

J'ai remarqué qu'au plus fort de la danse, les tourneurs s'arrêtent tout court et ne remuent pas plus que s'ils avaient toujours été sans mouvement.

Après que chaque dervich, la tête inclinée et les bras croisés, s'est placé en ligne sur la droite, comme la première fois, le dadah adresse des actions de grâces à Dieu, ainsi que des prières pour le Prophète, sa famille, ses lieutenants, le fondateur de l'ordre, le sultan, les dervichs membres actuels de la congrégation, et pour tous ceux qui lui ont appartenu. Il termine en remerciant tous les assistants. Les dervichs répondent alors par un *hou!* (lui) général, et chacun, faisant le tour de la salle, prend la gauche, se met à genoux pendant que le doyen les couvre de leurs larges manteaux, comme pour les ensevelir dans la grâce de Dieu.

Cette cérémonie mystérieuse représente, dit-on, la création du monde, son commencement, sa durée et sa fin.

Voici maintenant quelle était la croyance du fondateur des dervichs *Mullah khoukiat* de la ville de *Konieh*.

Le Verbe est seul Dieu. L'âme est immortelle. L'esprit de Dieu remplit l'étendue de l'univers. Toute chose visible et invisible est une partie de lui-même. Il n'a pas eu de commencement, il n'aura point de fin. Tout mouvement émane de lui.

La pensée, le désir, la vie présente, la vie future, les actions de l'homme, tout lui appartient.

Tout cela, joint à sa volonté, compose son être.

Le vide, qui ne l'est qu'à l'égard de nos sens, ne l'est pas pour lui.

Dieu remplit complétement l'espace qui est sans bornes.

Tout objet matériel change de forme ou se détruit par la seule volonté divine.

Des hommes de notre espèce ont déjà existé ; d'autres, après nous, nous remplaceront; il en a été, il en sera de même des animaux et des plantes : tel est le bon plaisir de l'Eternel.

Il suffit d'aimer Dieu, et l'on peut l'adorer de toutes les manières.

Il aime toutes les religions, puisqu'elles n'auraient pas existé sans sa permission.

Il affectionne aussi toutes choses comme étant une partie de lui-même.

Nul ne doit travailler dans la vue d'une récompense, ni craindre, non plus, d'éternels châtiments.

Il ne faut jamais chercher à pénétrer les desseins de Dieu, ni lui en demander le motif.

On doit jouir paisiblement et sans appréhension, de ses faveurs, respecter son ouvrage et tout espérer de sa miséricorde.

Il me semble que ces préceptes sont aussi purs que les prières que j'ai rapportées ; je les trouve parfaitement convenables, et empreints d'un esprit que la saine raison ne saurait désapprouver; mais je ne pense pas de même *de certains nombres* et *de certaines règles,* car je ne puis m'empêcher de croire que le fondateur ne les ait empruntés à des sectes païennes, soit par faiblesse d'esprit, soit par corruption de cœur, à la faveur d'un levain d'infidélité.

C'est ce qui explique le peu de solidité que les dogmes de l'islamisme ont acquis dans le monde, surtout chez les personnes instruites qui n'ont pas su lui appartenir entièrement.

Aux pratiques obligatoires auxquelles ils s'astreignent en commun, les plus zélés dervichs en ajoutent d'autres qu'ils remplissent dans leurs chambres, soit en passant des journées et même des nuits entières à réciter certaines prières, ou à prononcer les mots *Allah* et *Kou,* soit en se tenant dans des positions incommodes, à l'exemple des Indous, ne s'aidant que d'une courroie qui, du cou, enlace leurs genoux pour les avoir continuellement à la hauteur du menton, quand ils sont assis sur leur *siége.* D'autres font descendre une corde du plafond et y lient leurs cheveux afin de s'y tenir, en quelque sorte, suspendus.

Il en est enfin qui vivent dans la retraite la plus absolue, ne se nourrissant que de pain et d'eau, et, comme ils honorent particulièrement les imans de la lignée d'Ali, ils font consister, à leur exemple, l'austérité de leur jeûne à lui donner une période de douze jours.

Les *tekkiés* sont richement dotés, et, d'après ce qu'on m'a assuré, les biens-fonds que possèdent les dervichs d'Alep suffiraient pour en entretenir un grand nombre, si l'ordre et l'économie, qui sont si peu pratiqués en Orient, pouvaient régler leur administration.

Il n'est que certains ordres de dervichs, tels que les bektachis et les karendelis, qui puissent mendier. Leur costume est des plus originaux, et leur armure les ferait prendre pour des pourfendeurs de géants.

Quoique les dervichs puissent renoncer à leurs vœux et rentrer librement dans leurs familles, il est rare qu'ils usent de cette faculté, tous tenant à mourir dans l'ordre auquel ils se sont affiliés. Ils y sont portés par leur esprit d'humilité, par leur confiance en Dieu, par leur déférence pour leur chef, par ce profond sentiment d'abnégation, enfin, et par cette douce mansuétude qui président à toutes leurs actions, soit dans leurs tekkiés, ou maisons, soit au dehors parmi les hommes et dans la société.

Leur maintien est des plus modestes ; ils ne lèvent leur regard sur personne en marchant, tiennent constamment leur tête penchée, et ne répondent à ceux qui leur adressent une parole, ou un salut, que par ces mots : *Ja-ou* (ô lui!), ou *Ja-Allah* (ô Dieu!), qui sont habituellement sur leurs lèvres.

Lorsqu'ils s'entretiennent entre eux, ce n'est jamais que pour se raconter tout ce qu'ils ont vu, éprouvé ou appris en fait de visions, de songes, de rêveries d'esprits ou d'autres choses surnaturelles. Ces conversations qui servent d'aliment à leur enthousiasme, les maintiennent dans un état d'exaltation religieuse qu'à bon droit on qualifie, même en Syrie, de parfaitement inutile à l'humanité, et que le musulman judicieux déplore comme une aberration d'esprit, si ce n'est comme une folie.

Cette qualification serait plus méritée par d'autres ordres que je n'ai point connus, mais dont j'ai ouï parler, à cause des cérémonies vraiment extraordinaires auxquelles ils se livrent, et qui dégénèrent en véritables frénésies.

Ce qui suit n'en est qu'un léger échantillon.

Certains dervichs se tiennent par la main en formant un cercle, et le mouvement qu'ils font alors en jetant leur pied droit en avant, et le faisant suivre du pied gauche, s'accélère insensiblement sans cesser d'être circulaire, au point qu'il finit par devenir extrêmement vif et par fatiguer excessivement ceux qui s'y livrent. Nul, cependant, n'a le courage de quitter le cercle, à cause de l'espèce de honte qui s'attache à la cessation d'une pratique qu'ils considèrent comme sainte, et pendant laquelle on peut, à les en croire, recevoir la grâce céleste, ou tel autre don que le Très-Haut se plaît à répartir en ces sortes d'occasions.

Les réponses, *Ja-ou, Ja-Allah*, que les dervichs dansants sont obligés de faire au chant languissant des hymnes religieuses qui leur imprime le mouvement, se convertissent bientôt en un affreux hurlement, qui est le signal d'une suspension que le cheikh s'empresse de leur ordonner.

On conçoit toutefois que l'instant de repos que prennent les dervichs ne suffit pas pour les remettre assez et leur permettre de supporter la fatigue des trois autres parties de la cérémonie, comme ils ont supporté la première ; aussi profitent-ils des suspensions suivantes pour se débarrasser de leurs turbans, ou bonnets, et de leurs vêtements superflus, et malgré ce soin, la prostration, l'anéantissement même de leurs forces deviennent tels, qu'ils finissent presque toujours par tomber sur le sol. Quelques-uns passent à une espèce d'extase, et alors les assistants disent que leur esprit jouit d'un ineffable ravissement.

Au plus fort du mouvement, lorsque le cheikh s'aperçoit, par les cris redoublés des danseurs, qu'ils sont prêts à céder à la lassitude, il passe au centre de la ronde pour les ranimer, en faisant des mouvements encore plus violents qu'eux ; mais il peut se faire remplacer par ses assistants.

Les plus robustes font ordinairement un second

cercle en dedans de celui que décrivent les corps des dervichs terrifiés, et ils poussent leurs exercices jusqu'au dernier terme de l'exaltation ou du ravissement.

C'est aussi dans des moments de sainte ivresse et en vue d'être agréables à la Divinité que les dervichs se percent le corps avec des couteaux ou des sabres, se brûlent avec des fers chauds qu'ils finissent par lécher et serrer entre les dents, ou se fustigent avec des instruments de discipline. C'est le suprême instant de félicité de ces fanatiques, mais leur allégresse est muette, soit qu'ils souffrent soit qu'ils éprouvent des sensations contraires.

J'oubliais de dire que ces vrais instruments de torture sont préparés vers la fin du quatrième acte par d'anciens dervichs, qui se tiennent en dehors du cercle dansant, et qu'ils ne les présentent à leurs confrères qu'après que le cheikh les a bénits par des prières, des insufflations, et en les portant à sa bouche.

Le cheikh a un dernier devoir à rendre à ces victimes du plus étonnant fanatisme : il doit les visiter, panser leurs blessures en soufflant dessus et les imbibant de sa salive, le tout accompagné de prières et de la promesse d'une parfaite guérison qui, au dire de ces pauvres gens, ne se fait jamais attendre.

Je ne vous parlerai pas des vertus de certains dervichs des ordres errants, car je suppose que leurs pouvoirs sont de la nature de ceux de nos marabouts qui commandent aux serpents, aux scorpions, et se chargent de conjurer les esprits. On comprend l'empire que ces sortes de dévots doivent exercer dans des pays où l'ignorance est aussi profondément enracinée, et où nul ne se charge d'éclairer le peuple sur d'aussi effrayants abus, qui ne tendent à rien moins qu'à détruire les plus saines croyances par le crédit que prennent dans leur esprit les préjugés et ces sentiments d'un zèle exagéré.

Ici, comme en Afrique, les guérisons s'opèrent au moyen de petits papiers sur lesquels sont écrits des passages du Koran, contenant au moins *un mot* ayant trait à l'objet, ou des paroles cabalistiques, lorsque le livre sacré n'a offert aucun texte pouvant faire allusion au sujet en question.

Mais je m'aperçois que je m'étends trop, après avoir annoncé que j'éviterai tout développement ; je tourne et retourne trop aussi sur moi-même à l'exemple de ces dervichs, et à la honte, en même temps, de nos santons que je veux, au moins, excuser, si je ne puis les approuver, pas plus que les autres excentricités de l'islamisme.

Il est cependant une circonstance atténuante en faveur de mes compatriotes, que je serais coupable d'omettre ici. Parmi les dervichs appelés karendelis, qui voyagent sans cesse, il y en a de vicieux qui se livrent à l'ivrognerie, tandis que je ne sache pas que jamais un de nos marabouts ait transgressé le précepte jusqu'à se montrer en public dans un état d'infraction à la loi, ici complétement d'accord avec les principes d'une rigoureuse décence.

Ces dervichs errants ont, au reste, de petits talents qui servent à les faire admettre dans les cafés des villes qu'ils fréquentent, et leur procurent les moyens de vivre aussi bien que les aumônes des personnes pieuses. Le nombre de celles-ci devenant tous les jours plus rare, ils ont dû penser aux tours d'adresse et aux expériences de physique amusante afin de pourvoir à leurs besoins.

XX

Cheikh el-Keiyal.

Tout ce que j'ai pu raconter jusqu'ici n'a rien d'étonnant, si on le compare à ce que je vais rapporter des excentricités d'un individu qui passe dans ce pays pour un saint. La folie est à Alep, comme en Algérie, la voie qui mène à la béatitude, et, pour le prouver, on a coutume de dire que *si Dieu a retiré à certains hommes ce qu'il leur avait donné de plus précieux, la raison, c'est qu'il les affectionne particulièrement et veut en faire ses élus.*

Sans m'arrêter à un pareil raisonnement, qui ne saurait plus convenir à mes nouvelles idées, je ne veux considérer le cheikh, dont j'ai à parler et qu'on nomme *el-Keiyal*, que sous le rapport de sa vie publique qui est connue de tout le monde, et lui attire autant les bénédictions de certains musulmans que les railleries des étrangers qui ne suivent pas les lois de Mahomet.

Parler comme je vais le faire est une résolution que mes co-religionnaires trouveront hardie et peu respectueuse pour leur croyance. Aussi suis-je bien embarrassé dès mon début : il me semble que j'entreprends quelque chose au-dessus de mes forces; je dois néanmoins et je désire faire connaître la vérité telle que maintenant elle m'apparaît : je vais donc dire sans balancer ce que j'ai appris sur le compte du cheikh el-Keiyal.

Ce cheikh est toujours en mouvement. On le voit en tous lieux. Il est assez grand et assez gros. Sa physionomie est expressive. Il a un air inspiré. Sa tenue est plus que négligée. Dans ses courses vagabondes, il est constamment accompagné de deux ou trois disciples, sorte de domestiques, qui suivent tous ses mouvements et obéissent promptement à ses ordres.

Ce santon (c'est le nom que l'on donne à ces fous) va, vient, marche, s'arrête, s'asseoit, se couche dans tel endroit qu'il lui plaît, entre dans les boutiques et les maisons qu'il trouve ouvertes, ou bien frappe à celles qui sont fermées et qu'il désire visiter. Partout on se fait non-seulement un devoir, mais une fête de le recevoir, et, chose étrange dans un pays où les hommes n'entrent jamais là où se trouvent des femmes, même voilées, notre cheikh pénètre partout, absolument comme s'il était chez lui, et il peut agir avec toutes les personnes du lieu comme il le ferait avec les siens.

On doit bien penser que j'aurais fort à dire si je voulais rapporter toutes les anecdotes relatives à ce santon, dont les visites sont considérées comme une des plus grandes faveurs qu'on puisse recevoir de la Providence. Mais contentez-vous, cher lecteur, d'exercer votre imagination sur cette nouvelle aberration de l'esprit humain en pays musulman, et pour donner plus ample matière à vos méditations, sachez que souvent un maître de maison a dû s'éloigner en se voyant remplacé, de peur que sa présence ne gênât celui qu'il tremblerait de contrarier en quoi que ce fût.

Les bains même, où le beau sexe se rassemble en commun, sont accessibles à cet homme privilégié, et les dames qu'il y trouve ne lui refusent rien, trop heureuses de devenir l'objet de sa préférence.

Lors de l'une de ces visites au bain, la femme d'un consul, effrayée de l'apparition du cheikh, se mit à fuir en poussant le cri d'alarme, mais elle fut retenue par une servante musulmane de l'établissement qui lui dit : « Comment, vous avez peur du » cheikh el-Keiyal ! mais c'est un saint, et je serais » au comble du bonheur s'il voulait bien jeter les » yeux sur moi. » La dame, néanmoins, justement scandalisée, parvint à s'échapper avec sa suite, et le santon, qui est, du reste, parfaitement inoffensif, ne se préoccupa pas le moins du monde de l'agitation que sa présence avait produite cette fois.

Pour être juste, il faut dire que cet homme agit plutôt par instinct que par mauvaise intention, et que c'est à ce penchant inconsidéré qu'il obéit dans tous ses actes.

Voici ce que l'on sait de plus remarquable sur ses courses vagabondes.

D'abord il consomme chaque jour de cent à cent cinquante noix de pipe qu'on lui fournit pour son usage et qu'il casse dans ses excursions. Les disciples qui l'accompagnent portent avec eux tout ce qui doit servir à satisfaire les caprices du cheikh : tabac pour garnir sa pipe, feu pour l'allumer, divers ragoûts pour ses repas, puisqu'il les demande là où l'envie lui en prend. Il a, au surplus, l'habitude de mêler les divers mets qu'on lui présente, et une fois que le mélange est fait, il commence à manger, n'employant que la main pour le porter à sa bouche. Il faut, du reste, chaque fois lui fournir de nouveaux plats.

Sa grande consommation de pipes vient de ce qu'il casse toutes celles qu'on lui présente remplies et allumées, après en avoir seulement retiré deux ou trois gorgées de fumée.

En hiver, s'il demande du feu, on lui apporte un brasier, mais, comme il trouve constamment que le charbon n'est pas bien allumé, il le fait jeter dans un bassin, et, s'impatientant de ce qu'on ne le satisfait pas assez vite, il quitte la maison pour courir la ville. Il faut alors que ceux qui le suivent se pourvoient encore une fois de tout ce qu'ils prévoient qu'il pourra demander dans ses courses diurnes ou nocturnes.

Il a une aversion marquée pour les meubles, et sitôt qu'il en aperçoit quelqu'un, il le jette au feu : sa maison est, en conséquence, dénuée de tout ornement. Il prétend qu'un cheikh ne doit point connaître le luxe.

Une femme d'Idlip qui ne faisait point d'enfants vint un jour le prier de lui imposer les mains. Il pria sur elle, écrivit sur une écuelle, y versa ensuite de l'eau qu'il lui fit boire et lui remit un talisman, après lui avoir fait promettre que, si elle avait une fille, elle la lui donnerait.

Cette femme ayant eu, en effet, une fille, l'éleva jusqu'à l'âge de treize ans, et, au bout de ce temps, l'amena à Alep, annonçant au cheikh qu'elle venait accomplir sa promesse. Le mariage se fit ; mais cette jeune épouse n'eut pas la consolation de devenir mère : elle mourut en couches. La dame retourna alors dans la maison de son mari, où le cheikh la voyait de temps à autre. Un jour, l'ayant trouvé seule, il prit un chandelier et lui en asséna tant de coups sur la tête qu'elle en perdit connaissance. Au bout de quelque temps, il retourna chez elle, et, lui frappant amicalement sur l'épaule, il lui dit : « Vous n'êtes pas en colère » contre moi, n'est-ce pas ? » La femme avait été trop heureuse des coups qu'elle avait reçus pour se plaindre : elle était persuadée que, *par ce moyen, elle avait été affranchie de ses péchés.*

Chaque cheikh a sa vertu : l'un prédit les grossesses, l'autre guérit certaines maladies, ou devine l'avenir des gens en tirant leur horoscope. Un jour, le cheikh el-Keiyal se trouvant dans la maison d'un personnage, s'aperçut qu'un de ses salons avait été remis à neuf, et aussitôt il se mit à casser les vitres des nombreuses fenêtres qui l'entouraient. Après cet exploit, il se retira en laissant les maîtres du logis dans une terrible appréhension des malheurs qui les menaçaient... Un ou deux mois après, un petit-fils de ce personnage mourut : le présage s'était accompli.

Ce cheikh extravagant est tellement vénéré et recherché, que partout on désire sa présence, et le pacha, aussi bien que les grands, sollicite ses visites; mais il ne se rend à l'invitation de personne. S'il lui arrive de se présenter chez quelqu'un, aussitôt les travaux cessent, et tout le monde se lève. Le pacha lui-même n'ose pas s'asseoir tant que ce santon est présent. Celui-ci se repose fort rarement. D'ordinaire, il fait un tour dans les maisons, et se retire sans proférer un mot, quoiqu'on lui adresse la parole et qu'on le prie de répondre. Si on lui sert du café, il le verse par terre, fume un instant dans la pipe qu'on lui a offerte, et en casse la noix, comme il en use avec les siennes.

Lorsqu'il se montre dans une rue, tout le monde se range pour le laisser passer. Heureux celui qui obtient un sourire! c'est un jour de bonheur pour lui.

Dans ses prétendues *distractions*, il prend souvent les maisons des autres pour la sienne. Un jour, il entra chez une dame franque, se dirigea vers une chambre où se trouvait un lit, et s'y coucha. La dame ayant poussé des cris d'effroi à sa vue, il s'en vengea en la quittant brusquement.

Elle se plaignit à quelques voisins de ce que le cheikh s'était permis chez elle, mais eux la blâmèrent en lui disant que son sort était digne d'envie, puisque le saint homme lui avait donné cette préférence. Ils offrirent de lui prendre les draps de lit dont il s'était servi et de lui en rendre de tout neufs, leur intention étant d'en faire des reliques.

On est persuadé qu'il peut entrer dans *les endroits les mieux fermés*, les portes cédant à la seule imposition de ses mains.

Le cheikh el-Keiyal jouit d'immenses revenus, sa famille ayant depuis longtemps le privilége de cette espèce de prêtrise. Elle passe de père en fils par droit de progéniture, ce qui porte justement à penser que, si le premier de ces cheikhs fut, par la simplicité de son esprit et la bonhomie de son caractère, à l'abri de toute accusation d'hypocrisie, il est impossible que ses successeurs en soient également exempts.

Quand il meurt quelqu'un de cette famille, on dit qu'on a bien de la peine à le retenir en le portant en terre, parce qu'il cherche à sortir de la bière pour s'envoler.

Un autre cheikh — car l'heureuse ville d'Alep en possède un grand nombre — passait pour un idiot aux yeux des Francs. Un jour, cependant, il fit une réponse qui prouve qu'il ne manquait pas quelquefois de bon sens : un ingénieur européen étant occupé à essayer une charrette, qu'il venait d'achever, le cheikh, venant à passer, voulut savoir à quoi on la destinait. Le Franc lui ayant répondu, en plaisantant, que c'était pour gravir le château, malgré son large fossé et ses hautes murailles, le santon lui tourna le dos en lui disant : « Vous me prenez donc pour un imbécille ? »

Un des cheikhs les plus populaires, appelé *Ali Batta,* ne se montre jamais dans les rues d'Alep qu'en costume de femme. Un autre est doué d'une des plus belles voix de la contrée. Il chante avec un accent tellement vif, tellement passionné, qu'il n'est pas douteux que sa vocation pour la sainteté ne soit l'œuvre de l'amour. Tous les cœurs sensibles, tous les êtres enclins à la mélancolie accourent ou s'arrêtent, dès qu'il se fait entendre dans les bazars ou les khans, et l'on dirait, à juger de la physionomie des *dilettanti* qui entourent le chanteur langoureux, qu'ils lisent dans son âme et qu'ils en partagent les émotions.

XXI

Nations franques du Levant : consuls, négociants, industriels. — Européens d'Alep, anciens et nouveaux. — Moines ou religieux francs.

On m'a assuré que le Levant est un des refuges de prédilection de ce que l'Europe rejette de son sein, et que c'est là qu'affluent ses criminels, ses mauvaises têtes politiques, ses mécontents, tous ceux enfin auxquels une imagination trop ardente, ou trop complaisante, y promet une position dont ils ne seraient peut-être pas dignes, ni capables chez eux.

L'insuffisance de la police locale, neutralisée d'ailleurs par la prétention qu'ont les consuls de veiller eux-mêmes sur leurs nationaux, encourage ces hommes par une déplorable impunité.

Alep doit à sa position dans les terres la faveur d'être rarement visitée par ces sortes de gens, qui s'arrêtent d'ordinaire dans les ports. Si parfois l'on m'a montré des individus sur lesquels plane quelque charge, ce n'a été que pour me faire remarquer qu'ils ne sont point exclus, pour ce motif, de la société européenne. J'en ai conclu qu'on ne verrait pas une pareille chose dans nos pays appelés barbares, ni même dans cet Orient qu'on se représente encore enveloppé des langes de l'ignorance, parce que si l'on a quelque reproche à y adresser aux tribunaux, ce n'est pas celui de pécher par trop d'indulgence, en ce qui concerne la punition des délits.

Le Levant est, pour nos compatriotes, un vrai pays de liberté, je dirai même d'égalité, puisque tous y concourent aux mêmes emplois, les quartiers de noblesse n'étant pas plus exigés pour les places de consul que le certificat de bonnes mœurs pour la profession de négociant. De là, aussi, le singulier mélange qu'on y remarque au grand scandale des Européens honnêtes et à leur plus grande mortification. L'homme, en effet, qui exerce loyalement son industrie, et chez lequel la probité est une vertu héréditaire, se voit désagréablement accolé dans une assemblée de consuls ou de négociants avec des gens d'une réputation mauvaise, ou équivoque, et il ne peut qu'en rougir.

D'après tout ce que j'ai entendu raconter de la toute-puissance que s'adjugent ces fonctionnaires, je puis dire que l'épithète de despotes convient moins aux Turcs qu'à ces Francs, qui se tirent de tous leurs mauvais pas et échappent à toutes les conséquences de leurs abus de pouvoir par les actes mêmes que leur mauvaise foi et leur jactance leur ont fait commettre. Une chose digne de remarque, c'est que ce sont précisément les agents et sujets des plus petites nations qui se montrent le plus enclins à ces défauts, sans doute pour confirmer ce proverbe : que le bruit qui résulte du bouillonnement d'un vase dans lequel la viande cuit sur le feu, provient toujours de la partie la moins utile, c'est-à-dire des os.

C'est surtout la soif de l'or, le plus puissant attrait qui, jusqu'à présent, ait agi sur l'esprit humain, qui a fait affluer les Européens dans ces contrées, où un commerce lucratif les dédommage toujours avec usure de l'éloignement de la patrie, de la privation du foyer domestique et de mille distractions que l'Orient ne leur offre pas ; car il faut convenir que l'extrême diversité de mœurs des deux pays établit entre eux une différence si grande dans la manière de vivre, que la transition est toujours fort pénible pour les nouveaux venus.

Ce désagrément s'est accru, sans doute, de beaucoup encore depuis que l'état de sécurité de ces régions y a attiré un nombre plus considérable de concurrents et réduit d'autant l'importance des bénéfices.

L'abolition des règlements qui concernent les navires et les négociants européens dans le Levant[1] n'a pas peu contribué non plus à ce nouvel état de choses, en même temps que les mesures libérales de la Porte sont venus rendre aux sujets ottomans le droit, dont ils étaient injustement privés, de faire le commerce de leur pro-

---

[1] Il est question de l'ordonnance sur les cautionnements qui étaient exigés des négociants, et d'autres mesures ayant trait au commerce et à la navigation des divers peuples dans les pays turcs. H. Guys.

pre pays avec autant d'avantage que les Francs [1].

Mon intention n'étant pas de me lancer ici dans une longue dissertation sur les diverses phases du commerce à Alep, qui, comme je l'ai déjà dit, avait autrefois élevé cette ville au rang des plus importantes du monde, je ne parlerai de sa déchéance que parce que j'y ai cru trouver la cause : 1° de la corruption des mœurs; 2° de l'esprit d'intrigue; 3° de la parcimonie qui caractérise ses habitants en général.

Les chrétiens sont de plus travaillés de la fureur des procès, surtout en matière religieuse. Cet amour de la plaidoirie les rend malheureux et perpétue dans leur âme une haine implacable, qui se réveille et s'envenime à la moindre circonstance, alors même que le temps semble l'avoir profondément assoupie.

La réduction des fortunes, conséquence de la ruine du commerce et de l'industrie à Alep, y a produit cette oisiveté que remarque le voyageur et qui enfante un penchant presque universel à la malveillance.

C'est en observant cette propension au mal que j'ai conçu l'idée d'écrire ce livre : et comment, si je n'en avais eu l'affligeant tableau sous les

[1] Un fait qui étonnera sans doute, parce qu'il est unique dans l'histoire des nations, c'est que les Européens étaient avantagés de 2 p. °/₀ sur les indigènes, qui acquittaient leurs droits de douane sur le pied de 5 p. °/₀, tandis qu'ils n'étaient que de 3 p. °/₀ pour les étrangers.

yeux, serais-je parvenu à connaître les particularités que je rapporte? Que le lecteur soit bien persuadé pourtant que mon livre ne contient pas le quart des révélations qui m'ont été faites. Il en est malheureusement un très-grand nombre, et des plus scandaleuses, que j'ai dû condamner au plus profond oubli par respect pour le public.

Les Européens qui habitent la Syrie peuvent se diviser en anciens et en nouveaux. Les premiers sont les descendants des négociants et artisans que les malheurs du temps ont ruinés et qui, se trouvant enchaînés, par leur peu de fortune, dans ce pays, y vivent moitié d'un mince revenu, moitié d'une industrie éventuelle. Le sentiment qui les unit à la mère-patrie, ce sentiment qui a tant d'empire sur les cœurs bien nés, qu'il a fait dire aux Arabes que *l'amour du pays est capable de faire affronter jusqu'au trépas,* s'affaiblit dans leur cœur à mesure que les années s'écoulent; ce n'est plus même chez quelques-uns qu'un vague souvenir sur lequel l'esprit s'arrête peut-être encore, mais auquel l'âme parfois ne participe plus.

On m'a parlé de certaines familles dont l'établissement dans ce pays remonte à près de deux cents ans, et l'on doit comprendre dès lors les ravages que l'oubli n'a pu manquer d'opérer sur des êtres qui ont dégénéré à mesure qu'ils se sont propagés sur la terre étrangère, la plupart étant d'ailleurs unis à des femmes de la contrée.

C'est au point que j'ai connu une infinité de ces

Européens dont la transformation était complète : ils avaient adopté le costume, la langue, les mœurs mêmes des indigènes ; de sorte qu'ils ne tenaient plus à la mère-patrie que par la qualité de Franc, qualité inappréciable, puisqu'elle met à l'abri des désagréments auxquels sont exposés les sujets de la Porte.

Je viens de dire que les anciens Francs s'identifiaient entièrement avec les usages arabes ; mais j'ai acquis la preuve que l'axiome : « Il n'est point » de règle sans exception, » avait aussi la sienne en ce qui les concerne ; car ils demeurent Européens par la délicatesse des sens, sans pouvoir dire toutefois quel est chez eux le plus susceptible, de l'ouïe ou de l'odorat. Le lecteur en jugera par le fait suivant.

Il n'y a pas d'indécence, ni d'irrévérence même, de la part d'un Oriental, à exhaler, par en haut, de ces vapeurs ou gaz, qui se dégagent de l'estomac, tandis que c'est le comble de l'impolitesse d'en lâcher par bas ; sur quoi ils se jugent en contradiction complète avec les Francs chez lesquels il est, disent-ils, permis de se soulager par bas, sans pécher contre la bienséance, tandis qu'on se garde bien de la moindre éructation. Aussi les décharges des batteries intestinales déplaisent-elles souverainement aux oreilles des Européens d'Alep, et il ne s'en est trouvé aucun qui ait voulu servir dans le comptoir d'un riche et gros négociant franco-juif, parce qu'il avait l'habitude *de ne pas se gêner.* Or, comme ses détonations étaient analogues au gros calibre de son individu, ses commis s'en montraient tellement effrayés ou dégoûtés, qu'ils le quittaient brusquement sans lui demander leur congé.

Les Européens nouveaux sont moins nombreux que les autres, et ils ont presque tous un état qui les fait vivre, qui les tient même dans une certaine aisance. Ce sont, en un mot, les notabilités franques, d'autant plus qu'il en est qui s'élèvent jusqu'à la dignité consulaire, ce qu'au reste on n'a pas tort de ne pas approuver toujours. On préférerait voir, en effet, certains industriels s'occuper uniquement de leur négoce, que de les trouver partageant leur vie entre le magasin et le cabinet. L'uniforme de ces magistrats consulaires a beau être brillant et orné d'énormes épaulettes (j'ai appris que chacun ne consultait à peu près que son caprice à ce sujet), il ne saurait effacer l'air traditionnel du petit bourgeois parvenu et la gaucherie du commis renforcé.

Une chose qui m'a été signalée comme une anomalie à Alep, n'a pas eu lieu de me surprendre par suite du changement survenu dans mes idées pendant mon séjour en France, pays du vrai libéralisme et de la tolérance; c'est le choix que des puissances ont fait de leurs consuls dans les rangs de la nation mosaïque. Un pareil choix m'a paru d'autant plus rationnel, qu'en général, ces israélites remplissent leur charge avec dignité, et font honneur aux gouvernements qui les emploient.

Les seuls consuls qui reçoivent des émoluments à Alep, sont ceux de France et d'Angleterre, et la position que leur métropole respective fait à chacun d'eux, le rang qu'il occupe parmi les sujets de la nation qu'il représente, donne à l'un et à l'autre un crédit que nul autre agent ne peut lui disputer.

A entendre les administrés des consuls en général, car ce que j'ai dit jusqu'ici ne s'applique pas exclusivement aux Francs d'Alep, mais à ceux de tout le Levant, il n'en est pas un seul qui soit au gré de tous, et je puis même avancer, hardiment, que sur le grand nombre de personnes consultées par moi-même ou par d'autres, dans diverses Echelles, je n'en ai pas trouvé deux dont les pensées s'accordassent sur le compte de quelques-uns de ces messieurs. Ordinairement les consuls ne plaisent pas à leurs nationaux, et si ceux-ci ont des louanges à donner (chose dont ils sont, par parenthèse, assez avares), c'est toujours aux consuls étrangers qu'ils les adressent.

Tout cela, je le comprends sans peine, car je sais qu'un homme parfait est un phénix qu'on voit surgir bien rarement; mais ce que je n'ai pu attribuer qu'à la passion, à un faux jugement, ou à une injuste prévention, c'est que le même homme soit proclamé à la fois faible et énergique, vénal et plein de loyauté, rusé et franc. J'ai conclu de cette remarque, que la divergence des opinions provient de la différence des caractères et des sentiments de ceux qui les expriment, et que, si tel est accusé de mollesse, c'est qu'il n'est pas assez énergique aux yeux de celui qui l'est trop ; que le consul intègre doit déplaire à quiconque veut pêcher en eau trouble ; que le mot *loyauté* est habituellement dans la bouche des hommes faux, et que pour quelqu'un qui se croit franc, la sincérité qui ne ressemble pas à la sienne passe pour de la duplicité.

Rien de plus curieux que les jugements hasardés de tous ces aristarques sur le compte de leurs magistrats. Ils condamnent journellement en eux ce qu'ils font eux-mêmes, ne les approuvent jamais en rien, sans doute pour ne pas perdre la déplorable habitude de dénigrer leur conduite et de les tenir, par ce moyen, en bride, comme ils disent; la fumée de la louange pouvant, à les en croire, faire oublier à ces fonctionnaires qu'ils ont des devoirs à remplir envers leurs nationaux.

Pour avoir un consul parfait, il faudrait un Protée qui changerait, à vue d'œil, de visage et de forme, selon les individus et les circonstances.

Les Européens doivent, après tout, s'accorder sur un point : leurs consuls sont on ne peut pas plus polis. Ils les saturent de pipes, de confitures, de cafés, de cérémonies obséquieuses, les accompagnant surtout, avec les plus grands égards, jusqu'au haut de l'escalier, car l'usage franco-alepin veut que le visiteur soit reconduit, par le visité, jusqu'aux dernières limites de son domicile, où il doit attendre le salut final de celui qui lui ôte son chapeau en lui faisant une profonde révérence avant de lui tourner le dos.

Ce n'est pas, au reste, sans raison que les consuls sont prévenants envers leurs admiñistrés : ils connaissent leurs prétentions, leurs susceptibilités même, et craignent leurs langues que rien ne saurait retenir.

Ces politesses devraient être cependant mieux appréciées à leur juste valeur, puisqu'elles ont lieu pour des visites intéressées, les Francs, qui n'ont rien à faire, aimant beaucoup à occuper leurs loisirs d'éternelles causeries sur les questions du jour, ou sur la chronique scandaleuse qui a tant d'attrait pour eux. L'oisiveté est également, à Alep, la cause de mille intrigues que fait naître l'échange de confidences qui s'opère dans ces entretiens oiseux. De là le désaccord qui règne entre les Européens, quoiqu'il soit voilé d'ordinaire par l'apparence de la bonne harmonie.

J'ai trouvé que les anciens Francs, leurs femmes surtout, différaient peu des Arabes sous le rapport de l'éducation, et que leur supériorité se faisait seulement remarquer dans les soins du ménage, qualité qui leur est commune avec les dames chrétiennes, qui s'entendent parfaitement, dit-on, à gouverner une maison, supériorité à laquelle ne sauraient nullement prétendre les épouses musulmanes, les femmes laborieuses étant inconnues chez eux dans les classes élevées, et très-rares dans les autres.

Du reste, les préjugés paraissent innés chez les trois nations : le goût effréné du luxe s'est emparé de toutes les femmes dans les mêmes proportions, ce qui fait que rien n'est si commun que les perles, les diamants, les bijoux, les beaux vêtements en étoffes de soie et d'or, tandis que la mise des maris offre le contraste d'une grande simplicité, quelquefois même un indice non équivoque de la gêne qui préside à leurs affaires.

L'homme est pourtant d'une indispensabilité telle dans une maison, qu'un axiome arabe donne à son mérite les proportions d'une seconde providence, ajoutant : « Lors même que ce ne serait » qu'un morceau de bois. »

Je dirai, dans un sentiment de justice, qu'on ne peut refuser aux dames européennes le goût, l'élégance et l'amabilité ; qualités qui les font toujours servir de modèles à celles du pays. Elles sont aussi généralement plus instruites, sans compter qu'il en est dont l'esprit est assez orné.

On m'a parlé d'une dame franque et française qui n'est pas d'Alep, au reste, mais dont l'extrême habileté mérite bien une mention particulière. Ses mains d'or lui ont permis d'exécuter tout ce que la fécondité de son esprit lui faisait inventer pour soutenir un ménage que d'honorables antécédents avaient toujours tenu élevé dans la considération publique. Cette dame est mariée à un Français, dont les talents divers sont aussi une rare exception à la presque nullité des autres Européens, sous le rapport des beaux-arts, au point qu'on disait que leur union n'avait pas été seulement l'œuvre de l'amour, mais celle de l'appréciation sympathique de leurs mérites réciproques. On les considère, au surplus et à bon titre, comme deux heureuses anomalies jetées au milieu du type général des habitants de ces pays, en y comprenant les Européens anciens et modernes.

Parmi les Francs, il est une classe de gens dont ma qualité de dervich musulman ferait penser que j'ai exagéré ce que j'en ai dit, et cette idée m'a retenu dans l'intention où j'étais de les comprendre dans mes observations. Je m'étendrai donc fort peu sur leur compte.

Si le négociant vient en Orient pour y placer sa marchandise et se procurer en retour les produits du pays, le missionnaire, en y débarquant, a pour but de propager ses doctrines, et quoiqu'il ne se propose d'abord que d'instruire ses coreligionnaires, ceux surtout que de déplorables erreurs ont détachés de la grande famille catholique, il n'en nourrit pas moins le désir d'arriver à convertir les nations qui, sans nier le Christ, ne sont pas chrétiennes.

On m'a dit que cette œuvre de propagande remonte à plus de deux cents ans, et que ce furent les Français qui en restèrent chargés jusqu'au temps de leur grande révolution.

L'abolition des ordres monastiques leur fit abandonner, à cette époque, les missions qu'ils avaient remplies avec beaucoup de distinction, mais ils laissèrent partout une réputation si méritée qu'elle est encore aujourd'hui le sujet des plus vifs regrets.

L'opinion générale est que les religieux qui les ont remplacés ont été loin de leur ressembler tous, sous le double rapport du savoir et de l'édification.

On se plaint, en effet, et je puis le dire, parce que je l'ai entendu répéter très-souvent, que les moines italiens, envoyés en Syrie, ne sont pas tous suffisamment instruits et qu'ils manquent aussi de ces vertus, si nécessaires à ceux qui, avant tout, doivent prêcher d'exemple pour que leurs paroles ne soient pas en désaccord avec leur conduite.

L'intérêt de la religion, aussi bien que la considération attachée au nom Franc, voudrait qu'un choix plus sévère présidât à l'envoi des religieux destinés à passer une partie de leur vie en Syrie, car on ne saurait trop déplorer, quelle que soit la doctrine qu'un homme est chargé de prêcher, que ses qualités personnelles le fassent déchoir de la haute position que lui assigne sa mission. Oui, je n'aime pas plus les défauts moraux chez le prêtre catholique ou le ministre protestant que chez le rabbin ou l'iman, et je dis, au contraire, que l'homme qui remplit un emploi essentiellement respectable, le constituant, pour ainsi dire, en exception avec le vulgaire entaché de vices, doit présenter, au moins, un caractère soutenu de régularité et de rectitude morale.

Je me hâte d'ajouter, cependant, que plusieurs Pères italiens ont laissé une réputation des plus édifiantes, et qu'on m'a nommé un supérieur de qualités si distinguées, que le souverain Pontife n'a pas cru trop faire pour lui en l'élevant, quoique jeune, à la dignité d'évêque d'Alexandrie. On se souvient encore à Alep de son esprit éclairé, de ses sentiments délicats, de son urbanité enfin, qui en faisait le plus aimable des hôtes [1].

XXII

Mœurs des chrétiens. — Fiançailles. — Mariages. — Cérémonies de la *Barbara*.

Je ne me propose pas d'entrer dans beaucoup de détails au sujets des nations chrétiennes qui habitent Alep, et ma retenue sera suffisamment appréciée de vous, judicieux lecteurs, ma qualité de croyant me rendant doublement suspect, par rapport à mes connaissances sur la matière, d'une part, et quant à mes opinions religieuses, de l'autre.

Je préfère me borner à quelques réflexions rapides sur le compte des chrétiens, et vous raconter certaines scènes dont j'ai été témoin. Je les dois

---

[1] Le religieux dont il est question se nomme Mgr Perpetuo di Solero, et j'ajouterai que le dervich n'a fait qu'effleurer les éloges que ce prélat mérite à plus d'un titre.   H. Guys.

à l'obligeance des amis que j'ai eu l'avantage de me faire parmi les personnes de cette religion, et je serais coupable d'en profiter pour déverser sur eux la sévérité de la critique.

Les mœurs des chrétiens ont généralement de l'attrait, et je dois dire que j'ai trouvé dans leur commerce des qualités qui font souvent défaut à nos musulmans, habituellement guindés, et jamais aussi francs qu'eux.

J'ai remarqué, toutefois, que leurs mœurs s'étaient aussi relâchées, et j'ai pensé qu'on pouvait l'attribuer à la crainte qu'inspire en Turquie l'emploi de la sévérité, les jeunes gens, et même les filles dont la vertu est équivoque, apostasiant à la moindre rigueur qu'on leur fait éprouver, ce qui porte forcément leurs familles à une tolérance dangereuse.

Une fille qui embrasse l'islamisme trouve aussitôt un homme qui l'épouse, parce que les musulmans attachent un grand mérite à ce qu'ils considèrent comme un acte de dévouement religieux.

L'ignorance des sectateurs de Jésus est proportionnellement à peu près égale à celle des mahométans, surtout en ce qui concerne la véritable dévotion[1],

---

[1] Le dervich paraît s'être trop fié aux connaissances qu'il prétend avoir acquises sur les mœurs des chrétiens. Ceux qui remplissent leurs devoirs religieux, n'étaient, sans doute, pas du nombre de ses amis. Je pense même qu'il les a exclus de ses observations, de même qu'il en agit avec les bons musulmans, sincèrement attachés aux préceptes de leur religion.

H. Guys.

et j'ajouterai que le culte qu'ils professent pour les images de leurs saints est presque une idolatrie.

Qui ne connaît à Alep la réponse ingénue d'un fidèle à l'apostrophe d'un prédicateur faisant le panégyrique de saint Maron, le jour de sa fête?

Dans le feu de son sermon, il adressa en ces termes la parole au bienheureux, pour lui exprimer toute la sollicitude qu'il éprouvait au sujet de la place qu'il conviendrait de lui assigner dans le ciel :

« Où te mettrai-je, grand saint? lui disait-il. Avec
» les anges? Tu es plus élevé qu'eux. Avec les ar-
» changes? Ta gloire dépasse la leur. Avec les
» trônes, les dominations? Ils ne sauraient t'être
» comparés. Avec les séraphins, les chérubins?...
» Où te placerai-je donc enfin?... »

Un auditeur voulant tirer le prédicateur de l'inextricable embarras où, de bonne foi, il le croyait tombé, s'écria naïvement : « Mon père,
» puisque vous ne savez où mettre votre saint, je me
» retirerai pour lui céder ma place. »

Les prêtres du pays sont pauvres, et les évêques ne sont pas riches ; mais il existe en France une œuvre qui fournit des secours pour la propagation de la foi chrétienne, et qui ne peut manquer de faire quelque bien en Orient.

Cependant, comme tout ce que les hommes entreprennent est imparfait, la répartition des fonds a lieu d'après une règle vicieuse qui les fait mal employer, tant par rapport aux Francs, que pour les Orientaux.

Quelques religieux ont le défaut de thésauriser, et cela se comprend d'autant moins que les institutions monacales défendent de posséder la moindre pièce de monnaie ; mais, comme ils prétendent être déliés de leurs vœux pour certains cas, ils paraissent vouloir en profiter largement.

On m'a assuré que, quelqu'un ayant demandé des renseignements sur cette société à part, il lui avait été répondu : « que son système n'admettait » point d'exceptions à ses règles, et qu'elle ne pou- » vait faire aboutir ses subventions que par l'inter- » médiaire des supérieurs, les engageant toutefois » à ne les distribuer qu'avec discernement. »

Mais, si le répartiteur n'est pas susceptible d'assez de pénétration, d'assez de perspicacité, quelles voies prennent ses distributions ? Là est toute la question.

Je ne saurais pas nier que l'institution dont je parle, ne soit pas aussi remarquable par le bien qu'elle fait, qu'elle le serait par celui qu'elle pourrait faire si l'on corrigeait l'inconvénient que je signale. Pour cela, il faut que *l'application sévère du règlement donne lieu à quelques réclamations, d'où suivra pour les répartitions de l'œuvre une direction qui les empêche d'être détournées de leur véritable but.*

J'estime, pour ma part, que cette société acquiert un grand mérite toutes les fois que ses agents parviennent à arracher des hommes à l'idolâtrie, pour les amener à la croyance du Dieu unique, parce que cette foi corrige aussitôt leur sauvagerie et l'abrutissement dans lequel les retient leur culte barbare.

Ce que j'ai dit, au surplus, des religieux intéressés s'adresse uniquement à un petit nombre de prêtres italiens et indigènes qui n'ont pas la réputation de mérite et de zèle qui appartient aux Français. Je leur dois cette justice et je ne lui faillirai pas à cause de l'impartialité dont ma religion me fait un devoir.

Les prêtres français n'appartiennent pas d'ailleurs à des ordres mendiants. On m'assure même qu'ils donnent beaucoup du leur, ce qui exclurait l'idée qu'ils retiennent l'argent des autres, surtout celui qui est destiné aux indigents.

On dit les moines si intéressés que l'un d'eux, s'étant laissé choir dans une rivière, allait s'y noyer, parce qu'il refusait de tendre la main, qu'on lui *demandait*, pour l'en retirer, et qu'il ne se décida à se laisser sauver que lorsqu'on lui présenta le bras qu'il *prit* aussitôt. On ajoute qu'il agit ainsi parce que les religieux n'ont pas l'habitude de *donner*, mais bien celle de *prendre*.

Les chrétiens sont de diverses croyances dans cette ville, et c'est à tour de rôle qu'ils occupent l'attention du public par leurs querelles intestines, ce qui n'empêche pas souvent deux nations de se soulever à la fois, ce qui augmente encore le scandale.

Les réserves que je me suis imposées au commencement de cet article me défendent de m'étendre autant que je l'aurais voulu sur ce sujet ; mais, afin que le parallèle entre les chrétiens et les croyants soit complet, je dois dire qu'après avoir reconnu les bons sentiments des premiers et m'être abstenu de m'appesantir sur leurs torts, c'est un devoir pour moi d'ajouter que les musulmans sont, de leur côté, un sujet d'édification, même pour les chrétiens, parce qu'ils persévèrent avec bonne foi dans les traditions religieuses de leurs ancêtres, et que s'ils ont le défaut grave de ne pas chercher à s'instruire, et à se mieux pénétrer des devoirs qu'elles leur imposent, ils ont, au moins, le bon sens, dans leur ignorance, de ne pas se laisser dominer par l'esprit de chicane, et de ne pas vivre entre eux dans une éternelle discorde. Les musulmans sont aveuglément soumis aux décrets de la Providence, et leur résignation à la position qu'il plaît à Dieu de leur faire, est sans bornes. Leur soumission à leurs chefs est également admirable : aussi reprochent-ils aux chrétiens d'être rancuneux, querelleurs, et font-ils allusion à la couleur obscure de leurs habillements pour leur dire qu'ils ont le cœur aussi noir, tandis que celui des mahométans est de la blancheur de leurs turbans.

On raconte qu'un rabbin fort instruit, s'étant fait musulman, est parvenu à la charge de muphti, et l'on convient qu'il l'a occupée avec distinction. Mais ce n'est pas là ce que je veux expliquer, et j'ai une autre citation à vous faire.

Un vendredi, le chef de la loi ayant, au sortir de la mosquée, arrêté le concours de peuple qui le suivait, lui proposa une prière au Prophète, ainsi conçue : « Recommandons-nous par un »*feteha* à celui dont la ceinture commence à l'orient » et finit à l'occident. » Et tous de lui répondre aussitôt par un *amen*, prononcé de la manière la plus solennelle.

Le muphti qui conservait des rapports avec quelques-uns de ses anciens coreligionnaires, reçut à cette occasion la visite de certains d'entre eux restés dans son intimité, et sur une observation qu'ils lui firent au sujet de son invocation du matin, il leur répondit : « Vous voyez que j'ai affaire à un »peuple soumis, crédule et résigné, tandis que je »ne pouvais être écouté de vous, quelque mal que »je me donnasse à vous citer la sainte Bible et ses »merveilles. »

Voici maintenant un trait qui prouverait, au besoin, que les femmes chrétiennes ne manquent pas d'une certaine finesse, mais on m'a assuré qu'elles étaient loin d'avoir toutes le même esprit.

Un poëte fort laid rencontra une dame qu'il jugea être fort jolie : sa mise, du moins, était celle d'une élégante. Deux servantes la suivaient, ce qui permettait de croire qu'elle était d'une certaine condition. Le poëte, qui cherchait, à travers le voile et aux mouvements de la dame, à s'assurer de la beauté de son visage, ne fut pas peu surpris de voir que, s'étant découvert la figure, elle le regardait complaisamment, lui faisant signe avec les yeux de la suivre. Rien ne pouvait être plus heureux pour lui ; mais, quand on fut arrivé devant la boutique d'un orfèvre, la dame dit à l'industriel, en lui désignant son compagnon : « Comme celui-ci » et, s'étant retournée vers le poëte, elle le congédia en le remerciant de sa complaisance. Celui-ci ne fut pas moins surpris de cette seconde phase de sa délicieuse rencontre; la recommandation faite à l'orfèvre l'intriguait surtout beaucoup; aussi tarda-t-il le moins possible à revenir sur ses pas pour savoir de quelle sorte de commission, le concernant, la dame l'avait chargé.

L'orfèvre lui avoua que la dame n'avait eu d'autre but en l'amenant devant lui que de le faire servir de modèle à une figure du diable terrassé par saint Michel qu'elle lui avait commandé.

Lorsqu'un chrétien se décide à demander une fille en mariage, s'il ne la connaît que de réputation, ou qu'il ne l'ait qu'entrevue, il envoie des amis, reçus dans la maison de cette personne, pour bien l'observer, et, si leur rapport est de nature à le déterminer, il charge un prêtre de sa religion de sonder les parents. Ce n'est que lorsqu'il est sûr de n'être pas refusé qu'il fait la démarche définitive pour les fiançailles. Ce sont de proches parents qui reçoivent cette commission, et ils la remplissent en apportant, suivant leur nationalité, les Grecs, par exemple, un mouchoir brodé et un sequin de dix ducats de Venise, les Arméniens, un écrin contenant une bague en diamant. L'un des envoyés étant chargé de représenter le fiancé, la fiancée délègue, de son côté, un fondé de pouvoirs qui traite avec lui, de manière à concilier au mieux l'intérêt des deux parties; le tout a lieu devant un ecclésiastique qui dit solennellement un *Pater* pour bénir ce premier acte de l'union projetée.

A partir de ce jour, chaque fois que la fiancée voit ses futures belle-mère et belles-sœurs, ou autres parentes, elle est tenue de leur baiser la main.

Le fiancé doit un cadeau à sa promise pour sa fête. Il lui en doit d'autres pour celle de son père et à Pâques. Ce cadeau est proportionné à la fortune du prétendant.

Les fiançailles durent de six mois à cinq ans.

Lorsqu'on veut en arriver à la bénédiction nuptiale, on doit en prévenir deux mois d'avance les parents de la fiancée. C'est le moment de faire remettre les effets que le jeune homme destine à sa future épouse.

Sur la réponse qu'on est disposé à la cérémonie, les parents députés pour les fiançailles, ou d'autres à leur place, se rendent de nouveau chez la promise pour fixer le jour du mariage.

Il est d'usage que le futur se fasse chercher ce jour-là, et, à cet effet, il se cache dans quelque maison amie. On doit éprouver de la peine à le déterminer à rentrer chez lui; et il ne doit céder et se laisser emmener, qu'après une nouvelle résistance et seulement sur cette considération : *que le cortége est près d'y arriver.*

Vers minuit, les parents du futur, hommes et femmes, se dirigent vers la maison de la fiancée, les hommes tenant des cierges allumés, les dames précédées de falots.

A leur arrivée, celles-ci entrent dans les appartements des femmes, et les hommes dans le salon des invités, où ils sont accueillis avec les politesses d'usage, consistant en pipes, sorbets, café, musique, le tout accompagné de *zélaguits* (cris de joie des femmes) qui remplissent les intervalles silencieux et servent d'annonce aux circonstances bruyantes qui marquent l'arrivée de quelque parent ou convié de considération.

Le trousseau est enfermé dans une malle que le fondé de pouvoirs reçoit et transmet aux parents, sans que ni lui ni eux puissent en vérifier le contenu, puisqu'elle est fermée à clef. Cette remise est faite huit jours à l'avance. La note du trousseau est dans la malle.

Les chrétiens ne se constituent pas en grands frais d'ameublement : ils ne fournissent d'ordinaire qu'un miroir ; les personnes aisées y ajoutent parfois un nécessaire des Indes, mais ce n'est pas de rigueur.

La bénédiction nuptiale a lieu à l'église ou dans la maison du futur époux.

Lorsque tout est prêt pour le départ de la fiancée, les femmes l'annoncent par des cris longs et perçants. Tous les cierges s'allument de nouveau ; ils sont imprégnés de parfums qui répandent, en brûlant, les odeurs les plus suaves.

Toutes les personnes réunies font partie du cortége, à la seule exception des proches parents, dont quelques-uns seulement accompagnent l'épousée, et se retirent, aussitôt leur arrivée devant la porte de la maison du nouvel époux.

La marche du cortége est tellement lente, qu'une distance de dix minutes est parcourue tout au plus en quatre heures.

J'oubliais de dire que le départ de l'épouse est toujours précédé et accompagné d'une grande explosion de larmes qu'une sensibilité plus ou moins vraie fait répandre aux dames.

On cite, à cette occasion, une repartie qui prouverait qu'elles ne sont le plus fréquemment que de pure cérémonie : Un bon père, affecté à l'extrême des sanglots continuels de sa fille, lui dit que, si elle avait du regret de se marier, elle n'eût qu'à le déclarer, et qu'il romprait aussitôt ses fiançailles à tout prix. « Non, non, » lui répondit la fille, « je pleurerai, mais j'irai toujours. »

Lorsque le futur change de domicile, c'est-à-dire qu'il va loger chez son beau-père, ou qu'il prend une nouvelle maison, il ne parvient à se faire ouvrir qu'en se rendant le portier favorable au moyen d'une bonne étrenne.

Le cortége débouche alors avec majesté ou comme un torrent, suivant qu'il n'a pas éprouvé d'obstacle ou qu'il a eu le temps de s'agglomérer pendant le traité *d'ouverture*.

C'est le moment de jeter le voile rouge sur la tête de la mariée, et, comme il est de soie à lamettes d'or, l'éclat qu'il répand, lorsqu'on passe au soleil, éblouit les yeux des spectateurs.

On dit qu'une fois le brillant de ce voile fit prendre le vol à un coq qui était dans une cour, et qu'il vint s'abattre sur la tête de la future, ce qui remplit d'étonnement les personnes témoins du fait, et fut pour elles le présage d'un heureux avenir, toute chose extraordinaire étant, selon les esprits faibles, d'un bon ou d'un mauvais augure.

Les étrangers invités entrent avec tout le monde, et après avoir reçu l'indispensable café, précédé du morceau de confiture sèche, ils se retirent pour aller se reposer.

Les femmes conduisent l'épouse dans une pièce haute, où elles passent le reste de la nuit à causer ou à se délasser sur des divans en attendant la cérémonie qui doit avoir lieu à six heures du matin. C'est le moment où tous les conviés se réunissent de nouveau après s'être reconfortés par les heures de repos qu'il leur a été permis de prendre.

L'évêque et son clergé s'occupent des prières sacramentelles dans la pièce qui réunit les assistants. Les femmes sont toutes couvertes d'un voile.

Cette cérémonie est suivie d'un repas; il a lieu sur deux tables, destinées, l'une aux hommes, l'autre aux dames. Celles-ci ont soin de faire manger la nouvelle épouse, qui ne doit pas se servir de ses mains et fort rarement de ses yeux. C'est, du reste, avec la plus grande difficulté qu'on parvient à lui faire prendre quelque nourriture. La coutume le veut ainsi.

Le clergé se retire après le café, qui termine le repas ; il ne reste que le prêtre habitué de la maison.

La réunion passe son temps à boire, à fumer, à entendre de la musique et à causer jusqu'à trois heures. Les hommes se rendent alors avec le futur dans l'appartement où toutes les femmes sont assemblées, l'épouse étant seule couverte du voile en crêpe rouge brodé. C'est la première entrevue des époux ; et le futur enlève ce voile qui lui dérobe son épouse, aussitôt qu'il est près d'elle?

Cette cérémonie est souvent précédée d'une formalité qui dénoterait une susceptibilité méticuleuse excessive chez des gens qu'on croirait simples et sans prétention. On compte les soliveaux qui coupent le plancher de la chambre, et l'on oblige les parents de l'épouse à la conduire jusqu'à celui du milieu, pour qu'il ne soit pas dit qu'en allant l'un vers l'autre l'époux ait fait plus de chemin qu'elle.

Le prêtre assistant chante une hymne adaptée à la circonstance, pendant que tout le monde s'assied, les futurs l'un près de l'autre, et il remplit un verre de vin qu'il présente aux époux, lesquels en boivent un peu. Ce verre est ensuite apporté aux jeunes gens pour que le goût du mariage leur soit communiqué par la boisson qu'ont effleurée les lèvres des futurs conjoints.

Des confitures et sucreries sont distribuées à toute la réunion pour l'occuper.

Les hommes rentrent dans la salle où leur est servi un nouveau repas, auquel assiste l'époux. Une pareille table est dressée pour les dames.

Les conviés continuent à se servir de leurs mains pour manger les mets gras et chauds; mais, en revanche, ils emploient la fourchette pour porter à leur bouche les pastèques et les autres fruits, ce qui est le comble de l'originalité.

Une heure après le coucher du soleil, tout le monde se retire définitivement. Les dames, parentes de la nouvelle épouse, sont ramenées chez elles par des hommes chargés de les accompagner.

Les mariages chrétiens commencent tous un dimanche soir.

Le mardi suivant, les plus proches parents se réunissent de nouveau.

Tous les invités reviennent le jeudi et accompagnent le marié chez les parents de son épouse, afin de les inviter.

Les parents doivent encore une visite de rigueur le dimanche après midi. En entrant, ils ont une entrevue particulière avec l'épousée, et ayant reçu toutes les politesses usitées en pareil cas, comme dans les autres circonstances déjà rapportées, ils se retirent vers le coucher du soleil.

Le beau-fils baise la main de son beau-père.

Le lundi est le tour des femmes membres de la famille. Elles reçoivent les mêmes politesses que les hommes.

Chez les chrétiens on prélude à la fête de sainte Barbe par une cérémonie nocturne qui se pratique la veille dans des réunions de parents et d'amis.

Elle consiste à se noircir les cils avec de l'encens qu'on allume et dont on reçoit la fumée sur de petits bâtons de *bois d'olivier* que l'on promène, lorsqu'ils sont froids, entre les paupières. On mange ensuite du blé bouilli.

Mais ces deux opérations sont accompagnées de tant d'accessoires qu'elles occupent délicieusement ces assemblées des heures entières.

Dans le salon qui renferme la société, une table est dressée, et on la couvre de gâteaux, de fruits frais et secs qu'éclairent de nombreuses bougies. On n'y conserve que la place du plateau contenant le blé bouilli dans lequel sont implantés une infinité de petits cierges allumés.

C'est en chantant des cantiques qu'une députation entre dans le salon portant ce plateau en triomphe.

Le blé qui fait la base de ce régal traditionnel est mêlé à des grains de grenade, à des amandes, à des noix, à des pistaches, à des sucreries.

Aussitôt que le plateau est placé sur la table, ce qui n'a lieu qu'après lui avoir fait subir une procession à laquelle tous les assistants doivent se joindre, on allume des morceaux d'encens pour produire la fumée qui doit noircir les paupières des dames. Ce sont les cavaliers qui se chargent du premier de ces soins.

Lorsque cette opération est terminée, les hommes se servent de baguettes pour se faire des croix sur le front, et tout cela au milieu des chants et des propos joyeux.

Les dames s'adressent des compliments sur le parti qu'elles ont tiré du bâtonnet noir, ou bien elles se reprochent de n'en avoir pas fait un assez bon emploi, et, s'il s'élève quelque contestation, un miroir est aussitôt apporté pour décider la grave question. Ce sont des occasions dont la flatterie ne profite pas exclusivement, car la critique et même la causticité y prennent aussi leur part.

Le reste de la soirée est employé à faire intime connaissance avec la brillante table, en commençant naturellement par le plat principal, le blé bouilli, et en finissant par les plus agréables friandises.

Il faut ajouter que tout cela se passe dans des épanchements de joie indicibles, ce qui fait de ces réunions annuelles de véritables fêtes patriarcales, où la plus franche gaîté remplace le ton guindé de l'étiquette et la froideur des réunions sérieuses. Tout devient, dès lors, un sujet de plaisanterie dans ces sociétés, et chacun en retire sa part d'amusement, de même qu'il contribue, par son enjouement, au plaisir des autres.

Les dames se laissent quelquefois engager à chanter, et celles qui ont une belle voix se font autant remarquer par leur organe que par le choix des morceaux où brillent le goût et le sentiment.

Je n'ai point recueilli ces détails dans une maison chrétienne quelconque, mais chez un Français dont l'amabilité vous est déjà connue, ayant eu occasion de vous en parler précédemment.

M. Geofroy était depuis longtemps en possession du privilége de cette fête, et il s'en acquittait d'une manière si satisfaisante, que nul ne s'était encore présenté pour se substituer à cet homme aimable.

Sans cette explication, ce que j'ai dit du service rendu aux dames par les cavaliers aurait paru une véritable anomalie, la galanterie étant rigoureusement bannie des sociétés syriennes, sous quelque forme qu'elle se présente. Ce n'est donc que chez les Européens qu'elle peut encore se montrer, parce que là seulement elle n'est pas jugée avec cette sévérité outrée qui la fait impitoyablement condamner dans tout l'Orient.

XXIII

Mœurs israélites.

Que n'aurais-je pas à vous dire, mes chers lecteurs, sur les israélites, si vous n'étiez pas mes compatriotes? Cette nation, que vous avez constamment sous les yeux, vous est parfaitement connue, et dès lors, je ne trouve rien dans ses mœurs à vous apprendre, pas plus que je n'en ai trouvé dans la vie des musulmans de l'intérieur des villes et des campagnes. Ils ressemblent généralement à ceux de nos pays d'Algérie.

Ayant toutefois remarqué parmi les juifs d'Alep, diverses singularités qui peuvent vous intéresser, je vais vous les faire connaître.

D'où vient que cette nation est essentiellement calculatrice, marchande, brocanteuse? Est-ce parce qu'elle est rusée, astucieuse? Mais comment ces qualités sont-elles devenues exclusivement les siennes, puisque les musulmans et les chrétiens, qui ont avec les israélites une origine commune, ne les possèdent qu'à un degré très-infime? Je laisserai aux moralistes le soin de donner à cette question une solution rationnelle, et je me bornerai à vous dire, quant à moi, que partout les juifs se font remarquer par une finesse extrême et par un talent particulier pour la fourberie, sans que j'aie besoin d'ajouter qu'il y a parmi eux d'aussi honnêtes gens que chez les autres peuples ; car, je pourrais en citer un grand nombre dont les principes sont aussi délicats, aussi édifiants que ceux des chrétiens et des mahométans, et qui vivent selon les préceptes de leurs croyances, en gens craignant Dieu.

Est-il jamais venu dans l'esprit d'une autre nation de tromper le monde de la manière dont s'y prennent les juifs d'Alep ?

Un de leurs marchands s'imagina d'augmenter ses affaires, en multipliant, par autant d'enfants qu'il avait, le crédit que les négociants d'Europe accordent à chaque établissement commercial qui s'adresse à eux. Il leur fit écrire par ses quatre fils, et de cette façon, il obtint cinq commandes, au lieu d'une, parce que les négociants pensaient que les circulaires étaient venues de cinq maisons différentes quoiqu'elles portassent le même *nom*. Mais la fraude ne resta pas longtemps secrète, et l'industrieux marchand dut rentrer dans son régime accoutumé, ou, pour parler plus commercialement, dans sa *raison privée*. Les noms mis en avant étaient ceux de ses fils avec leurs prénoms particuliers, l'aîné n'ayant que sept ans, et le dernier étant encore à la mamelle. Il avait voulu, disait-il pour s'excuser, qu'ils fissent séparément le commerce de *bonne heure*.

Il est, au reste, divers israélites qui, ayant plusieurs noms, font un double, triple et même quadruple commerce, quoique leur individu soit un. Voici comment ils s'y prennent :

Aussitôt qu'un juif est dangereusement malade, il fait acheter le nom d'une autre personne, afin que lorsque l'ange de la mort viendra réclamer l'âme du moribond, qui lui a été désigné sous le premier nom qu'il porte, il se retire en s'apercevant, à la suite de son interrogatoire, *que ce n'est pas celui qu'il cherchait*.

L'emprunt d'un nom étant souvent suivi d'une guérison parfaite, puisque c'est pour la faciliter qu'il a eu lieu, l'individu n'en change plus sans un grave motif, tel que celui d'une autre maladie dangereuse ; ce qui fait que des enfants d'Israël sont connus sous différentes appellations, et, comme il en est qui sont négociants, ils trafiquent naturellement sous leurs divers noms.

Les femmes juives aiment beaucoup à se montrer, et c'est dans leurs plus belles parures qu'elles s'installent aux portes des maisons, comme pour attirer les regards des passants et exciter leur convoitise. Elles prétendent qu'un simple désir de l'un d'eux les fait absoudre de bien des péchés.

J'avoue que je n'ai pu trouver une explication à cette singulière manière de se faire pardonner ses mauvaises actions ; et je dois croire qu'elle appartient à quelque préjugé absurde, d'après lequel on est déchargé d'autant de fautes qu'on en fait commettre de nouvelles aux autres. N'est-ce pas encore là un de ces traits frappants qui caractérisent cette singulière nation ?

Je n'ai pu me faire clairement expliquer pourquoi le témoignage d'un juif n'était pas admis en justice contre un chrétien, tandis que celui d'un chrétien était reçu à la charge d'un juif. On m'a dit que c'était parce que le chrétien avait, devant la loi, l'autorité des trois livres saints, puisqu'il croyait à l'Evangile, tandis que l'israélite, qui ne l'admettait pas, ne se trouvait appuyé que sur deux : le *Pentateuque* et les *Psaumes*.

Dans le cas de la mort d'un époux, décédant sans postérité et laissant un frère, la veuve est accrochée à celui-ci (selon l'expression usitée), jusqu'à ce qu'il l'ait déliée de son engagement ; ce qui est fort désagréable pour la pauvre femme, surtout si le prétendant légal est jeune. Mais sa situation devient autrement déplorable si le défunt a plusieurs frères, car elle devra attendre alors qu'elle connaisse la volonté de tous avant de convoler à d'autres noces, en dehors du giron de sa famille.

Le temps de cette fâcheuse position pour la femme est heureusement abrégé par la loi *hébraïque*, qui a fixé l'aptitude du sexe masculin au mariage à l'âge de treize ans et un jour.

Lorsqu'un juif meurt, il n'a pas plutôt rendu le dernier soupir que le corps est posé par terre et mis à nu pour être lavé à plusieurs reprises et enseveli dans un linceul de lin.

Ceux qui enlèvent les morts doivent éviter la rencontre des gens étrangers à leur religion, parce que, si quelqu'un passait sous la bière, qui est portée sur les épaules de quatre hommes, il faudrait s'arrêter et obtenir, par tous les moyens possibles, que le passant repassât sous le même corps. Ce préjugé a coûté bien des sacrifices aux israélites au temps où les musulmans les tyrannisaient; et, pour en éviter de nouveaux, ils ont pris le parti d'enterrer leurs morts dans l'obscurité en accélérant, le plus qu'il leur est possible, la marche du convoi.

Toutes ces singularités me rendent si crédule en ce qui touche la nation mosaïque, que j'ai ajouté une foi entière à ce qui m'a été affirmé et que je vais rapporter.

Un juif d'Alep, pris par le mal de mer, dans un voyage d'Alexandrette à Jaffa, ne s'aperçut pas qu'on lui mangeait ses provisions. La traversée avait été longue, et les personnes peu délicates qui s'étaient emparées de son coffre, avaient eu l'appétit aiguisé par l'air de la mer qui l'avait enlevé au juif, tandis que l'attention du malheureux était absorbée par ses souffrances. On arrive cependant à bon port, mais pour reconnaître !... quoi ? — chose horrible à dire !... les goulus avaient mangé le corps de son père que le malheureux avait préparé pour pouvoir le transporter plus facilement à Jérusalem !... Les israélites tiennent beaucoup, en effet, à être enterrés dans la vallée de Josaphat, et c'est la raison qui en fait émigrer un si grand nombre de toute l'Afrique, vers la terre sainte. Ils sont persuadés que lorsqu'ils ressusciteront là, ils seront absous de tous leurs péchés.

Pour vous égayer, cher lecteur, après ces détails, peut-être ennuyeux pour vous, et avant de vous parler de ce qui concerne le mariage, je veux vous raconter deux anecdotes :

Un enfant d'Israël, qui était depuis trente jours l'heureux époux d'une jolie femme, voulant la régaler d'une partie de plaisir, la conduisit à l'un des jolis jardins de *Baballah,* charmante oasis où les Alepins vont faire le *kéif* (savourer le plaisir), chacun à sa manière.

Le bonheur de notre couple était de manger en plein vent des *koubés* rôtis, et de les arroser de verres d'une eau-de-vie, que, pour la rendre plus *kéififère*[1], on avait placée dans l'onde rafraîchissante d'un petit ruisseau.

Les apprêts du repas allaient grand train, mais ne voilà-t-il pas que la fumée du rôt vient flatter l'odorat d'un soldat turc, que le hasard amenait dans ce quartier ! Son nez le conduit directement vers le gril qui exhale une odeur si appétissante, et, comme ces sortes de gens ne se gênent guère, le turcoman n'a pas plutôt aperçu le sectateur de Moïse qu'il lui ordonne de tenir son cheval.

Sans faire plus de façon, il se met à manger les

---

[1] Plus propre à exciter le plaisir.

koubés et à boire l'eau-de-vie, si bien que, se trouvant parfaitement restauré, il lui prend aussi envie de caresser la belle juive qui, craignant à son tour le ressentiment du malencontreux visiteur, se laisse embrasser, ne songeant à se plaindre, de même que sa belle-mère, que lorsque l'individu s'est éloigné. Le jardinier voisin, accourant au bruit que font les femmes, leur reproche de ne l'avoir pas appelé à leur secours, et se tournant du côté du mari, il lui dit qu'il faut être dépourvu de toute énergie pour souffrir de pareilles choses sans chercher à les empêcher ou du moins sans s'en venger ensuite. — « Quoi ! répond le juif, vous
» croyez que je suis resté là sans prendre ma re-
» vanche ?... J'ai pincé son cheval, et de toutes mes
» forces. »

Deux mendiants, l'un musulman, l'autre juif, convinrent de voyager ensemble. Ils allèrent de ville en ville, se débrouillant de leur mieux pour vivre sans réussir néanmoins à satisfaire le mahométan qui, ayant une confiance aveugle dans la ruse ordinaire aux enfants d'Israël, s'attendait à des bénéfices capables de le rendre riche en peu de temps.

N'en voyant pourtant pas naître l'occasion, il en faisait l'observation à son confrère, lui citant, pour l'exciter, les mille traits qu'on rapporte à l'appui de l'opinion qui accorde aux juifs une supériorité marquée sur les autres nations dans les expédients qui procurent de bons résultats.

Celui-ci ne niait point son penchant à la supercherie, mais il attendait, disait-il, d'être à Constantinople pour l'exercer ; et il promit au turc de lui faire gagner 50,000 piastres, ne lui demandant qu'une obéissance passive à tout ce qu'il exigerait de lui.

La première chose fut de lui faire adopter le signe distinctif des juifs, les deux mèches de cheveux qui des oreilles leur tombent le long des joues. Le musulman fit de grandes difficultés, mais, comme on lui fit observer qu'on ne lui demandait que des marques extérieures qui ne l'empêcheraient pas de se conformer à sa religion, il y souscrivit et consentit même à se laisser appeler *Yantob*.

Arrivés à Constantinople, ils fréquentèrent ensemble les maisons de commerce et les synagogues, et quand ils furent bien connus, le juif conduisit son compagnon à la campagne. Là, après l'avoir déshabillé, il le tint un certain temps au soleil, lui posant la main sur le creux de l'estomac.

Ayant répété plusieurs jours cette opération, il lui dit : « Maintenant, il faut profiter du grand
» conseil qui se tiendra demain chez le *cheikh el-*
» *Islam*, et en vous présentant à son palais, vous
» n'aurez égard à aucune observation et vous arri-
» verez jusqu'à lui, — quoiqu'on fasse pour vous
» en empêcher, — en criant que vous voulez embrasser l'islamisme.

» Le cheikh vous demandera, sans doute, quel

» est le motif qui vous porte à changer de religion,
» et vous lui répondrez que c'est le pur amour de
» la foi des croyants dont vous vous sentez embrasé
» depuis hier que le prophète Mahomet vous a
» visité, vous laissant, en témoignage éclatant de
» sa grâce, l'empreinte de sa glorieuse main sur
» votre poitrine. »

Le grand cheikh, enthousiasmé du récit de ce miracle, voulut aussitôt s'en assurer, et voyant effectivement reluire la poitrine du converti, il se jetta sur lui et l'embrassa à plusieurs reprises avec un amour fraternel. Tous les membres du conseil l'imitèrent, et pour traiter le nouveau converti avec distinction, on l'installa dans une chambre richement meublée, où chacun vint le visiter dévotement.

Ce fut l'occasion d'une multitude d'offrandes et de dons. Lorsque la dévotion des habitants de la capitale se fut pleinement satisfaite, les deux néophytes, — car le juif voulut aussi montrer que la détermination de son compagnon l'avait ébranlé, — se virent recherchés dans tous les pays où ils passèrent, étant traités partout comme de précieuses reliques, et chacun se faisant une fête de les héberger.

La recette fut abondante; mais *fidèle à sa parole*, le rusé israélite ne donna que 50,000 piastres à son confrère, s'appropriant tout le reste.

XXIV

Suite des mœurs israélites. — Mariages.

Dès qu'un père de famille veut marier son fils et qu'il est fixé sur le choix de la personne qu'il lui destine, il la fait demander par un parent, ou il charge de ce soin un des plus influents rabbins de la communauté. C'est même ce qui se pratique le plus habituellement.

L'envoyé doit faire l'éloge du demandeur, parce qu'il est d'autant plus intéressé à la réussite de sa mission, qu'il a été consulté sur l'opportunité de l'union projetée, et qu'il doit s'attendre à de grandes difficultés de la part des parents de la demoiselle, surtout si le hasard l'a favorisée d'un joli visage, seule qualité qu'on demande dans ce pays, à la bienfaisante nature, les autres, telles que l'esprit, l'enjouement, la grâce, ne pouvant pas être appréciées avant le mariage, parce que, jusqu'alors les filles sont condamnées à rester muettes et immobiles.

Ce n'est pas, au reste, sans une arrière-pensée que de part et d'autre on emploie ces petites ruses avant de proférer le grand *ultimatum* sacramentel : « Que lui donnerez-vous pour *son prix* (pour sa » dot) ? » Question décisive, qu'on ne se permet qu'à la seconde entrevue, la première se terminant d'ordinaire par cette réponse stéréotypée : « Je ferai mes réflexions. »

Lorsque le père de la demoiselle a consenti à fiancer sa fille, le négociateur lui demande ce qu'il veut lui donner, et le rabbin pose ensuite les préliminaires du traité suivant les intentions que lui manifestent les deux parties. Le marché est conclu d'une manière conforme à la position financière des deux familles ; c'est-à-dire, que, si le demandeur est riche, il est beaucoup plus accommodant, avec ceux surtout qui ne le sont pas, tandis que, si sa fortune est médiocre et qu'il ait affaire à un homme aisé, il devient de plus en plus exigeant. Du reste, la richesse s'allie rarement à la générosité chez ces peuples. L'avarice, si commune à Alep, semble avoir établi principalement son quartier général à *Bahsita*, localité où se groupent de préférence les enfants d'Israël.

Les personnages cousus d'or ne manquent jamais de répondre, lorsque leurs filles sont jolies — et l'on conçoit que la prévention paternelle en range fort peu dans la catégorie des laides, — « qu'ils veulent les marier sur *la baignoire*, » ou pour parler d'une manière plus intelligible : « en chemise. » Mais un pareil propos est rigoureusement catégorique chez l'homme dont la fille n'a pour tout bien que sa beauté, circonstance où il est forcé d'exiger qu'il lui soit constitué une dot, ce qui devient l'objet d'un contrat particulier. Quant aux pères riches, à la suite de longues négociations, ils font dresser un état circonstancié de ce qu'ils donnent à leur enfant, après en avoir fait estimer les divers objets par des experts, et ils conservent soigneusement cette pièce, signée des témoins, pour le cas où le mari viendrait à décéder le premier, car alors l'épouse garde sa dot en entier, tandis que, si c'est elle qui meurt la première, ses parents n'ont le droit d'en réclamer que la moitié.

Les fiançailles donnent lieu à des réjouissances et à des visites. Le fiancé est tenu d'aller saluer les parents de sa promise le samedi qui suit la cérémonie, et l'usage veut que ceux-ci lui fassent présent d'une bague en diamant, qu'il met aussitôt à son doigt. Ce cadeau est accompagné de sucreries qu'on sert aux visiteurs et de musique dont on les régale.

Les familles sont dans l'habitude de se faire, pendant la durée des fiançailles et aux diverses fêtes de l'année, des présents consistant en bijoux, confitures et en quelques jolis mouchoirs. Parmi les cadeaux, provenant du jeune homme, doit se trouver une bourse contenant, par exemple, une somme de *cent francs,* composée de diverses espèces de monnaies ayant cours dans le pays; et parmi ceux de la fiancée on doit voir *le rouleau de l'histoire d'Esther* sur parchemin, enfermé dans un étui d'or ou d'argent, si la fortune du père ne permet pas d'employer le premier métal.

L'état du trousseau ne se dresse que deux jours[1]

---

[1] J'ai assisté à plusieurs noces israélites, entre autres à celles du fils et de la fille de M. D. de Picciotto, consul de

avant le mariage, qui a lieu invariablement le premier *mardi* soir de la lune, à moins que ce ne soit un veuf qui se marie, car alors, c'est la veille du *samedi*. Ce jour est aussi choisi de préférence par ceux que domine l'esprit d'économie, parce que, toutes les noces finissant sans exception le lundi matin, ils se dispensent ainsi d'entretenir les conviés pendant trois jours, dépense qui devient parfois considérable.

L'avant-veille de la noce, les parents de l'époux envoient demander le trousseau de la fiancée. Ils chargent de ce soin une personne de confiance, qui se fait accompagner d'un certain nombre d'hommes, afin de donner le plus d'éclat possible à cette démarche, qui a lieu ordinairement la nuit. L'arrivée de la députation est signalée par les cris des servantes du logis et par ceux des voisines que la curiosité fait accourir dans toutes ces circonstances, aussi bien que leur goût effréné pour les cris aigus dans lesquels elles se font un mérite d'exceller.

Hollande à Alep. Elles furent somptueuses, le rang et la fortune de M. de Picciotto lui permettant d'environner d'un grand éclat le mariage de ses enfants. Le trousseau de sa fille, un des plus beaux sans contredit que j'aie vus à Alep, se distinguait autant par la richesse des étoffes et des bijoux que par le choix qui avait présidé aux couleurs, aux dessins et aux formes. Mme Daniel, qui a longtemps tenu dans ce pays le sceptre de la beauté, y est encore en possession de celui du goût et de l'élégance. C'est une des femmes les plus recherchées de la ville pour l'amabilité de sa conversation et la distinction de ses manières. H. Guys.

Les domestiques mâles et les portefaix, qui s'attendent à une bonne étrenne, se livrent aussi à tout l'élan de leur joie, et comme chez ces sortes de gens c'est toujours par le bruit qu'elle se manifeste, les battements de mains, les chants à refrains tumultueux, le bruit des tambours et le son des cornemuses, produisent un tel vacarme qu'on croirait volontiers assister à ce qu'on appelle en Europe un *charivari*. Ce vacarme dure, au reste, tout le temps que le délégué et ses adjoints reçoivent les politesses d'usage, narguilé, confitures, café, limonade, biscuits, et pendant toute la livraison des objets composant le trousseau, laquelle a lieu, comme je l'ai dit, sur un état dressé d'avance par les amis communs qui en ont fait l'estimation.

Précédemment ces amis ont été invités à contempler en détail le trousseau, qui est artistement étalé sur des tables et sur d'autres meubles.

Il se compose de vêtements, de bijoux, de linge de bain et des garnitures du lit nuptial.

Deux ou trois jours avant le mariage, le futur envoie demander aux parents de sa fiancée combien de *henné* ils désirent qu'on prépare pour leur fille et pour leurs autres parentes, et sur la réponse qui lui est faite, la *metteuse de henné*, qui est musulmane, reçoit l'ordre *de teindre tant de personnes grandes et petites*, à quoi elle se dispose en préparant sa pâte qu'elle coupe en rubans, en plaques, en petits ronds pour l'ornement des doigts, de la paume de la main et des autres parties visibles du corps. Les mains peintes de la sorte sont enveloppées de linges que l'on garde jusqu'au lendemain, pour donner le temps à la teinture de pénétrer la peau. Malheur à la femme qu'une démangeaison quelconque tourmenterait ce jour-là !... Ce sont des tiers qui se chargent de la faire boire et manger et de l'aider dans mille autres petits offices.

Le *henné* offert à la future est accompagné d'une paire de *kalchin* (chaussure d'intérieur sans semelle).

La veille de la noce, le futur, son père et celui de la future font leur tournée pour inviter les parents et les amis. Les uns et les autres se réunissent dans la maison de celui des époux avec la famille duquel ils sont le plus liés.

On fait aussi des invitations pour assister au *qaddous* (bénédiction) ou au dîner.

Le jour de la cérémonie on décore convenablement la plus grande pièce du logis. On l'orne de rideaux empruntés à la synagogue, et qui ont été confectionnés avec de beaux habits légués par des dames juives, à leur décès.

Ordinairement, surtout pendant l'été, on choisit pour théâtre de la fête le *livan*, qui est l'endroit le plus vaste des maisons orientales, et qui fait toujours face à une cour. Les dames s'y réunissent sur plusieurs rangs, aboutissant au fond, et formant un brillant amphithéâtre, dont le centre est occupé par le haut fauteuil sur lequel trône la mariée, ayant à sa droite sa mère, et à sa gauche sa belle-mère. Elle est couverte d'un grand voile de crêpe rouge, parsemé de points en lamettes d'or, cette couleur étant choisie, sans doute, pour rehausser le teint de son visage.

Devant elle se dresse un chandelier garni de cinq grosses bougies coloriées et dorées. Deux autres chandeliers supportent également chacun un gros et long cierge. Le nombre cinq est choisi, dit-on, pour chasser les maléfices.

L'épouse n'est assise sur son trône qu'un instant avant la bénédiction. Sa coiffeuse est toujours sur ses traces, veillant à sa toilette et à sa personne, ne se bornant pas seulement à replacer un des bijoux qui peuvent se déranger et à effacer le pli d'un vêtement, mais lui redressant encore la tête, la faisant tenir droite, l'engageant à moins lever les épaules, recommandations minutieuses qui ne laissent pas d'être souverainement désagréables à la jeune fille.

Les parentes du futur arrivent en masse, une demi-heure avant la cérémonie; elles sont reçues à la porte de la maison par la famille de la fiancée, dont les membres s'emparent d'une main de leurs voiles et leur offrent de l'autre des verres de limonade.

Cette politesse a l'immense avantage de rafraîchir individuellement chacune des nouvelles venues sans qu'il soit besoin de servir à boire aux autres dames de l'amphithéâtre.

A l'entrée des parentes du futur, la musique, composée de grosses caisses et de trompettes (cornemuses), joue des airs bruyants, distinction flatteuse qu'elle ne refuse pas non plus aux personnages invités, à mesure qu'on les annonce.

Le mariage israélite, auquel j'ai assisté, étant celui d'une fille européenne avec un homme du pays, les parents de la jeune personne avaient cru devoir inviter les divers consuls.

Une autre musique, moins étourdissante, se fait entendre dans la pièce où sont réunis les hommes auxquels on accorde quelque considération, et elle alterne avec celle du dehors dont j'ai indiqué la destination.

Les invités sont régalés, au nom des parents du futur, de café, de limonade et de biscuits. Après la cérémonie, c'est la famille de l'épousée qui fait les frais d'une semblable collation; mais rarement on demeure assez longtemps pour y prendre part, l'arrivée de la nuit déterminant chacun à se retirer.

C'est aussi le moment où l'époux est conduit à la maison de la fiancée, escorté de ses parents, des rabbins, de ses amis et de la foule qui ne manque jamais d'accourir à ces solennités. Il est placé en face de sa fiancée, mais à une certaine distance, et prête l'oreille aux prières que récitent le grand rabbin et ses assistants. Puis a lieu la décantation de deux verres de vin rouge par le servant de la synagogue qui, chargé d'en briser le contenant contre terre, pour détruire les maléfices qui pourraient menacer les nouveaux époux, a grand soin de ne jeter qu'un vase ébréché et de désapproprier l'autre, sans que cela tire à conséquence.

Au moment où la cérémonie religieuse va commencer, toutes les femmes israélites se couvrent d'un voile; mais, la coquetterie n'abjurant jamais ses droits, même en présence des choses les plus saintes, les dames ont soin de n'user en cette circonstance que des tissus les plus diaphanes, afin que les assistants ne perdent rien de leur parure, qui est, du reste, trop souvent ce qu'il y a de plus remarquable dans leur personne.

Après cette première partie du cérémonial, deux rabbins s'emparent du futur et le conduisent devant sa promise à laquelle la coiffeuse fait étendre le bras pour recevoir l'anneau nuptial et une pièce de monnaie de *bon argent* que l'époux présente aux témoins et qu'il met dans la main de l'épouse, en lui adressant ces paroles sacramentelles : « *Vous » êtes bénie pour moi, selon la foi de Moïse et » d'Israël.* » Sur quoi elle ferme sa main en signe d'acceptation ; ce qu'ayant entendu et vu, les témoins prennent congé de l'époux, que la coiffeuse place à la gauche de la fiancée, et se rendent immédiatement auprès des rabbins auxquels ils font leur déclaration.

En ce moment, le père de l'époux se dirige vers le couple qu'il couvre du voile de laine, rayé bleu et blanc, consacré à la prière, et se retire pour laisser accomplir la cérémonie par le second rabbin qui procède aux autres formalités religieuses.

Les parents du nouveau marié vont reprendre celui-ci pour qu'il reçoive les félicitations des assistants que le père partage avec son fils.

Les compliments terminés, on s'achemine vers la maison de l'époux pour y attendre *l'arous* (nouvelle mariée), qui, entourée de toutes les femmes présentes, précédée du porte-feu, de nombreux fanaux et de la grande musique, s'y rend processionnellement après le coucher du soleil.

Il est des personnes qui choisissent la maison la plus éloignée du quartier qu'elles habitent pour que le trajet soit plus long et que la cérémonie ait le plus d'éclat possible.

Les personnes chargées de régler l'itinéraire du cortège qui doit conduire l'épouse chez l'époux, ont grand soin de ne point la faire passer devant un bain. On se résigne sans peine à un grand circuit plutôt que de braver les malheurs qui suivraient *infailliblement* l'oubli de cette précaution. J'ai vainement tenté de savoir quelle pouvait être la nature de ces malheurs; tout ce que j'ai appris, c'est *qu'ils pourraient être nombreux et effroyables*. Toutefois, par compensation, on m'a assuré qu'un sage cheikh, moine ou rabbin, était parvenu à neutraliser le maléfice en demandant un antidote à la nature même du poison, et j'ai béni *in petto* le génie inventif de ce digne homme. Voici du reste en quoi consiste ce fameux remède qui, par sa nature, peut être administré dans tous les pays. Il s'agirait tout simplement de faire arrêter la mariée devant la porte du bain qu'on redoute et de lui faire boire de l'eau qu'on y emploie.

La procession dure d'ailleurs assez longtemps, parce que la mariée marche à pas lents, étant obligée de s'arrêter sans cesse pour entendre chanter ses louanges ou pour être honorée de quelques salves de *lou, lou, lou,* cris perçants qui déchirent l'oreille et retentissent jusqu'au fond du cerveau. Les acclamations joyeuses ne discontinuent pas, du reste, pendant tout le trajet et forment le complément indispensable des couplets qu'on chante en l'honneur de l'heureuse épouse.

Le brouhaha de la foule en cette circonstance, ses chants et ses cris, joints au bruit étourdissant de la musique, offrent un si grand contraste avec le calme habituel des nuits de l'Orient, qu'on dirait, en vérité, qu'en ce moment l'enfer a donné passage à un essaim de démons qui se sont précipités sur la terre armés de torches.

Les haltes sont plus ou moins fréquentes, suivant le nombre de parents et d'amis que peuvent avoir les deux familles qui viennent de faire alliance, car, dès qu'on arrive devant la porte de l'un d'eux, on en descend un flacon d'eau de rose, dont on asperge l'*arous* et les femmes qui l'entourent, et des plateaux de verres de limonade qu'on distribue aux assistants; mais, comme il est un terme aux meilleures choses, les rafraîchissements cessent de circuler dès que la tête du cortége s'est remise en marche, et ma foi! alors, tant pis pour ceux que le hasard jette à la queue de la procession.

Lorsqu'elle parvient enfin au terme de son pèlerinage, à la maison de l'époux, celui-ci vient à la rencontre de sa femme, et, la prenant par la main, lui fait monter l'escalier jusqu'à la porte des appartements. Là, un gâteau, préparé pour la circonstance, est rompu par un jeune garçon de huit à dix ans, parent de l'époux, qui en fait manger un petit morceau à chacun des nouveaux mariés, ce qui leur assure, dit-on, la bénédiction du ciel.

L'épouse est alors conduite dans la chambre nuptiale où les femmes sont réunies.

L'entrée de l'épouse dans sa nouvelle famille est souvent signalée par une scène qu'on devrait prendre pour un mauvais pronostic. Elle passe pourtant inaperçue, parce que le fanatisme et l'orgueil aveuglent ces pauvres gens [1]. Ils ne voient pas tout ce que leur conduite en cette circonstance a de ridicule, ou d'attentatoire à l'amour-propre des familles, ils ne réfléchissent pas à l'intérêt qu'ils auraient à se ménager réciproquement afin de vivre en bonne intelligence.

L'orgueil donne lieu à ces scènes où s'établit une lutte de prétentions déplorables.

1. On a déjà vu que les chrétiens n'étaient pas plus sages sous ce rapport.

Lorsque la mère de l'époux croit occuper, dans la société, un rang au-dessus de celui de la famille de l'épousée, elle ne veut pas permettre à son fils d'aller au-devant de sa femme. Cette abstention contrarie et blesse la mère de celle-ci, qui se refuse à consentir, de son côté, à ce qu'on intervertisse l'ordre établi par l'usage, et retient sa fille pour qu'elle n'aille pas à la rencontre de son mari avant qu'il ne soit venu la recevoir. Ces discussions ridicules se prolongent quelquefois jusqu'à ce que des amis interviennent pour décider les deux époux à se rencontrer en faisant la moitié du chemin. C'est le moment du plus grand bruit, des plus bruyants éclats de voix de la part de tous les gosiers féminins.

Le nouveau marié étant entré dans la pièce où sont réunis les parents et amis, on envoie chercher les autres invités, et le dîner est servi au son de la musique.

A la suite du repas, après lequel on fume et l'on prend l'indispensable café, on place l'époux sur un fauteuil, au milieu des flambeaux qui ont figuré au commencement de la cérémonie, et les assistants, se formant en cercle, dansent tour à tour en son honneur. Les plus proches parents ont donné l'exemple en prenant les deux grands cierges qui ont servi à la bénédiction nuptiale, et en chantant des cantiques, d'où résulte une espèce de danse religieuse.

Lorsque la nouvelle mariée est sur le point de se

coucher, toutes les dames, parentes ou amies, l'étendent sur son lit de parade et dansent autour d'elle en la félicitant de son bonheur.

Le rabbin attend la fin de ces deux cérémonies pour bénir de nouveau l'époux qui, recevant les compliments des invités, est conduit jusqu'à la porte de la chambre nuptiale qui se referme sur lui. La mère de l'épouse reste seule à cette porte, attendant qu'elle soit en mesure de donner des preuves de la virginité de sa fille. Elle est dispensée de ce soin lorsque la fiancée est jolie, c'est une domestique qui en est chargée. On donne pour raison de cette différence le besoin qu'aurait la mère de rassurer son gendre si sa fille venait à ne pas lui plaire, ce qui ne peut avoir lieu dans l'autre cas.

L'époux fait dès ce moment lit à part, jusqu'au onzième jour, cette séparation se renouvelle chaque mois et dure deux semaines à partir de l'apparition des menstrues.

La position des époux est en pareil cas des plus pénibles, car ils ne peuvent se toucher, ni s'offrir la moindre chose.

Le lendemain du mariage, l'époux doit aller baiser la main de son beau-père, qui le régale de confiture sèche et de café.

Les visites commencent dès ce jour, et les parents sont retenus jusqu'au lundi, ainsi qu'il a été dit plus haut.

Si le premier enfant est un garçon, il est offert

au temple, et le père le rachète au prix d'une somme qu'il lui compte. Cette présentation a lieu le trentième jour après sa naissance. Il a été circoncis le huitième.

Les mariages sont pour les domestiques des deux familles l'occasion de bonnes étrennes, mais, la générosité n'étant pas commune à Alep, si elle y existe réellement, ils sont obligés d'employer mille ruses pour arracher des présents qu'ils savent fort bien ne devoir point attendre de la générosité seule de leurs maîtres.

Les gens de la maison de l'épouse profitent du jour de la remise du trousseau pour refuser de le porter, ou pour empêcher qu'il ne sorte, avant d'avoir reçu leur *bacchis* (étrenne) : il s'établit alors une espèce d'enchère pour la fixation du chiffre, les demandeurs ayant grand soin d'en élever le montant autant que possible. L'ennui qu'entraîne cette discussion avait fait passer cependant en usage, depuis quelque temps, de fixer le taux de la rétribution à un pour cent de la valeur du trousseau, mais cette évaluation devenant trop élevée par suite du tarif des mariages des riches, dont la vanité attribue généralement aux trousseaux un prix qu'ils n'ont pas, bien que l'usage n'autorise que la surcharge du quart en sus, pour faire la contre-dot que le mari déclare recevoir, on a dû recourir à une transaction : on ne saurait donner aujourd'hui moins de 500 piastres dans les grandes maisons; c'est ce qu'on appelle en Turquie *une bourse*.

Au domicile de l'époux, il y a plus d'impertinence encore dans le moyen qu'emploient les domestiques pour accroître leur aubaine, et je suis étonné qu'on n'ait point encore mis un terme à cette habitude rapace, quel que soit d'ailleurs le respect qu'on professe en ce pays pour les anciens usages.

Le lendemain du mariage, on épie avec soin le moment où l'épouse se rendra dans un *certain lieu* que je ne nommerai pas, pour l'y enfermer jusqu'à ce que le mari, ou son père, s'il est sous la puissance paternelle, obtienne sa délivrance en donnant une étrenne aux geôliers. Ce moyen ne manque jamais son effet, et l'on en rit beaucoup chaque fois, quoiqu'il soit bien vieux et que depuis bien des années on le pratique invariablement, les esprits inventifs de la contrée n'ayant pu réussir encore à lui en substituer un plus convenable.

J'oubliais de dire que les mariages juifs doivent être irrévocablement célébrés, lorsque les familles en ont fixé le jour, et que les préparatifs en sont faits, quelque événement qui puisse arriver, serait-ce la mort du père ou de la mère de l'un des époux. Le mariage étant à leurs yeux l'acte le plus solennel de la vie humaine, aucune circonstance ne saurait le dépouiller des démonstrations de joie qui en sont le principal caractère et qui doivent en accompagner partout la célébration. Dans le cas où un malheur surviendrait à l'une des deux familles le jour de la bénédiction nuptiale, ou pendant la semaine que l'on consacre à la fêter, les mariés auraient à retenir leurs larmes sans cesser leurs manifestations joyeuses, les chants comme le bruit des instruments devant continuer à se faire entendre, selon l'usage, au milieu des acclamations des invités.

Je laisse au lecteur le soin de décider ce que ces coutumes ont de convenable ou d'inconvenant chez nous. Si la philosophie musulmane remplace les longs deuils et l'explosion d'une douleur outrée par une juste soumission aux décrets de la Providence, elle n'en laisse pas moins à la nature la plénitude de ses droits tout le temps que durent nos regrets, hélas ! bien fugitifs.

Je dois dire cependant que les coreligionnaires, en accourant en foule chez les mariés, n'obéissent pas seulement à l'idée de remplir un devoir, ou un acte de bienséance, mais qu'ils se soumettent encore dans cette circonstance à l'accomplissement d'un précepte religieux, le mariage dans leurs mœurs devant être encouragé par tous les moyens possibles, et ceux qui se dévouent à l'œuvre sublime de la nature méritant à leurs yeux les éloges de leurs semblables.

XXV

Soirées arabes. — Entretiens. — Poésies. — Proverbes. — Anecdotes. — Contes.

En parlant des mœurs musulmanes, j'ai dit que les habitants d'Alep avaient assez l'habitude de se fréquenter et même de se réunir.

C'est surtout durant les longues soirées d'hiver que les parents et voisins se visitent le plus assidûment.

Dès que la nuit approche, chacun rentre au logis pour dîner. Puis, après avoir allumé sa pipe, on va prendre le café dans un lieu public, ou chez le parent ou l'ami dont c'est le jour de réception.

Les soirées sont surtout nombreuses à l'époque du *ramadan*, les musulmans ayant l'habitude de veiller alors une partie de la nuit pour ne se coucher qu'après la dernière collation, qu'il leur est permis de prendre, au moment où le jour commence à poindre.

Dans ces réunions, les entretiens alternent avec la pipe, ou le narguilé, et avec les tasses de café qui circulent à de longs intervalles ; mais soudain un mot sur un événement récent, dont s'empare le talent de quelque beau diseur, attire l'attention générale ; fier de ce succès, il élève la voix pour être entendu de tous, et comme les conteurs arabes sont infatigables, ils parviennent, de discours en discours, à remplir la soirée entière.

Ces sortes de plaisirs sont, au reste, assez rares, non que les sujets manquent aux conteurs, puisqu'il leur est loisible de puiser éternellement à pleines mains dans les histoires des califes et les beaux jours de la domination arabe ; mais parce que le don de la parole ne leur vient que de la nature ; car, dans cette partie du monde, berceau jadis de plusieurs sciences, on n'enseigne plus rien aujourd'hui, pas même l'éloquence.

Ces réunions sont diversement employées suivant les goûts et les talents des personnes qui les composent ; il en résulte une variété qui ajoute au plaisir de ceux qui les fréquentent et qui n'ont guère d'autres moyens de tuer le temps.

Les conteurs et les petits poëtes, — car l'Arabie n'en produit plus de grands, — n'y font pas ordinairement défaut. Mais, quand ils manquent, on a pour les remplacer des *amateurs* de poésie, lesquels récitent plus ou moins bien des vers d'anciens poëtes qu'ils ont appris par cœur. On met ainsi tour à tour à contribution la mémoire des assistants, et la soirée en devient moins monotone.

Je ne puis me résoudre à reproduire ici les divers bons morceaux que j'ai entendus dans une soirée où j'avais été invité, d'abord parce que ce serait trop long, ensuite parce que la plupart sont connus ; cependant je ne puis m'empêcher de vous en rapporter deux, que je choisis parmi les modernes.

L'un est une espèce de satire. Le voici :

« Le temps est en vérité surprenant dans les variations
» qu'il opère de siècle en siècle !

» On rencontre des gens de différente nature : les uns
» ont un mauvais caractère, d'autres de bons sentiments.

» Ceux-ci s'évertuent à faire le bien, ceux-là ne songent
» qu'à faire le mal.

» Au temps passé on n'ambitionnait que l'honneur, et l'on
» s'éloignait avec soin de tout ce qui pouvait porter atteinte
» à la réputation ;

» On s'attachait de son mieux à mériter les louanges des
» autres et l'on s'en glorifiait.

» Malheureusement les hommes d'aujourd'hui diffèrent
» beaucoup de ceux-là, et tout esprit clairvoyant s'en étonne.

» L'homme se donne bien du mal pour arriver aux plai-
» sirs de ce monde, en accumulant les richesses et en faisant
» de l'or le plus cher de ses vœux.

» On le voit soucieux, guettant jour et nuit le moyen de
» s'enrichir davantage, comme si l'argent était un oiseau,
» comme s'il était lui-même un faucon prenant son essor
» pour l'enlever dans ses serres.

» Ses richesses sont-elles bien acquises, vous le verrez se
» gonfler d'orgueil ; les doit-il à des voies honteuses, il ne
» s'en inquiétera guère ?

» Voyez-le tout joyeux, le visage épanoui, environné de
» nombreux domestiques, marchant satisfait de lui-même.

» Il passe les nuits dans les plaisirs et le jeu, ne cherchant
» pas autre part son bonheur ;

» Attirant à lui les paresseux et les bouffons, et trouvant
» au milieu d'eux sa satisfaction suprême.

» S'il survient, dans leur réunion, un homme instruit,

20

» l'ignorance des autres le méprise et le relègue à la dernière
» place.

» A chacune de ses sages paroles on a hâte d'opposer un
» démenti.

» Ignorent-ils donc qu'il doit ses connaissances à Dieu
» qui a laissé tomber sur lui un rayon de sa science?

» Ils l'accusent de cupidité, tandis que c'est en eux seuls
» que réside ce vice, qui avilit celui qui en est atteint.

» Tenez-vous le plus éloigné qu'il vous sera possible de
» tout homme récemment arrivé à la fortune?

» Parce que, ayant vécu dans la pauvreté, l'avarice étouf-
» fera tout ce qu'elle a pu laisser de bon en lui;

» Parce que, plus il deviendra riche et plus il se plaindra,
» sa nouvelle position l'habituant de plus en plus au men-
» songe.

» Ignorant et vaniteux, il affectera un air grave et capable
» avec ceux qu'il fréquentera.

» Il éloignera de lui ses parents, ne leur parlant pas plus
» que s'ils étaient des étrangers.

» Il méprisera son voisin, il n'en fera aucun cas, et, s'il
» daigne par hasard lui rendre son salut, il croira lui avoir
» fait beaucoup d'honneur.

» Il vivra de privations et ne fera pas cependant l'aumône,
» ne daignant pas secourir un seul jour l'indigent dans sa
» détresse.

» Il est possible qu'il ait jeûné, en se privant de boire et
» de manger, les lundi et jeudi.

» Qu'un tel homme vienne à mourir, il ne sera regretté de
» personne;

» Par l'excellente raison que, vécût-il même un siècle, il
» ne serait utile à qui que ce fût.

» Il a des compagnons et des amis qui l'égalent en igno-
» rance et en avarice, il en fait sa société ordinaire.

» Race pleine de fourberie, puisse Dieu anéantir ta pos-
« térité! »

Le second morceau que je vous ai promis, abonde en préceptes de morale. Jugez-en !

» L'homme se fait connaître ici-bas par ses actions. Les
» procédés de l'homme probe et généreux découlent de son
» origine.

» Pour qu'on ne dise point de mal de vous, n'en dites
» jamais de personne ; exercer votre langue contre autrui,
» c'est l'autoriser à exercer la sienne contre vous.

» Évitez les actions honteuses et n'en faites jamais parade
» dans vos discours sérieux ou badins.

» Gardez-vous de contredire un savant, ou un homme de
» mérite, car *la corde* du Très-Haut aboutit à la sienne.

» Que de savants ont été outragés par des ignorants qui ne
» valaient pas un point de leur semelle !

» Vous savez qu'on garde en liberté le chien fidèle, tandis
» qu'on charge de chaînes le lion ignorant.

» Voyez comme les cadavres surnagent sur la mer, tandis
» que les perles se tiennent au fond ?

» Il est écrit dans le ciel que celui qui fera le bien, en sera
» récompensé par un plus grand bien.

» N'allez pas extraire du sucre de la coloquinte ; tout ce
» qu'on goûte trahit son origine.

» Si vous voyez un oiseau disputer son nid à un faucon,
» vous pouvez être sûr qu'il agit par inexpérience. »

S'il arrive qu'au milieu d'une réunion, une circonstance quelconque fasse raconter n'importe quelle anecdote, vous verrez aussitôt chacun des assistants prendre, tour à tour, la parole pour débiter ce qu'il saura dans le même genre. En voici un exemple :

Un soir, dans une maison où je me trouvai, une

personne raconta qu'un homme simple, ayant remis à un portefaix un sac de farine en lui indiquant la personne à laquelle il devait le remettre, le commissionnaire s'appropria frauduleusement le dépôt, et que celui qui le lui avait confié, au lieu de le citer en justice, se cacha en le rencontrant, répondant à ceux qui lui en demandaient le motif : « Je ne lui ai point payé sa course, et je crains » qu'il ne l'exige. »

Cette anecdote servit incontinent de thème aux suivantes :

Un bon homme était à manger un gâteau de miel lorsqu'il fut accosté par un passant qui le pria de lui en donner un morceau. « Je ne le puis, lui » répondit-il, parce qu'il n'est pas à moi ; ma » voisine m'ayant chargé de le manger pour elle. »

Un individu, des plus simples, recevant la nouvelle qu'on lui avait volé son âne, se prosterna, comme pour remercier Dieu, et s'écria : « Oh ! » que je suis heureux que ce malheur ne me soit » point arrivé pendant que je le montais, car on » m'aurait volé avec lui. »

Un autre, ayant eu le chagrin de voir tomber sa fille dans un puits, courut à l'orifice, en lui criant : « Ne bouge pas de là, petite, et ne va » surtout nulle part : je vais quérir quelqu'un qui » t'en retirera. »

Un homme, s'étant mis en colère contre son cheval, le battit et ne lui donna point à manger ce soir-là. Le lendemain, ayant pris à part son

domestique : « Nourris bien ma bête, lui dit-il,
» mais garde-toi de lui donner à entendre que
» c'est moi qui te l'ai commandé. »

La femme d'un homme simple se plaignait à son mari de ce que le vent ayant emporté du linge sur le toit de l'écurie voisine, le palefrenier refusait de le lui rendre et déclarait même ne l'avoir point vu. « Eh bien! lui répondit l'époux, que le vent
» jette chez nous quelqu'un de ses chevaux ou
» de ses mulets, et tu verras comme nous le nie-
» rons à notre tour. »

Un homme, qui ne savait ni lire ni écrire, ne voulant pas confesser son ignorance, demanda à une personne qui le priait de lui lire une lettre : « De quel pays vient-elle, votre lettre? — De Bag-
» dad. — C'est fâcheux. Je n'ai pas l'habitude de
» déchiffrer les lettres écrites sous un climat aussi
» lointain. Si c'eût été de quelque localité voisine,
» je vous aurais rendu ce service avec plaisir. »

Souvent ce sont des proverbes qui défraient, des heures entières, la société ; la lutte ne tarde pas, dès lors, à s'établir entre ceux qui veulent y prendre part. Divers amateurs se présentent, citant chacun son proverbe et adressant au dernier interlocuteur ces six mots d'introduction : « *Je vous propose cette maxime connue,* » à quoi l'interpellé répond : « *Quelle est-elle ?* » Aussitôt l'autre la débite, et, si elle est reconnue catégorique, elle est admise ; sans quoi on la refuse : voici ce que j'ai pu me rappeler de tous les adages cités dans une lutte de ce genre qui avait duré près d'une heure :

« Il n'est de meilleur compagnon que la sagesse.
» Il n'est pas de fonds plus productif que la sagesse.
» C'est pourtant une chose insaisissable, comme l'esprit, » comme la science.
» La crainte de Dieu est le fondement de la sagesse.
» Oui, qui craint Dieu, Dieu le fait craindre de tous ; et qui » ne craint pas Dieu, Dieu lui fait craindre toutes choses.
» Sois avec Dieu, et Dieu sera avec toi.
» Dieu aime la vérité et déteste le mensonge.
» La vérité est la base de la foi, et l'équité la base de la » sagesse.
» Le mensonge nous avilit devant Dieu et les hommes.
» Le menteur est honni tant qu'il ment.
» Celui qui ment aujourd'hui, se couvre de honte pour » demain.
» Le menteur n'est pas cru lors même qu'il dit vrai.
» Le meilleur langage est celui de la vérité.
» Celui qui adoucit l'aspérité de sa langue, mérite d'être » aimé.
» Qui adoucit sa langue, multiplie ses amis.
» La beauté de l'homme est dans la pureté de sa langue.
» La langue est petite de forme, mais ses actions sont » grandes.
» On guérit de la blessure d'une lame, on ne guérit pas de » celle d'une langue.
» Quand vous n'avez pas d'aumône à la main, n'avez-vous » pas au moins une langue à la bouche ?
» L'affabilité remplace l'aumône.
» Par les aumônes on s'attache les cœurs ; par la pénitence » on se fait pardonner ses péchés.
» Les aumônes les mieux employées sont celles qu'on fait à » l'indigence.

» La générosité fait le mérite du pauvre ; l'avarice fait le
» mépris du riche.

» La générosité est l'attribut de la puissance, comme la
» chasteté est l'attribut de la beauté.

» La noblesse gît dans les vertus, dans les talents, et non
» point dans la naissance, ni dans les richesses. »

Je m'arrête, pensant avoir donné assez de preuves de la facile abondance de nos lutteurs de proverbes, qui, comme je l'ai déjà dit, se tinrent tête plus d'une heure ; qu'on me permette seulement de rapporter quelques-unes des pensées qui m'ont frappé le plus :

« Les qualités secrètes d'un homme se révèlent par les
» conseils qu'on en reçoit.

» L'amour du pouvoir est la source de bien des maux.

» Pour sauver son âme, il faut combattre ses sens ; le salut
» de notre vie dépend d'une bonne conduite.

» En se résignant au malheur, on le rend moins sensible.

» La cécité est préférable à l'aveuglement.

» Quoi de plus près que la mort ? quoi de plus éloigné que
» l'espérance ?

» Travaillez pour un denier, et moquez-vous du fainéant.

» La meilleure œuvre est celle qui s'accomplit.

» L'épreuve rend l'homme digne d'estime ou de mépris.

» La plus méchante action est de soutenir les méchants.

» La pire des pauvretés est la pauvreté d'esprit.

» La modération enrichit, la richesse séduit.

» La pire des opinions est celle qui contrevient à la loi.

» Justice qui nous nuit, vaut mieux qu'injustice qui nous
» réjouit.

» Etre l'obligé de quelqu'un, c'est être son esclave ; s'ac-
» quitter de ce qu'on lui doit, c'est reconquérir sa liberté. »

Quand le hasard jette un conteur aimable dans une réunion, on peut bien être sûr qu'il fera les frais de la conversation pendant une bonne partie de la soirée, un récit qui amuse en amenant sans cesse un autre, et chacun prenant goût à se faire entendre, lorsqu'il sait qu'il sera écouté avec plaisir.

Souvent c'est par de petites anecdotes qu'on débute en forme de prélude, ou comme essai de mémoire, pour se faire engager à aborder des sujets plus étendus. C'est ce qui arriva ce soir où je me trouvai dans une réunion musulmane : on commença par ces deux anecdotes, et on finit par le charmant conte que je vais rapporter :

Un pauvre diable qui s'était endormi sur la triste pensée qu'il ne possédait pas la plus petite pièce de monnaie, rêva qu'il avait trouvé un ducat de Venise, beau, luisant et bien rond. Dans sa joie, il court pour le changer; mais le *saraf*[1], selon sa louable coutume, faisant pencher adroitement la balance de son côté, déclara que la pièce n'avait pas le poids voulu. Indigné de ce qu'on voulait rabattre sur la valeur que le sort lui avait départie, quoique le ducat ne parût pas rogné, il le reprit vivement, et ce mouvement brusque le réveilla pour le replonger dans la désolante réalité... Voulant pourtant rentrer dans ce que son illusion avait d'enchanteur pour lui, il referma les yeux, et,

1. Changeur.

présentant de nouveau la monnaie d'or au changeur, il lui dit : « Eh bien, donnez-m'en la valeur » en retenant ce qui manque. »

Le sujet suivant a pour base l'adage :

« Celui qui écoute sa femme, paye le prix d'une » chose dix fois ce qu'elle vaut. »

Un prince généreux avait pour épouse une femme extrêmement avare. Or, un jour qu'on apporta un beau poisson à son mari, elle lui reprocha vivement de l'avoir trop payé, lui demandant, puisqu'il gratifiait un simple pêcheur de *quatre cents drachmes*, quelle somme il emploierait pour récompenser un homme d'un mérite éminent. Le prince reconnut, en effet, qu'il avait poussé trop loin sa générosité dans cette circonstance, mais il sentit aussi qu'il n'y avait pas lieu de revenir sur une chose faite. Sa femme, qui ne s'en consolait pas, revint à la charge, le suppliant de reprendre ses 400 drachmes. « Mais quel moyen employer, lui » répondit-il, pour échapper à la honte d'une action » que je ne me permettrai jamais ? — Il en est un » bien simple, répliqua la princesse ; faites appeler » le pêcheur et demandez-lui le sexe de son pois- » son, vous lui déclarerez ensuite que vous ne » mangez pas les mâles ou les femelles, selon ce » qu'il vous aura dit. »

Le pêcheur, qui était spirituel, se douta de la ruse et soutint que son poisson était *khonch* (hermaphrodite).

Le prince, agréablement surpris de cette repartie

ingénieuse, lui accorda 400 autres deniers, ce qui indigna grandement la princesse, surtout lorsqu'elle eut remarqué que l'homme ramassait une pièce qu'il avait laissé choir. « Ne devait-il pas, » étant ainsi comblé de vos bienfaits, se montrer » moins avide, s'écria-t-elle? C'était le cas d'aban- » donner cette pièce à vos valets, ou à quelque » mendiant... » La princesse allait continuer, lorsque son mari fit rappeler le pêcheur. « Comment » avez-vous reconnu, lui dit-il, l'acte de générosité » que je venais d'exercer envers vous? Etait-ce la » peine de vous baisser pour ramasser une pièce » qui vous échappait, lorsque vous en aviez 799 » dans votre poche? — Prince, s'empressa de lui » répondre le pêcheur, cette pièce portant votre » effigie d'un côté et votre nom de l'autre, j'ai » craint que quelqu'un ne la foulât aux pieds, et » c'est par respect pour votre image que je l'ai » ramassée. »

La récompense de cette repartie spirituelle fut une nouvelle gratification de 800 deniers.

Il se vengea seulement de la princesse en faisant crier par la ville que *celui qui écoute les conseils de sa femme, dépense dix deniers là où un seul suffirait.*

Un roi, marié depuis quinze années sans avoir eu d'enfants, éprouva le bonheur, après ce temps-là, de devenir père d'un garçon. Il considéra cette naissance comme le don le plus précieux que le Ciel pût lui faire, et s'en réjouit grandement. Son amour en devint si excessif qu'il prit le caractère d'une véritable passion. Il commença par donner une bonne nourrice à ce fils chéri, et, afin qu'on ne pût le voir, il l'enferma dans un palais à part. Tout l'inquiétait pour cet enfant, et il n'était sorte de précaution qu'il ne prît pour le préserver des dangers dont il le supposait menacé.

Parvenu à l'âge de douze ans, le petit prince ne cessa de demander à son père de l'instruire de ce qui se passait au dehors, mais le père ajournait constamment ce désir par des raisons qui ne satisfaisaient pas le jeune impatient. Enfin, il se vit forcé par ses instances à lui promettre que bientôt on ne lui cacherait plus rien, mais qu'il fallait laisser passer un reste de mauvais temps pour être sûr qu'il eût traversé la funeste époque de son premier âge.

On ne sait comment le jeune prince parvint à tromper la vigilance de ceux qui le gardaient : ce qu'il y a de certain, c'est que le roi le vit entrer un jour dans sa salle d'audience. C'était la première fois qu'il quittait son palais particulier.

Uniquement préoccupé du désir de connaître ce qui se passait au dehors, rien ne put attirer son attention au dedans, et voici le propos qu'il tint à son père, aussitôt qu'il se trouva face à face avec lui : « Au nom de Dieu, laissez-moi sortir ; je vous » le demande en grâce, accordez-moi cette faveur : » je n'en ambitionne pas d'autre. »

Le roi, vaincu par l'affection qu'il portait à son

enfant, consentit à lui laisser faire un tour dans la ville; il avait alors quatorze ans. Un grand concours de personnes l'accompagnait ; des officiers de confiance étaient spécialement chargés de veiller sur lui.

Il est inutile de dire que tout ce qui s'offrait à ses regards, le frappait d'étonnement et excitait au plus haut point sa curiosité.

Arrivé à l'un des bazars de la ville, il désira s'y arrêter un instant pour être témoin du grand mouvement d'achat et de vente dont ce lieu était le théâtre. Un boutiquier lui ayant proposé de s'asseoir, il accepta son offre avec empressement. En ce moment un dervich vint à passer tenant un rouleau de papier qu'il mettait à l'enchère pour *mille deniers*.

Le fils du roi, étonné de ce fait, résolut d'acheter le papier, mais il y mit pour condition d'en connaître préalablement le contenu, ce que le dervich refusa énergiquement, déclarant que nul ne serait admis à savoir ce dont il s'agissait qu'il ne lui eût payé d'avance la somme par lui demandée pour son rouleau.

Le prince n'eut pas plutôt entendu cette réponse que sa curiosité n'eut point de trêve qu'il ne se vit en possession du papier mystérieux. Mais à peine l'eut-il déroulé qu'une vive émotion se manifesta sur son visage. C'était le portrait d'une jeune fille éclatante de fraîcheur et de beauté... ses sens en furent tellement troublés, qu'il s'évanouit aussitôt, et tout ce qu'on put tenter pour le faire revenir fut inutile.

On se décida par conséquent à le faire transporter au palais, où il reprit enfin connaissance, à la grande satisfaction du roi, que cet accident avait profondément affligé, quoiqu'il eût d'abord attribué la défaillance de son fils à l'air extérieur, ou plutôt aux miasmes délétères de certains bazars où la propreté ne règne pas toujours.

Cependant le prince languissait et maigrissait à vue d'œil sans que son auguste père pût deviner la cause de son mal, ni trouver le moyen d'en suspendre les effets. Les médecins eux-mêmes se déclaraient impuissants à combattre un mal qu'ils ne pouvaient définir et dont ils soupçonnaient le siége plutôt dans l'âme que dans le corps.

Le roi en conçut un violent chagrin, il ne savait plus quel parti prendre, quand il lui vint subitement à l'esprit une idée qu'il se hâta de mettre à exécution.

Le jeune prince avait pour confident le fils du visir : le roi le fit venir et l'ayant mis au fait de ce qui se passait, il le chargea de s'enquérir des causes de l'état de consomption et de langueur de son ami.

Le fils du visir se rendit incontinent auprès du prince et l'ayant adjuré, au nom de l'affection qu'il lui portait, de lui révéler un secret, il en obtint l'aveu que son mal n'avait pas d'autre cause que l'amour qu'il ressentait pour la fille dont il avait le portrait sous les yeux; sa douleur étant d'autant plus profonde qu'il ignorait l'heureuse contrée qui recelait ce trésor, et n'ayant d'ailleurs que trop de raisons de craindre que son père ne voulût jamais lui permettre de courir le monde pour tâcher de découvrir sa retraite, fatalité cruelle qui ne lui laissait d'autre refuge que la mort.

L'étonnement du roi, en apprenant la cause de la maladie de son fils, n'égala point son anxiété, voyant que le seul remède au mal qui le consumait, aurait immédiatement pour résultat l'absence de ce fils chéri.

Vainement essaya-t-il de prendre encore une fois l'avis des médecins. Ils furent de nouveau unanimes à avouer leur incapacité, déclarant ne connaître d'autre remède à son mal que le mariage.

Il fallait pourtant se procurer quelque lumière sur le fait dont il s'agissait, et, parmi les nombreux conseils dont le monarque s'entoura, un seul lui parut offrir quelque chance d'arriver à découvrir la retraite de la belle inconnue. Il s'agissait de se mettre sur les traces du dervich qui avait vendu le rouleau; mais c'était d'autant plus difficile qu'on ignorait jusqu'à son nom, et que d'ailleurs les gens de cette espèce changent fréquemment de costume. Quel moyen employer pour mettre la main sur lui? Nouvel embarras qui tint longtemps en éveil les imaginations, et pourtant il fallait arriver à un résultat.

On proposa au roi de donner une fête publique dans un grand jardin, entièrement clos, et d'y exposer le portrait magique en face de la porte, de manière qu'il pût être vu de tous ceux qui entreraient, deux gardiens étant établis auprès pour étudier la physionomie des visiteurs et arrêter immédiatement quiconque éprouverait à son aspect une émotion particulière.

Le dervich en question ne manqua pas au rendez-vous, et il fut tellement impressionné en voyant le portrait de la belle inconnue, qu'il s'évanouit, de sorte que les gardiens purent l'amener au roi en toute sûreté de conscience.

Sur la demande qui lui fut faite d'indiquer la demeure de cette éblouissante beauté, le dervich s'exprima ainsi :

« Ce portrait est celui de l'incomparable prin-
» cesse *Saliha*. Je suis moi-même fils du roi Aziz-
» Eddin. En étant devenu éperdument amoureux,
» sur sa réputation, je me rendis dans son pays et
» lui fis offrir ma main, accompagnant ma propo-
» sition de tout ce que la pureté de mon amour
» pouvait me suggérer de plus tendre pour la dé-
» terminer à l'accepter. Sa réponse ayant été qu'elle
» ne désirait pas se marier, ce fut vainement que
» je tentai encore de toucher son cœur en faisant,
» dans ce but, le sacrifice de ma fortune et de ma
» vie. En désespoir de cause, je me mis à voyager,

» et c'est ainsi que, me trouvant dans cette ville, à
» la veille de manquer du strict nécessaire, j'ai
» vendu le précieux portrait, ayant besoin d'ailleurs
» de partir pour les Etats de mon père qui vient
» de mourir et dont j'ai à recouvrer l'héritage. »

Le roi n'eut pas plutôt entendu ce récit, empreint de l'accent de la plus pure vérité et qui l'avait du reste impressionné fortement, qu'il disposa tout pour le voyage de son fils, lui fournissant les moyens de l'accomplir avec un éclat et une pompe dignes de son rang, confiant à un de ses affidés le contrôle des grandes dépenses qu'il prévoyait que le prince serait obligé de faire, et lui composant une suite choisie de personnages aussi remarquables par leur savoir que par leur sagesse.

Il fut convenu dans le cours du voyage qu'on arriverait incognito au lieu qu'habitait la princesse Saliha, et qu'on ferait un mystère à tout le monde des sentiments qui amenaient le jeune prince à sa cour.

On s'établit en conséquence à son arrivée dans un simple khan, où l'on loua plusieurs chambres, et ce fut par l'entremise du concierge de l'établissement qu'on réussit à avoir l'adresse d'une vieille dame qui était liée d'amitié avec l'institutrice de la princesse.

Un envoyé du prince amoureux, étant parvenu à s'introduire auprès de cette vieille dame, en obtint bientôt les bonnes grâces par un moyen qui manque rarement son effet, quelques largesses faites à propos et pour que la duègne ne fût pas tentée de les refuser, ce qui du reste n'arrive pas souvent, je pense, on eut soin de lui dire qu'une affaire délicate faisait ardemment désirer de la gouvernante Khodja-Khatoun, une courte audience à laquelle en qualité d'étranger on n'avait chance d'arriver que par l'intermédiaire officieux de sa meilleure amie. Rien dès lors de plus simple, rien surtout de plus honnête.

L'entrevue eut donc lieu, mais l'institutrice ne laissa pas achever l'interlocuteur, et au seul nom de la princesse : « O mon ami, lui dit-elle, qui
» que vous soyez, je vous dois un conseil : c'est en
» vain que vous perdriez votre temps à poursuivre
» cette folle entreprise. Bien d'autres l'ont tentée
» avant vous ; ils y ont perdu leur fortune et sou-
» vent leur vie sans pouvoir rien obtenir ; cessez
» donc de penser à la princesse et consolez-vous,
» si c'est possible. »

Quoique stupéfait de cette réponse, le prince ne renonça pas à son projet. L'amour qui l'embrasait doubla ses forces, et moins que jamais il douta d'une réussite complète. Confiant dans cette espérance, il insista personnellement auprès de la gouvernante pour qu'elle fît part à la princesse de l'offre de son cœur et de sa position de fils unique et d'héritier présomptif d'un roi puissant.

Trois jours s'écoulèrent avant que n'arrivât la réponse si désirée, dont l'objet n'avait cessé de préoccuper l'esprit de notre prince amoureux.

Il faut être épris, comme il l'était, pour sentir le terrible effet qu'elle produisit sur lui comme expression d'un double sentiment fait pour bouleverser une âme exquise : sensibilité d'une part, mais prière aussi de l'autre, d'avoir à renoncer sans retour à toute lueur d'espoir. Et voici pourquoi :

La princesse étant allée respirer un jour l'air pur de la campagne, avait remarqué un faon et une gazelle qui, n'étant inquiétés de personne, couraient çà et là en gambadant et en jouant ensemble dans la plénitude de leur liberté, en face de la nature ; et son cœur en avait été attendri et la pensée du bonheur dont ce couple jouissait avait produit une délicieuse sensation sur son âme, lorsqu'un chasseur, qu'elle n'avait point aperçu, avait abattu tout à coup le pauvre faon d'un plomb meurtrier... A la vue de ce meurtre, à la vue des démonstrations douloureuses de l'infortunée gazelle, en présence de ce brusque changement de tableau, qui la transportait tout à coup du sein d'une aimable gaîté, dans les angoisses de la plus sombre tristesse, tout son être s'était brisé et elle avait fait vœu de ne jamais se marier, pour qu'il ne lui arrivât pas de perdre son fils comme la gazelle avait perdu son faon chéri.

Les amoureux ne sont pas faciles à rebuter. Le prince ne se considéra point comme définitivement éconduit par la réponse de celle qu'il ne pouvait cesser d'aimer. Il chercha donc dans sa tête un stratagème pour la voir, pour lui parler, et s'évertua dans ce but à connaître à fond les habitudes de la princesse, ses jours et ses heures de sortie, les lieux qu'elle fréquentait, le temps qu'elle y restait d'ordinaire.

Aussitôt qu'il eut été fixé, sur ces diverses circonstances, il fit appeler la personne qui l'avait mis en rapport avec la gouvernante, et l'invita à engager une cinquantaine de femmes, plus ou moins âgées, à se trouver un jeudi, à deux heures, sur la petite place qui précède le jardin du roi, les prévenant que là on les mettrait au fait du rôle qu'elles auraient à remplir, moyennant une gratification raisonnable qui leur serait payée, en sus des arrhes qu'on leur faisait compter.

L'envoyée se rendit sans perdre une minute auprès des femmes âgées et nécessiteuses qu'elle savait propres à accomplir cette mission, et la gratification anticipée étant d'ailleurs fort belle, toutes promirent à l'envi d'être exactes au rendez-vous.

Elles étaient déjà arrivées au lieu convenu, lorsque la princesse passant par là avec sa brillante suite, fut étrangement surprise d'y trouver un pareil concours dont elle ne comprenait pas le sujet, et qui contrastait d'une manière si étrange avec la jeunesse et l'amabilité de ses joyeuses suivantes. Elle se contenta d'ordonner qu'on fermât la porte du jardin après que son entourage y serait entré.

Le fils du roi, déguisé en dervich, avait guetté ce moment, et il n'eût pas plutôt vu passer la princesse qu'il s'approcha du groupe de vieilles femmes, lesquelles, d'après la leçon qu'il leur avait faite, l'environnèrent toutes à la fois et le prenant, tour à tour, par les bras, par les habits, par le corps, lui crièrent ensemble : « Oui, oui, vous » êtes mon amant, mon promis, mon bien-aimé, » mon chéri! il faut bon gré mal gré que vous » m'épousiez. » A quoi il répondait sans cesse avec colère et d'une voix forte : « Non, non, je ne veux » point me marier; la plus jolie femme du monde » ne me ferait pas changer de résolution : la mienne » est irrévocable. »

Les cris de toutes ces vieilles, les vociférations plus fortes encore du jeune homme ayant attiré la foule, on alla prévenir la princesse de la scène plaisante qui se passait à la porte de son jardin, et comme les princesses ne sont pas plus inaccessibles à la curiosité que les autres femmes, elle accourut au lieu indiqué où elle trouva effectivement ce qu'on lui avait annoncé. Lorsqu'elle vit néanmoins les mégères tirailler en tous sens un jeune homme beau, bien fait, aux formes nobles et élégantes, elle leur ordonna de le laisser tranquille, et aussitôt qu'il se fut retourné pour la remercier, d'un geste qui exprimait à la fois tous les sentiments dont il était animé, elle ne put s'empêcher à son tour d'en être éprise... Sa seule vue lui avait enlevé son cœur et lui avait ravi son repos. Son premier mouvement fut de se retirer dans son jardin; mais à peine s'y fut-elle assise sur son divan, qu'elle ordonna qu'on lui amenât le jeune dervich.

Aussitôt qu'il fut en sa présence elle lui demanda de lui faire connaître sa position, — les circonstances qui l'avaient précipité entre les mains de ces furies et le motif qui lui faisait dire qu'il ne se marierait jamais.

Le prince se recueillit un instant et lui dit en prenant le ton d'un homme profondément ému :
« Je m'étais bien promis, adorable princesse, de
» ne divulguer jamais un secret que j'avais juré
» d'emporter dans la tombe ; mais le service signalé
» que vous venez de me rendre et l'intérêt surtout
» que vous avez daigné me témoigner, en m'inter-
» rogeant sur un sujet qui m'est si cher, m'impo-
» sent le devoir de vous satisfaire ; ayant d'ailleurs
» à implorer en outre votre protection, afin d'en
» obtenir la faveur d'être accompagné jusque chez
» moi.

» Je suis fils unique du puissant roi Rokneddin,
» et je ne voyage, sous l'habit de dervich, que pour
» me distraire du profond chagrin que me cause
» le vœu que j'ai fait, à la suite d'un cruel acci-
» dent dont j'ai été témoin, dans une partie de
» campagne... M'étant un peu écarté de ma suite,
» avec quelques amis, j'aperçus dans un vallon
» une biche charmante, un cerf délicieux, dont les
» allées et venues continuelles, dont tous les mou-
» vements traduisaient le plus tendre amour, et
» par conséquent la plus douce satisfaction, le plus

» ineffable bonheur..... Je jouissais avec émotion
» de ce spectacle, quand un léopard, que je n'avais
» pas aperçu, se précipitant tout à coup, comme la
» foudre, sur la pauvre biche, déchire de ses griffes
» ensanglantées ses membres palpitants et assouvit
» sa faim vorace sur cette innocente victime!... Je
» voudrais pouvoir vous peindre, illustre princesse,
» les mouvements convulsifs du malheureux cerf,
» à la vue de cet affreux carnage, mais les retracer
» exactement n'est au pouvoir de personne, hélas!
» Vous devez comprendre à quel point mon âme à
» cet aspect fut saisie d'horreur, et combien je
» puis être excusable d'avoir pris, depuis ce jour,
» la ferme résolution de ne jamais associer mon
» sort à celui d'une femme, de crainte de me la
» voir enlever par quelque catastrophe semblable. »

La princesse fut si touchée de l'analogie de la position de ce dervich avec la sienne qu'elle ne sut d'abord que répondre à l'inconnu, qui venait de se dévoiler à elle d'une manière si sympathique, et pour lequel elle commençait à concevoir plus que de l'intérêt. Elle prit cependant sur elle de l'inviter à revenir le jour suivant dans ce même jardin, et à cette seconde visite tous deux se furent bientôt compris en se déclarant sans mystère leur amour.

Les noces eurent lieu avec une pompe digne du rang qu'occupaient les illustres époux, qui se retirèrent dans le pays du prince, où ils vécurent longtemps et fort heureux.

XXVI

Médecins. — Pharmaciens. — Recettes. — Préjugés ou superstitions.

La science des médecins de ce pays repose tout entière sur les aphorismes qu'ils ont puisés dans les vieux traités arabes et sur les recettes les plus vantées de la même époque. Cette science, tous ne la possèdent cependant pas au même degré, car l'instruction qu'on retire d'une étude étant relative à l'intelligence de ceux qui s'y appliquent, il s'ensuit que nos docteurs ne progressent dans l'art de guérir qu'en proportion de l'esprit d'observation qu'ils y apportent.

L'étude d'une science aussi difficile est d'autant plus téméraire, de la part de ces braves gens, qu'un de leurs axiomes les prévient que *l'instruction ne gît pas dans les livres, mais dans le cerveau*[1], d'où ils devraient conclure qu'elle ne s'acquiert que par la démonstration.

C'est encore là une de ces inconséquences monstrueuses qui se rencontrent si fréquemment dans cette contrée : elle est vraiment digne d'observation ; que penser, en effet, de ces êtres qui se sentent découragés à l'idée d'apprendre eux-mêmes la

---

[1]. Les Arabes disent : *dans les poitrines*, à cause de *sedour* qui rime avec *setour*, lignes, écritures qui désignent la science.

science futile du *nahou* (grammaire, laquelle ne comprend que les règles de la prononciation, règles fort utiles, toutefois, puisque certains mots ont une signification relative à la manière dont ils sont prononcés), tandis qu'ils n'ont pas le plus léger scrupule de se former à l'art difficile de guérir leurs semblables!

On conçoit ce qu'a de malheureux le sort des personnes qu'une indisposition grave jette entre les mains de pareils Esculapes, lorsqu'on réfléchit surtout que c'est dans ces cas-là que, pour ne point afficher leur ignorance crasse, ils sont le plus enclins à prescrire, à tort et à travers, des remèdes, le redoublement des ordonnances devant être toujours en rapport avec l'intensité de la maladie... Hâtons-nous cependant d'ajouter que la Providence, mesurant le mal au degré de soulagement qui peut lui être apporté, n'a voulu livrer que très-rarement des maladies sérieuses aux expériences de ces empiriques. Ces principales maladies, les Arabes les divisent en quatre classes : *bilieuses, glaireuses, sanguines* et *nerveuses*.

Certains médecins de bas étage simplifient tellement leurs ordonnances, qu'ils ne désignent pas même les quantités des drogues à employer, se contentant de désigner les doses de la manière suivante : *tant* de paras (centimes) de tel médicament, *tant* de tel autre, etc., de sorte que l'effet du remède dépend du plus ou moins de générosité ou d'avarice du droguiste ou de l'épicier, car ce sont eux en général qui tiennent les pharmacies. Quant aux médecins, ils sont en même temps apothicaires, et c'est principalement à l'aide des remèdes qu'ils composent, et débitent dans leurs officines, qu'ils pourvoient à leur existence.

Les Orientaux ont rarement recours aux médecins, quand ils se sentent malades, et ils ne les font appeler d'ordinaire que lorsqu'ils se croient en danger de rendre le dernier soupir : aussi, leurs ordonnances ne sont-elles le plus souvent que des arrêts de mort.

Au début de l'indisposition, les parents et amis s'empressent d'accourir pour donner des avis, et c'est sur l'insistance de ceux qui prétendent *que les moyens qu'ils proposent ont guéri en plusieurs occasions*, qu'on se décide à les employer. Les femmes sont surtout prodigues de conseils, et elles ne le cèdent en rien pour la persistance, de sorte qu'elles parviennent toujours à faire prendre quelques-unes de leurs préparations au pauvre malade.

C'est par suite de cette habitude, qui reçoit son application en toute occurrence, que les Arabes prennent habituellement des drogues, alors même qu'ils se portent bien, et que les pharmacies ne désemplissent pas, les hommes et les femmes venant y chercher une infinité de remèdes, afin de ne négliger aucun des avis qui leur sont si charitablement donnés.

Il est vrai que les médecins sont parfois consultés sur l'opportunité de tel ou tel médicament, le choix embarrassant souvent ces personnes, surtout lorsqu'elles peuvent juger, d'après leur expérience, qu'il en est dont l'effet est *chaud* ou *froid, sec* ou *humide.*

C'est dans ces cas que les modernes *Abousina* (Avicenne) déroulent tout leur savoir et qu'ils accumulent les explications scientifiques pour finir toujours par cette phrase : « Il convient, en consé-
»quence, que vous vous en teniez aux ingrédients
»secs ou chauds, etc. »

Il est rare de voir à Alep une boutique d'apothicaire sans un âne sellé à la porte. Les médecins qui sont exposés à courir sans cesse dans les quartiers assez éloignés de cette ville ont tous un de ces humbles quadrupèdes constamment à leur disposition devant leur pharmacie. On a été jusqu'à soutenir que ces auxiliaires étaient chargés de couvrir de leur voix harmonieuse les bévues de leurs maîtres toutes les fois que, s'étant fourvoyés dans une dissertation extra-savante, ils invoquaient, par un signal, le secours assourdissant de l'intéressant animal.

Les Esculapes arabes sont tenus d'être en même temps prophètes, puisqu'il est nécessaire qu'ils prédisent les variations ou phases de la maladie, de même que les effets de leurs remèdes.

Ceux-ci sont toujours jugés en raison de leur énergie; jamais la quantité des évacuations n'effraye un malade. On en tire, au contraire, un bon pronostic. Ce sont des embarras gastriques dont on débarrasse : quoi de mieux?

Comme je l'ai dit, ce n'est pas d'après l'avis du médecin seul qu'on se règle, lorsqu'on en fait appeler un, mais on se croit consciencieusement astreint à suivre aussi tous les conseils que les visiteurs ont la générosité de vous donner, avec la certitude que les remèdes par eux indiqués doivent produire immanquablement un bon effet.

Ces conseillers obligeants sont d'autant plus écoutés qu'ils s'appuient sur le proverbe : « L'ex- » périence est préférable à la science. » Ce qui fait dire vulgairement : « Adresse-toi à quelqu'un qui » a expérimenté une chose, plutôt qu'à un médecin, » fût-il des plus instruits. »

S'il est, au reste, des aphorismes contraires aux médecins, ceux-ci ne laissent pas que d'en invoquer qui leur sont favorables, comme, par exemple, celui-ci : « Combien n'est-il pas de malades » que le manque de soins conduit au tombeau! »

On a vu également des médecins se tirer avec esprit des mauvais cas où leur science allait se trouver en défaut.

Un homme qui se sentait indisposé consulta sur ce qu'il avait à faire pour ne pas voir sa santé se déranger entièrement, et l'avis du médecin étant qu'il prît un purgatif, il en reçut en conséquence un qui devait le faire aller six fois.

On avait exactement suivi les conseils du médecin sur la conduite à tenir après avoir pris le remède, et, comme il n'avait pas été suivi du nombre exact de selles annoncé, on dut aller en prévenir le docteur, qui en fut lui-même étonné, attendu que, d'après la complexion de l'individu, son état et la nature du purgatif, le résultat calculé lui avait paru devoir être infaillible. Cette circonstance porta le médecin à chercher la cause qui avait pu déranger un effet si savamment combiné, et le consultant lui ayant avoué que dans son ennui il s'était mis à composer des vers, et qu'après un opiniâtre travail, il était enfin parvenu à trouver deux rimes qu'il lui récita, le docteur n'en voulut pas savoir davantage, et, l'arrêtant dans sa narration, il lui dit : « Je savais bien que je ne pouvais pas me » tromper dans mes prévisions : mon nombre six » est trouvé ; vous avez eu quatre évacuations par » en bas et deux par en haut, ce qui fait bien six. » Il faut avouer que les vers étaient détestables.

Ce n'est pas sans raison que j'ai voulu réunir dans ce chapitre mes observations sur la médecine et les préjugés qui lui prêtent un si puissant secours; car les formules pharmaceutiques et les superstitions qui ont le plus de cours à Alep, sont souvent consignées dans le même recueil ou manuel sous le titre commun de *recettes*.

Le lecteur s'en convaincra en prenant connaissance de quelques-unes de ces formules que j'ai choisies parmi un grand nombre d'autres.

« Quand un arbre ne produit pas, on prie une femme enceinte de le menacer, un couteau à la main, de l'abattre s'il continue à ne pas donner de fruits, et l'année suivante il ne manque pas d'en être chargé. »

« Les obstructions se guérissent par le même moyen. On amène la personne qui en est affectée chez un barbier, lequel, s'emparant d'un rasoir, dit à la maladie : *Tu vas te dissoudre et décamper, ou bien cet instrument sera employé à te détruire.* »

« Pour le point de côté, on se sert d'un petit arc fait avec une branche de grenadier et de petites flèches du même bois que l'on lance de près sur la partie endolorie mise à nu. On répète l'opération jusqu'à ce que le malade se trouve bien de ces piqûres ou saignées locales. »

« Le moyen de guérir des verrues consiste à prendre, le premier ou le second mercredi de la lune, lorsqu'il ne tombe pas au delà du 14, une petite branche de figuier (un pan) et à demander à la personne qui veut être délivrée de cette incommodité combien elle en a sur le corps ; sur sa réponse, on fait à la branche autant d'entailles qu'elle a de verrues. On expose alors cette branche au soleil, et avant la fin du mois, la guérison est complète. »

« Une femme dont l'accouchement est habituellement prompt a la vertu de rendre l'enfantement facile à toute personne en travail qu'elle visite, pourvu qu'elle lui présente de sa main un verre d'eau. »

« Si pourtant une femme qui relève de couches

en visite une autre, celle-ci ne fera plus d'enfants à l'avenir. L'effet est le même sur une nouvelle mariée. »

« Couper de nouveaux habillements un mardi, c'est s'exposer à les laisser en héritage. »

« Le mercredi, au contraire, fait espérer des legs. »

« Rajuster, ou réparer un vêtement quelconque sur la personne, porte malheur, parce que c'est une allusion indirecte au linceul qui, après la mort, est cousu sur le corps. »

« On ne doit se vêtir de rien de neuf lorsqu'on est au bain. »

« Si, devant y aller, on s'est fait précéder d'un paquet de linge à son usage, il est très-prudent de ne pas l'en retirer, quelle que soit d'ailleurs la raison qui ait fait changer de dessein. Il est convenable d'attendre que le maléfice ait cessé, ce qui arrive infailliblement deux ou trois jours après qu'on y est allé. »

« La vue d'une vieille femme est d'un mauvais augure le matin. » Un Arabe chrétien redoutait tellement cette fâcheuse rencontre, qu'avant d'ouvrir les yeux, il avait grand soin de se faire amener ses filles qui étaient d'une rare beauté, et après s'être ainsi agréablement récréé la vue, il se rendait à ses affaires.

Les Orientaux ont l'habitude de regarder la nouvelle lune aussitôt qu'elle est visible, et de retourner ensuite la tête vers la première personne qu'ils aperçoivent, ou qu'ils amènent avec eux, pour consulter le sort sur son visage. Ils lui attribuent le bien ou le mal qu'ils éprouveront dans ce mois.

On tire le même horoscope de la première rencontre qu'on fait le matin en sortant de sa chambre, ou de son logis, quel que soit le sexe ou l'âge de la personne qui se présente d'abord aux regards.

Il est aussi des domestiques et des maisons qui sont de bon ou de mauvais augure. De là, des serviteurs et des logements recherchés ou évités.

Un mauvais œil est attribué aux personnes dont le cristallin est bleu-clair ou gris. Pour en combattre l'effet, il convient que cette personne dise *machallah* (louange à Dieu), chaque fois qu'elle exprime la surprise, ou qu'elle fait l'éloge de la beauté, de la bonté, ou de la gaîté, qualités que l'envie détruirait sans l'interjection protectrice.

Un certain cri des chiens, qu'on appelle de *travers*, est un signe infaillible de mort du principal personnage du quartier.

La présence d'une chouette annonce la destruction de l'endroit sur lequel elle s'est posée.

Enterrer la tête d'un chien, c'est provoquer des disputes dans le quartier. Une altercation fait toujours dire : « Il doit y avoir quelque tête de chien » enterrée par-là. »

Si l'on veut, au reste, qu'une querelle *prenne couleur* ou qu'elle augmente, on retourne les babouches (souliers) des assistants qui se sont déchaussés en se mettant sur les divans.

Il est indispensable de répandre un seau d'eau après qu'un corps a été enlevé.

Lorsqu'une personne tombe sans se blesser, elle doit envoyer un balai à la mosquée, à l'église ou à la synagogue, selon sa croyance.

Voici maintenant une recette culinaire :

« Veut-on qu'une poule, qu'on vient de tuer et qu'on va faire cuire, soit tendre, il n'y a rien de mieux à faire que de mettre une de ses pattes *sous* la marmite. »

Parmi les travers d'esprit des Orientaux, un des plus grands, sans contredit, est leur confiance aveugle dans les astrologues, les sorciers et les bohémiens; aussi ne faut-il pas s'étonner du nombre considérable de dupes que cette sotte croyance enfante tous les jours.

Je me bornerai à rapporter, à ce sujet, deux reparties spirituelles qui prouveront que, si la généralité des Orientaux a une foi entière dans les moyens de connaître l'avenir, il en est aussi, dans les deux sexes, qui doutent grandement de leur efficacité.

Un poëte disait à un astrologue : « Vous qui comptez si bien les étoiles et qui nous fatiguez sans cesse des prodiges d'une science plus subtile que la poussière qui n'apparaît qu'au soleil, comment se fait-il que vous n'ayez pas su compter les innombrables trésors que recèle la terre que vous foulez aux pieds, quand vous prétendez connaître si bien les secrets du ciel suspendu si haut sur votre tête? »

Une femme de mauvaise vie se rendit chez un astrologue pour se faire dire la bonne aventure. Celui-ci, possédant au suprême degré l'art d'allécher ses pratiques par la louange, reçut avec beaucoup d'égards la visiteuse, qui se présentait à lui dans ses plus beaux atours, et lui dit : « Salut, trois fois
» salut, à la plus vertueuse des femmes, à la perle
» de la plus belle moitié du genre humain. » A quoi la dame, se croyant l'objet d'une mystification, l'arrêta court en lui disant : « En voilà bien assez ! je
» vois que je n'ai rien de vrai à attendre de vous,
» puisque vous débutez par des mensonges de cette
» force. »

On rapporte que, dans une des réunions que tenait le Prophète, un des assistants était dans l'intention de lui demander combien il aurait encore de temps à vivre lorsqu'un Arabe entra pour lui adresser la même question, à laquelle Mahomet répondit en lui présentant la main ouverte, les cinq doigts élevés.

Celui qui avait eu l'idée de faire la même demande lui dit alors : « O prophète de Dieu, l'homme
» qui vient de sortir m'a devancé dans sa question ;
» mais je n'ai point saisi le sens du signe que tu as
» fait et dont il s'est cependant contenté. » Mahomet lui répondit par ce passage du Koran : « Dieu préside au jour et à la nuit. — Il fait descendre
» l'eau du ciel. — Par son ordre le vaisseau fend les
» mers. — Soutenu par lui, le ciel n'écrase pas la

» terre. — Ayant donné la vie aux hommes, c'est
» également lui qui les fera mourir [1]. »

Les médecins sont quelquefois goguenards et savent se venger de leurs clients lorsqu'ils pensent qu'ils ont voulu les mystifier. Le fait suivant en est une preuve :

Une très-vieille femme étant tombée malade, l'Esculape vint la voir, et, l'ayant trouvée dans une toilette complète, toute couverte de bijoux et de beaux habits, il dit au fils de l'octogénaire : « Ap-
» portez-lui quelque chose de doux à manger, ou
» bien mariez-la. » Persuadé que c'était pour rire qu'il avait ajouté le dernier conseil, celui-ci demanda une assiette pour aller chercher un peu de confiture et l'offrir à sa mère, puisque son indisposition était si légère qu'elle pouvait se permettre une friandise ; mais la dame fit observer à son fils que, manquant d'appétit, *il valait mieux qu'il se mît en devoir de suivre l'autre conseil du médecin.*

[1] Ce passage, composé de cinq points représentés par les cinq doigts, fait allusion aux versets 60 à 65 du 22ᵉ chapitre, intitulé le *Pèlerinage de la Mecque.*

XXVII

Animaux remarquables. — Pigeons, chats, rats, chiens, chevaux, goëlands, perdrix du désert, étourneaux, insecte de la noix de galle, corbeaux, serpents.

J'ignore quelles sont les causes qui influent sur le cerveau des Syriens, mais je dois croire que les mêmes causes exercent un égal empire sur les animaux de cette contrée, car ils présentent autant d'anomalies que les hommes et les femmes.

Je ne chercherai point à expliquer ces causes : simple observateur, je ne saurais élever jusque-là mes prétentions; mais, pour offrir à mes lecteurs un sujet de méditation, je leur rapporterai ce que j'ai recueilli de plus singulier sur cette matière.

Certains Alepins, qui aiment beaucoup à vivre sans rien faire, ou, pour mieux dire, sans se déranger, ont imaginé un moyen qui paraît leur avoir réussi, puisqu'ils n'ont point cessé d'en faire usage et qu'ils ont trouvé de nombreux imitateurs.

Ce moyen consiste à dresser des pigeons qui contractent l'habitude de voler ensemble, de s'élever dans les airs, d'y tourner en divers sens et de revenir au logis après avoir enlevé, dans leur voyage, quelque pigeon étranger ou isolé. Le chasseur qui épie leurs mouvements, rappelle ses émissaires et saisit le moment de leur retour pour envelopper d'un filet le capturé, ou, s'il hésite à s'abattre, il le prend avec un cerceau garni d'une poche à mailles.

Cet exercice paraît exiger beaucoup de finesse, beaucoup de patience surtout, pour apprendre aux pigeons leur rôle et le leur faire mettre en pratique. J'ai vu opérer plusieurs de ces rapts, et je dois avouer que j'ai eu lieu d'être étonné de la précision que ces oiseaux mettaient à l'exécution de leurs manœuvres, ne les croyant pas susceptibles de tant d'intelligence et de docilité.

Il est impossible d'agir avec plus d'ensemble et de promptitude en se réglant uniquement sur les signes ou les cris des maîtres, car il faut dire également que ceux-ci ne sont pas seulement occupés du soin de faire chasser leurs pigeons, mais encore de celui d'éviter qu'ils ne soient entamés par des bandes plus fortes appartenant à d'autres patrons.

Cette chasse fait, dit-on, vivre ceux qui s'y livrent[1], mais j'ajouterai qu'on doit en attribuer principalement le succès à l'impunité qui protége tant d'autres abus dans les contrées soumises aux Turcs.

On m'a assuré, néanmoins, que ces sortes de chasseurs ne pouvaient témoigner en justice, l'industrie qu'ils exercent étant l'objet d'une réprobation universelle.

---

[1] Il faut dire que les captures se composent très-souvent de pigeons sauvages, qui se multiplient dans les nombreuses grottes qui entourent Alep.

L'amour qu'on a en Turquie pour les pigeons semble avoir pris naissance dans cette recommandation du Prophète qui nous a été transmise par la tradition : « Attachez-vous aux pigeonneaux ! » ils détourneront de vos enfants les mauvais es- » prits ! »

Les chats, que les musulmans aiment généralement beaucoup depuis que Mahomet a fait preuve de tant d'affection pour un de ces animaux, doivent également les attentions qui les entourent à cet autre précepte de la tradition : « Honorez le » chat, parce qu'il veille sur vous pendant la nuit » pour vous garantir des reptiles et des insectes » dangereux. »

L'affection des sectateurs de l'islam pour les chats a été portée si loin qu'on en a vu fonder des legs pour l'entretien de ceux de ces animaux qu'on vient déposer dans les mosquées, ne pouvant garder ou placer la totalité des petits que les chattes mettent bas deux fois l'année. Malgré la corruption des temps, de pareils faits se reproduisent encore. Je m'en suis assuré en visitant la mosquée *Bahramié* et en voyant accourir les chats retraités à l'heure de la distribution de viande de mouton qu'on leur fait chaque jour.

On m'a assuré qu'il existe une loi condamnant à une amende quiconque tue un chat ou un chien, ce dernier animal, quoique impur, étant considéré comme fort utile. J'aurai bientôt l'occasion d'ajouter quelques mots à ce sujet.

Voici maintenant un *dicton* qui concerne le cheval :

« Son dos est un talisman ; son ventre un trésor. »

Pour cette raison, jamais les Arabes ne vendent leurs juments. Quand, par hasard, ils s'y voient forcés par un besoin d'argent, ils n'en cèdent que le dos, s'en réservant le ventre, ce qui ne fait acquérir à l'acheteur que le droit de monter la bête, en la nourrissant, le produit des portées restant au vendeur.

Puisque nous avons abordé le chapitre des chats, on me permettra de placer ici une particularité qui semble prouver que ceux d'Alep ont reçu en partage une parcelle de cette remarquable intelligence que j'ai dit avoir observée dans les animaux de ce pays. Je la choisis entre mille autres qui ont contribué à me convaincre de la supériorité des chats de cette ville.

J'ai appris le fait que je vais rapporter d'un aimable habitant du *Kettab*. Il est d'ailleurs attesté par plusieurs témoignages dignes de foi.

Un jour que la personne en question avait du monde à déjeuner, un de ses chats, qui prenait habituellement part au repas de son maître, rôdait, comme une âme en peine, dans la salle à manger, s'étonnant de ce qu'on ne se disposait pas à servir, lorsque, à la position du soleil dans la cour de la maison, — observation qui fait honneur à la race féline d'Alep, — il s'apercevait que l'heure de la collation matinale était depuis longtemps passée. Or, que fit-il alors? La faim, s'emparant de tout son être, le poussa dans la cuisine où l'attirait, du reste, le fumet d'un excellent rôt, et il se laissa entraîner — chose sans exemple dans sa vie — à commettre un larcin... Emportant une brochette et prévoyant qu'on allait se mettre en mesure de le poursuivre, il profita de son agilité pour s'élancer de toit en toit jusqu'au faîte d'une maison assez haute, où il lui fut permis de savourer en paix avec tout le monde, hors sa conscience, le délicieux *kebab*[1] qu'il venait d'enlever.

Se rappelant néanmoins les bontés de son maître et des domestiques, celles surtout du cuisinier qui l'affectionnait tendrement, il résolut de regagner le manoir; mais, voulant éviter d'être traité avec la rigueur que méritait son vol, il chercha dans sa tête le moyen de fournir à ses juges une circonstance atténuante qui pût le faire absoudre, et ne trouva rien de mieux que de leur rapporter fidèlement la brochette dans laquelle étaient enfilés les morceaux de viande qu'il avait dévorés.

Des chats aux rats et aux chiens la transition est toute naturelle; les uns sont les victimes des premiers, les autres leurs ennemis de temps immémorial. Cependant, avant d'aborder ce dernier point, j'ai à réparer un oubli. Je n'ai pas dit que les Alepins étaient d'un caractère irritable, qu'ils se piquaient facilement et que souvent un mot, un

---

[1] Rôti à la turque.

signe, un rien devenait chez eux le sujet d'une brouille ou tout au moins d'une bouderie, quand il n'en résultait pas une longue rancune.

Cette omission réparée, j'ai hâte d'ajouter qu'il n'y a pas jusqu'aux rats d'Alep qui ne soient susceptibles à l'excès. Si l'on se méfie d'eux, ils s'enflamment d'une telle colère que rien ne saurait résister à leurs dents : ballots, caisses, barriques, tout est percé par eux pour entamer le contenu et le détruire même, s'ils peuvent y parvenir. Qu'on leur montre, au contraire, une entière confiance, qu'on abandonne à leur discrétion les substances mêmes dont ils sont le plus friands, le sucre par exemple, et ils n'y toucheront pas ; c'est sans doute par délicatesse, par point d'honneur, et pour témoigner qu'ils ne sont pas indifférents aux procédés, et que rien ne leur est plus sensible que de voir qu'on se méfie d'eux.

Je suis redevable de cette curieuse observation à un ancien négociant du *Khan Nehassin* qui m'a proposé de me faire certifier le fait par plusieurs de ses confrères, tout aussi amis de la vérité que lui, mais j'ai refusé son offre pour ne point paraître douter de ce qu'il m'assurait si bien.

La question des chiens en Orient est beaucoup plus importante qu'on ne serait tenté de le croire, et ce n'est être que rigoureusement juste que de l'aborder tout spécialement.

On s'est beaucoup récrié, dans la savante Europe, contre les chiens de la Turquie dont on blâme la prodigieuse multiplicité, et en cela, comme sur bien d'autres sujets, les jugements ont été erronés, parce qu'ils portaient sur des renseignements inexacts.

On doit d'abord reconnaître que les chiens publics ou errants, — et il n'en existe pas d'autres en Orient, — demeurent, je ne sais par quelle cause, dans la limite du nombre qui est nécessaire pour l'emploi auquel ils paraissent être destinés, car dire qu'ils ne sont bons à rien, ce serait nier que tout ce que la Providence crée n'ait pas un but spécial d'utilité.

Je dirai, en second lieu, que la charité musulmane, qui s'étend jusqu'aux animaux, ne les laissant souffrir ni de la faim, ni de la soif, les cas d'hydrophobie sont très-rares dans ces climats, quelque brûlants qu'ils soient. J'ajouterai troisièmement que les chiens ont reçu la haute mission de veiller à la sûreté des rues et des bazars, où ils s'établissent de préférence, mission dont ils s'acquittent à merveille, ayant soin, toutes les fois que c'est nécessaire, d'avertir par leurs aboiements les gardiens, qui se reposent sur la vigilance de leurs collègues à quatre pattes, du moindre péril qui les menacerait.

Les chiens, d'ailleurs, remplissent ici des fonctions d'agents chimistes, produisant sans relâche en tout lieu l'ingrédient le plus propre à la tannerie[1].

---

[1] On emploie leurs excréments comme mordant très-actif

Ils contribuent, en outre, à la salubrité publique en détruisant les matières qui se corrompraient si elles n'étaient pas dévorées. Ils jouent ainsi le rôle des cigognes en Allemagne et celui des vautours en d'autres pays.

Ce sujet me rappelle un bon mot de l'époque où les Francs-Levantins portaient la queue, quoiqu'ils eussent adopté le costume oriental, exemple que suivaient les Arabes qui *voulaient passer* pour Européens ou seulement se mettre sous leur protection. On disait alors, que pour faire un Franc d'un chien et d'un chrétien du pays, il suffisait de couper la queue à l'un et de l'ajouter à l'autre. La raison de ce proverbe, c'est que là tous les chiens d'Européens sont sans queue, tandis que ceux de la contrée conservent la leur.

Les goëlands (oiseaux de mer) accourent à Alep toutes les fois qu'ils pressentent un orage, de sorte que l'hiver rend leurs apparitions plus fréquentes. Comme ces oiseaux pâtiraient de leur éloignement de la mer, qui leur offre principalement leur nourriture, les enfants d'Alep, pour les retenir par forme d'amusement, ont pris, depuis un temps immémorial, le soin de les substanter, et les goëlands d'accourir à leurs cris pour recevoir les miettes ou les grains qui leur sont jetés. Les goëlands les reçoivent à la volée, s'abattant assez pour

pour la préparation des peaux, ce qui fait que de petits garçons rôdent continuellement dans les rues pour les ramasser.

les saisir en l'air à la faible hauteur que peut atteindre la force d'un enfant lançant d'aussi petits objets.

C'est aux cris de *taaï, taaï* (venez, venez), que ces oiseaux approchent du toit d'où partent ces clameurs, et ce n'est qu'après avoir laissé les goëlands tournailler quelques instants au-dessus de leurs têtes pour les contraindre, en quelque sorte, à demander, dans leur plaintif langage, la subsistance accoutumée, que les enfants leur jettent le blé ou le pain dont ils veulent les régaler. Ces oiseaux sont maintenant nommés *taaï*, du cri qu'on emploie pour les appeler.

Les étourneaux sont si nombreux dans cette contrée qu'il s'en forme des vols semblables à d'épais nuages, aussi noirs que ceux qui couvent dans leur sein la tempête.

Vers le soir, ces oiseaux ont l'habitude de se livrer à des évolutions d'une folâtrerie que rien ne saurait rendre. Ils décrivent les plus bizarres figures, se déroulent en câble, se forment en cercle, s'arrondissent en boule, se croisent, se dispersent en tous sens, pour prendre encore d'autres formes plus étranges les unes que les autres. Leurs exercices terminés, ils s'abattent sur les grands arbres épars dans la ville, et leur chute imite le bruit de la grêle qui tombe. On conçoit les dégâts qu'ils doivent commettre dans les champs; mais telle est l'incurie des Syriens, telle est leur superstition, qu'ils prétendent que c'est Dieu qui pourvoit à leur nourriture, que ce n'est pas eux, et ils ne voudraient à aucun prix les détruire.

Les *katta,* espèce de perdrix du désert, abondent aussi extraordinairement en certaines années dans le territoire d'Alep. Elles y causent également bien des dommages, sans que nul ne pense à les détruire, quoique leur chair soit bonne à manger, de même que celle de l'étourneau. Les chasseurs seuls se contentent d'en tuer quelquefois.

Le respect qu'on porte aux étourneaux tient à une cause étrange : ils sont originairement noirs, et ce n'est qu'après plusieurs mois qu'on voit poindre quelques taches sur leurs plumes; ce que les Alepins attribuent à un miracle, œuvre d'un santon de la Perse que ces oiseaux seraient obligés d'aller visiter, s'ils veulent obtenir cette parure. L'axiome *rien pour rien* existe dans ce bienheureux pays, comme dans tous les autres. Aussi les étourneaux qui ne l'ignorent pas ont-ils grand soin d'apporter en tribut au dévot personnage *trois olives* qu'ils jettent, en arrivant chez lui, dans un grand bassin ou pressoir; et c'est de cette façon que le saint homme, mort depuis des siècles, est parvenu à doter sa mosquée d'une infaillible prestation en huile qui durera aussi longtemps peut-être que les meilleures fondations de ce genre.

C'est un insecte, une espèce de mouche, qui fait produire au chêne la noix de galle, si utile à la composition de l'encre et de la teinture, car le gland est le fruit naturel de cet arbre.

Au moyen de son dard, cette petite mouche fait une incision aux membrures des jeunes feuilles et y dépose son œuf qu'enveloppe aussitôt la sève qui, s'épandant et grossissant peu à peu, forme cette protubérance ronde qu'on nomme la noix de galle; d'abord verdâtre, elle blanchit ensuite et prend enfin la couleur du bois. C'est dans cet état qu'elle est livrée au commerce. Quand l'insecte est éclos, il pratique, pour recouvrer sa liberté, une petite ouverture et prend son essor, afin d'aller donner naissance, lorsque l'époque de la reproduction sera revenue, à d'autres galles qui renfermeront d'autres œufs. Le grand chêne n'offre point partout la même particularité, qui dépend des localités et des climats.

Toutes les fois qu'une dame entend le croassement d'un corbeau, elle court lui dire « Nous » apportes-tu quelque bonne nouvelle? » usage qui remonterait, dit-on, à Salomon à qui les femmes seraient allées se plaindre de l'injustice commise à leur égard en permettant à l'homme d'avoir jusqu'à quatre épouses légitimes, tandis qu'on les astreint à n'avoir qu'un mari; elles auraient, en conséquence, demandé à ce roi, dépositaire de la sagesse divine, l'autorisation d'en prendre plusieurs; à quoi il aurait répondu qu'avant de statuer sur un sujet aussi grave, il était de son devoir de soumettre les belles solliciteuses à une épreuve, consistant à lui apporter chacune une tasse de lait, et que, s'étant soumises à cette prescription, il leur aurait ordonné de verser toutes ces tasses de lait dans un vase ; après quoi, il aurait commandé à chacune de retirer le lait qu'elle avait apporté, injonction bizarre à laquelle elles auraient répondu que c'était impossible, les quantités et qualités fournies s'étant tellement confondues qu'il n'y avait plus chance désormais de les reconnaître ; et, comme elles insistaient, il les aurait renvoyées au lendemain, la nuit portant conseil en Orient comme en Europe. Lorsqu'elles seraient revenues, il leur aurait dit qu'il avait envoyé le corbeau leur porter une réponse définitive... Et de là l'habitude de l'interrogation *khaïr?* (qu'arrive-t-il d'heureux?) adressée par ces dames au sinistre oiseau chaque fois qu'elles entendent son cri.

Le fait suivant ne sera pas le moins singulier de tous ceux que j'ai rapportés.

J'avais remarqué dans les jardins d'Alep des arbres dont le tronc portait un cercle rouge, en forme de ceinture, et ayant cru que cette marque indiquait qu'on devait les couper, ou seulement les ébrancher, je n'avais fait aucune question à leur sujet. Mais j'ai appris plus tard que cette couleur était destinée à préserver les arbres de la piqûre de certains serpents qu'un *vertigo* pousse au suicide. Ils s'élancent violemment sur les plus magnifiques, qu'ils choisissent de préférence, comme s'il y avait quelque gloire pour eux à mourir en détruisant le plus bel ornement d'un jardin ou d'un bois. Le choc est si terrible, disent les Arabes, que le reptile en meurt à l'instant; mais ce qui est plus fâcheux, c'est que l'arbre en meurt aussi. Est-ce par l'effet de la piqûre dans laquelle le serpent aurait injecté tout son venin? C'est probable. Et il ne serait pas difficile d'échafauder tout un système sur cette base, quelque fragile qu'elle soit; mais le musulman, ami du merveilleux et ayant peu de foi dans les causes physiques, préfère y voir un fait surnaturel.

XXVIII

Campagne. — Jardins. — Jeux.

J'ai dit précédemment que les environs d'Alep étaient d'une effrayante aridité. Les tristes amas de misérables maisons, épars aux alentours et qu'on décore du nom de villages, sont eux-mêmes si dépourvus d'arbres qu'on dirait, en vérité, qu'il existe dans le pays une prime d'encouragement, offerte à leur destruction. Ces peuplades ne commencent, du reste, à se dessiner à l'horizon, qu'à la distance de plusieurs kilomètres de la ville, et le terrain, plus ou moins rocailleux, qui les en sépare, est presque partout en friche.

On m'a assuré que l'incurie du gouvernement n'était pas étrangère à l'éloignement des cultivateurs, et que le voisinage du chef-lieu du pachalik leur occasionnait plus de désagréments que d'avantages.

Les habitants de la campagne ont eu, jusqu'ici, deux espèces d'ennemis à redouter : les autorités des villes et les Arabes du désert. S'il est vrai que l'autorité ait sérieusement l'intention de faire cesser enfin les exactions qui ruinent la contrée, au profit de quelques administrateurs, il est grandement temps qu'elle s'en occupe, qu'elle s'organise d'une façon plus régulière, et qu'elle songe aussi à réprimer vigoureusement les excursions des bédouins qui ont toujours été le fléau de la Syrie.

Le monticule qui domine Alep, a d'abord attiré les premiers habitants de cette ville; le second motif qui les a fixés sur ce point, c'est la rivière qui coule à ses pieds. Lorsque, plus tard, cette ville a pris une si grande extension, les agréments que lui procurent les eaux du *Kouaïk* n'ont pas dû être étrangers à sa prospérité.

Les Arabes, dans leur imagination exclusivement poétique, ne font consister le suprême bonheur ici-bas, qu'en la possession ou la présence de trois choses : l'eau, la verdure et la beauté. Le cours d'une rivière doit être dès lors le but déterminant de leur préférence; car, sans d'abondantes eaux, ils ne sauraient avoir des arbres, des pelouses, ni même des plantes; aussi la félicité suprême des Alepins des deux sexes consiste-t-elle à aller s'asseoir sur les bords du *Kouaïk* et à contempler de là le cours de cette rivière, quelque peu rapide qu'elle soit, quelque trouble qu'apparaisse ordinairement son onde... Mais, sous ce rapport comme sous beaucoup d'autres, les Arabes sont d'une philosophie admirable. Ils se contentent de ce qu'ils ont, sans jamais porter envie à ce que le Ciel leur refuse. Cette indifférence est poussée même chez eux au point que, lorsqu'ils ne peuvent point descendre au Kouaïk, ils fument et causent avec un égal plaisir devant le plus maigre filet d'eau qui s'offre à eux, et, au besoin, devant le premier égout qu'ils rencontrent. Sur ce point, cependant, il faut l'avouer, les hommes se montrent, en général, de moins bonne composition que les femmes.

Il n'est pas permis de douter que ce soit d'après le Koran que les Arabes ont fait consister le suprême bonheur ici-bas, dans la possession des trois *éléments* que nous avons cités. En effet, le chapitre 55ᵉ de ce livre saint promet aux élus *des jardins ornés de verdure, de fruits, de sources jaillissantes et de vierges parées de beauté et de modestie.* Le texte ajoute bien : *qu'ils y seront étendus sur de riches tapis, tissus de soie et d'or;* mais c'est là du superflu auquel nos musulmans actuels ne paraissent pas tenir absolument.

Les réunions au bord de la rivière et dans la campagne, ont lieu en toute circonstance, et c'est dans ces lieux, surtout, que les Orientaux aiment à aller consommer leurs loisirs. D'ailleurs, dans l'été, la ville est en proie à une chaleur si accablante qu'elle doit nécessairement en chasser tous les habitants qui peuvent la fuir, pour les pousser vers les jardins, où les retient ensuite l'agréable fraîcheur qui y règne. Aussi y prolongent-ils habituellement leurs stations jusqu'à deux heures après le coucher du soleil, y faisant venir leur dîner et y entendant des troupes de musiciens qu'ils ont soin d'y appeler.

On verra tout à l'heure que lorsqu'ils ne trouvent pas un attrait suffisant dans ce moyen de distraction, qu'ils font du reste alterner avec la conversation et les pipes, ils demandent de nouvelles émotions au jeu, ce qui arrive surtout lorsque les réunions se composent de jeunes gens.

Les chrétiens et les israélites ont pour les jardins le même goût que les musulmans, et, quand viennent les jours qu'ils ont l'habitude de chômer, ils s'y répandent en plus grand nombre encore, pour y boire de l'eau-de-vie, qu'ils mettent rafraîchir. A mesure que les lumières progressent, les hommes deviennent plus exigeants, et l'on ne saurait aujourd'hui les satisfaire avec l'unique possession des trois *éléments* que nous avons cités ; il leur en faut trois autres encore : le café, la pipe et l'eau-de-vie.

C'est pour répondre à ces besoins que des industriels, disposés à profiter des faiblesses humaines, se dispersent de toutes parts çà et là avec des narguilés, une cafetière et des tasses, s'établissant même à poste fixe dans les lieux les plus fréquentés. La pipe est pour le fumeur oriental un meuble indispensable, attendu qu'en Syrie on n'a pas la coutume d'en fournir dans les lieux publics.

Quoique la vente des boissons fortes soit autorisée dans les tavernes du gouvernement et autres, la civilisation des Turcs n'est pas arrivée encore au débit, chez eux, de *la goutte* en pleine rue. Patience ! au train dont marchent les innovations qui battent dans ce pays les mœurs en brèche, il ne faut pas désespérer de voir cette nouvelle imitation des usages européens s'acclimater bientôt à Alep.

Les femmes se permettent ici les mêmes plaisirs que les hommes ; elles aussi mangent, boivent, chantent et jouent ; mais c'est en cachette, à l'écart, dans quelque jardin bien clos, bien ignoré, dans ceux de *Baballah* par exemple ; car sans cette précaution elles ne pourraient pas se permettre de lever le voile qui leur couvre tout le corps et les gêne, malgré la grande habitude qu'elles ont de le porter.

Les jardins de *Baballah*, qui sont les plus beaux d'Alep, renfermaient autrefois de nombreuses maisons que s'empressaient d'occuper les consuls et les négociants européens, amateurs de la belle nature et de l'air pur et frais de la campagne. Il n'en existe plus que trois maintenant, et encore tombent-elles presque en ruines.

Les fleurs, les rameaux, les brins d'une plante quelconque, tout ce qui est vert enfin, est toujours le bienvenu chez les Arabes, et je crois même que l'usage, espèce de loi inviolable chez cette nation, ne permet pas d'en refuser l'offre ; ce qui fait appeler modestement *brin de verdure* le cadeau qu'on désire faire accepter. Un fruit est également bien accueilli, surtout si c'est une primeur. Les solliciteurs s'introduisent auprès des autorités ou des personnages dont ils ont à réclamer quelque faveur, à l'aide de ces produits, qu'on ne saurait refuser, et une fois admis, ils débitent leur formule suppliante. Lorsque sa demande est inadmissible, le solliciteur reçoit une gratification en argent.

A l'époque florissante où les Francs étaient en possession d'un immense commerce qui enrichissait ce pays, les jardins d'Alep étaient entretenus d'après leurs idées, sous leur direction, et les fruits, ainsi que les fleurs qu'il produisaient, étaient remarquables par leurs qualités supérieures ; mais, dès que ces soins ont manqué, les jardiniers du pays, qui ne savent pas sortir des voies de la routine, ont laissé dégénérer les arbres, et des espèces intéressantes ont même, dit-on, complétement disparu.

L'origine des choux-fleurs et de l'ail à Alep, m'a été ainsi racontée :

Lors des premières relations qui s'établirent entre cette ville et Marseille, un négociant phocéen, grand amateur d'horticulture, écrivit à son correspondant de la Syrie, d'avoir à lui envoyer quelque plante rare qui fût inconnue en Provence ; mais peu versé dans la botanique d'outre-mer, ce ne fut que sur des informations vagues que l'Arabe réussit à savoir que le rosier *de tous les mois* y ferait l'admiration des connaisseurs. Il en choisit donc un beau qu'il fit partir par l'intermédiaire d'un ami qui se rendait en France.

Il lui avait recommandé de le *disposer à produire* dès son arrivée, en le dépouillant de ses feuilles lorsqu'après l'avoir privé d'eau, pendant un certain nombre de jours, elles sont prêtes à tomber en se flétrissant. Mais, soit que l'air salin de la mer lui eût été préjudiciable, soit que le changement de climat eût nui à son développement, le rosier ne repoussa pas sous le ciel de Marseille, comme d'habitude cela a lieu après quelques jours d'arrosage, et le négociant ne reçut en conséquence qu'un arbuste hérissé d'épines. Ne voyant donc qu'une mystification cruelle dans l'envoi de cette plante, il résolut de prendre sa revanche, et avec d'abondantes actions de grâces, il expédia à son correspondant des graines de choux-fleurs, en lui faisant l'éloge de ce légume et en l'engageant à le manger sans crainte.

Au bout de quelque temps, néanmoins, le rosier commença à bourgeonner, et les fleurs qu'il donna furent trouvées si belles, que le négociant regretta d'avoir tiré vengeance de ce qui n'avait été qu'un accident, dont son ami n'était nullement coupable.

Une idée lui vint alors, et il s'empressa de la saisir : le choux-fleur qui est, dit-on, venteux, a,

ajoute-t-on, l'ail pour antidote : « Envoyons donc,
» s'écria-t-il, de ce précieux végétal à Alep, il neu-
» tralisera l'effet de l'autre légume. »

Il dut nécessairement recommander à son ami de joindre ce nouveau légume à l'autre, dans les mets où il en ferait usage, l'assurant que de leur réunion résulterait infailliblement un bon effet.

Ces deux espèces de productions ont eu ainsi à Alep une origine provençale.

Parmi les diverses anecdotes qu'on m'a racontées au sujet des jardins, j'en choisis une qui prouve le peu de confiance qu'on a ici dans les juges et la haine même qu'on leur porte généralement.

Le propriétaire d'un vignoble avait eu le désagrément de se voir, pendant plusieurs années, privé du revenu de son bien, tantôt par une cause, tantôt par une autre. Ne sachant quel remède apporter à ce mal qui lui était fort sensible, puisqu'il vivait habituellement du produit de sa récolte de raisins, il se résolut, de guerre lasse, à inviter un cheikh du voisinage à venir prier sur son clos : ce qui eut lieu, à la grande satisfaction du propriétaire. L'année suivante, en effet, il obtint une si belle récolte, qu'elle en valait deux. Etant allé remercier le cheikh de cette faveur du Ciel dont il lui était redevable, il insista beaucoup auprès de lui pour connaître quelle oraison, quelle formule de prière il avait employée pour arriver à ce résultat... « Je
» n'ai fait usage d'aucune prière, lui répondit le

» cheikh. En parcourant votre vignoble, je l'ai seu-
» lement menacé plusieurs fois d'y enterrer un
» cadi, et la crainte que cette menace lui a inspirée
» a fait qu'il s'est décidé à produire. »

Je ne puis parler des jardins sans faire mention des ponts qui y conduisent et dont le plus grand nombre ne sont plus bons à rien à la première crue de la rivière; ce qui m'a fait dire souvent que les ponts devenaient précisément inutiles dans la saison où l'on en avait le plus besoin. Cet état de choses accuse évidemment l'imprévoyance de ceux qui les construisent, et qui ne devraient pas ignorer que tous les ans le Kouaïk déborde plusieurs fois et submerge même une grande partie de la campagne riveraine. Les communications n'ont alors lieu que par deux ponts qui doivent à leur élévation de ne pas être entièrement couverts par les eaux.

Dans les grandes crues, les Alepins ont l'habitude de sortir en masse pour aller contempler les progrès de l'inondation et se repaître d'images fantastiques que leur esprit vagabond se crée avec une facilité merveilleuse. Il n'est pas rare de les voir s'imaginer alors qu'ils assistent au spectacle de la mer, à ses phénomènes et à ses désastres.

Je me suis trouvé aussi quelquefois à la campagne dans de grandes réunions qui ont lieu à certains jours de la semaine, pour se livrer à l'exercice du *djérid*, en usage surtout parmi les jeunes musulmans qui possèdent de bonnes montures. Ces cavaliers se rendent à l'heure accoutumée dans un lieu où ils savent devoir trouver des compétiteurs, et, s'étant partagés en deux camps, ils courent les uns sur les autres en se lançant des bâtons qu'ils appellent *djérid*. On ne saurait se faire une idée de l'adresse qu'ils mettent à poursuivre leur adversaire, à l'atteindre de leur bâton et à éviter d'être frappés par le cavalier qui, du camp opposé, s'est empressé de courir au secours de l'homme menacé. Ce jeu paraît avoir beaucoup d'attrait pour ceux qui aiment à se distinguer par la souplesse et la dextérité du corps, par la force du poignet; et j'avoue que je l'approuve entièrement, parce qu'il excite au plus haut point l'émulation de la jeunesse.

J'ai parlé plusieurs fois des époques de l'année où les jardins d'Alep sont visités par les habitants des différentes religions. On aime à les fréquenter lorsqu'on est certain d'y trouver du monde, quoique les déprédations des Arabes-Bédouins, dont le souvenir ne peut entièrement s'effacer, parce qu'ils se permettent toujours quelque nouveau méfait, ne permettent point de considérer la campagne comme entièrement sûre.

L'anecdote que j'ai rapportée dans un article précédent prouve que les israélites n'ont pas seulement à redouter les insultes des habitants des villages, mais encore celles de la force armée qui, dans d'autres pays, n'est employée qu'à protéger les citoyens et à les défendre.

Au sujet des ponts que leur peu d'élévation expose à être submergés toutes les fois que les eaux de la rivière éprouvent une crue sérieuse, j'aurais pu communiquer une réflexion que j'ai faite fréquemment à Alep, et qui a fini par me convaincre que, dans leurs conceptions, les Arabes, peu inquiets de l'avenir, ne visent jamais qu'au but qui les préoccupe dans le moment, sans en étudier les inconvénients, sans chercher surtout à les éviter. C'est ainsi que dans la construction de leurs demeures ils ne songent qu'à les rendre fraîches, parce que la chaleur de l'été est ce qui les effraie le plus. Il en résulte que leurs appartements élevés, étant en hiver de véritables glacières qu'ils ne cherchent pas même à chauffer, parce qu'ils ont reconnu que ce serait impossible, ils sont contraints de les abandonner entièrement pendant plusieurs mois de l'année.

Leurs habillements ont le même inconvénient. Ils les portent fort larges en été pour qu'ils soient moins chauds, de sorte que, lorsque vient l'hiver, ils n'ont d'autre parti à prendre que de s'en surcharger pour ne pas mourir de froid.

Dans les réunions intimes, dans celles surtout où les jeunes gens dominent, lorsque tous les sujets de conversation ont été épuisés, et qu'il faut, pour tuer le temps, pour employer le reste de la journée, pour remplir surtout les longues soirées d'hiver, chercher de nouveaux moyens de distraction, on les puise d'ordinaire dans ce qu'il y a de moins sérieux au monde, car la jeunesse cherche avant tout à se distraire; et, pour y réussir, elle donne toujours la préférence aux jeux qui la font rire.

Celui des *fingéans* est fort prisé dans ces sociétés et dans celle des femmes aussi, à cause de ce qu'il offre de piquant dans ses combinaisons. Le nom primitif de ce jeu est *destagheur* (*voyez, découvrez ce qui est caché*). Or, ce nom étant tout persan, il est à croire que ce jeu est originaire de cette contrée.

Il peut être joué par deux personnes ou par un plus grand nombre qui se divisent alors en deux camps ou partis.

On apporte un plateau sur lequel sont posés, sens-dessus-dessous, neuf fingéans (tasses de café du pays), dans l'un desquels une bague est cachée.

Le plateau étant présenté à la société, chacun retourne un fingéan. La personne assez heureuse pour tomber sur le fingéan qui couvre la bague devient maîtresse du jeu. Cependant, comme il en faut deux, lorsque les joueurs sont nombreux, le même moyen est mis en usage pour se procurer un second chef.

Les deux étant trouvés, on partage la société, c'est-à-dire tous ceux de ses membres qui ont pris part au jeu, en deux camps opposés[1]. On convient

---

[1] Chez les Francs-Levantins, les réunions se composent d'hommes et de femmes, et les maîtres sont des deux sexes.

ensuite de ce qu'on jouera et du nombre de points de la partie.

Pour la commencer, on engage le premier venu à présenter le plateau aux maîtres, en les priant de retourner successivement, à tour de rôle, tous les fingéans, jusqu'à ce qu'ils trouvent la bague cachée, ce préambule n'ayant d'autre objet que de déterminer lequel des deux partis commencera, parce qu'il est plus avantageux de donner à deviner que de chercher à deviner soi-même.

Cette opération terminée, la phalange qui a obtenu ce premier succès s'en enorgueillit et en tire les meilleurs pronostics, mais sa grande affaire est de cacher la bague, de la rendre introuvable, et ce n'est pas chose facile. Les champions du même parti se forment en cercle et les conseils tombent par torrents sur celui qui tient le plateau et la bague. Quelle détermination prendre au milieu de ce déluge d'avis? mettez-la ici; non là; au centre; dans le rond; à droite; à gauche; en haut; en bas; dans le triangle; sur ce point; non, sur celui-là; enfin la bague est cachée : il ne s'agit plus que de présenter adroitement le plateau pour qu'aucun regard ne trahisse le secret, pour que nul ne sache de quel côté elle se dérobe aux regards.

Le partage a donc lieu tout naturellement entre les uns et les autres, les dames devenant les auxiliaires du cavalier, et les messieurs ceux de la maîtresse du jeu.

C'est à l'un des membres du parti contraire à deviner.

S'il croit être parvenu à deviner d'emblée le *fingéan* qui contient la bague, il doit l'annoncer en prononçant le mot *destagheur*, et, s'il est tombé juste, il gagne dix points et le plateau; dans le cas contraire, le plateau ne change pas de main, et les adversaires comptent autant de points qu'il reste de tasses à découvrir, plus une.

Lorsqu'il y a hésitation sur le parti à prendre, on retourne l'une après l'autre autant de tasses qu'on veut, en disant préalablement : *fadi* ou *boch* (vide), à chacune d'elles; mais, arrivé aux avant-dernières, si l'on suppose que la bague y est contenue, on doit, en posant le doigt sur celle qu'on a choisie, prononcer le mot *destagheur* pour gagner également dix points lorsqu'on a rencontré juste. A défaut, on a le droit de la chercher sous un autre *fingéan*, en prononçant le mot *tesfaych* (acquittement). Si on la découvre, on retire le plateau, c'est-à-dire que le droit de cacher la bague est acquis à la bande gagnante; en ne la découvrant pas on perd, et le jeu recommence.

On comprend tout ce que la fonction de dénicheur a de délicat, d'embarrassant; aussi est-ce avec le plus grand sérieux que certaines personnes la remplissent, quand leur tour est venu d'exercer leur science devineresse.

Voici maintenant les cas de perte :

Lorsqu'on n'a pas réussi à trouver la bague au *destagheur*, et qu'on la découvre en continuant à relever les *fingéans*, dans les *bochs*, qu'on prononce à chacun d'eux, on perd dix points, ce qui s'appelle *yati* (donnant); mais si la rencontre de la bague a lieu avant qu'on ait dit le mot *destagheur*, la perte est seulement d'autant de points qu'il reste de *fingéans* à retourner.

Pendant la durée de la partie, les deux bandes s'agacent par des propos piquants et des *lazzi*, surtout si l'une d'elles obtient un avantage numérique sur l'autre. Souvent ce sont les battus eux-mêmes qui prennent l'initiative, en critiquant d'avance ceux qu'ils voient disposés à les huer, ce qui égaie la société, qui bat des mains et mêle ses cris de joie aux acclamations des attaquants et des attaqués.

Les Syriens ont une infinité d'autres jeux auxquels ils ont recours pour varier leurs plaisirs. Les uns demandent de l'adresse, d'autres de la force et ressemblent à des exercices gymnastiques. Il est aussi des jeux d'attrappe auxquels on a surtout recours lorsque la société renferme quelque personne notoirement réputée peu intelligente, ou simplement des sujets qui se prêtent à l'amusement de la réunion.

Les musulmans, naturellement sérieux, se déright dans ces cas-là et se mêlent volontiers aux ébats de la jeunesse.

Je terminerai par deux reparties spirituelles

que j'ai recueillies dans une de ces séances dans les jardins.

Un grand potentat ayant fait asseoir une de ses femmes à sa table, son esclave favori laissa tomber, par inadvertance, une goutte de graisse sur la robe de la dame. Le patron furieux ordonna immédiatement la mise à mort de l'esclave. Celui-ci, entendant prononcer son arrêt, versa aussitôt tout le contenu du plat sur la tête de son maître en lui disant : « Je puis maintenant mé-
» riter votre sentence sans que personne ait le
» droit de vous en blâmer. » Et il obtint sa grâce.

Un jour qu'un pacha sortait, son cheval fut épouvanté par la brusque apparition d'un individu, et l'écart de la bête fit tomber le bonnet du haut fonctionnaire qui s'écria : « Quel malheur de ren-
» contrer sur son chemin de pareilles gens ! qu'on
» décapite ce drôle ! » Mais celui-ci, qui n'était pas dépourvu d'esprit, répliqua sans se déconcerter : « Notre rencontre, Excellence, est bien
» plus fatale pour moi que pour vous; car elle ne
» vous a coûté que la chute de votre bonnet et je
» vais la payer de la chute de ma tête. » Et il eut son pardon.

XXIX

Arabes du désert.

De toutes les races humaines avec lesquelles j'ai été en contact dans mes divers voyages, celle des Arabes du désert de la Syrie est la seule qui m'ait offert une identité parfaite avec le type des Arabes des déserts de l'Algérie, et je dirai qu'en tout la ressemblance est si frappante qu'on les prendrait facilement les uns pour les autres : langue, accent, mœurs, costume, industrie, tout révèle une telle conformité qu'on a droit d'être surpris de ce que le long espace de temps et de lieux qui les a séparés, ne leur a fait perdre aucun des caractères de leur commune origine.

Ne pouvant donc vous fournir, sur les Arabes algériens, que des renseignements que vous avez pu recueillir partout, et qui n'auraient pas, par conséquent, le mérite de la nouveauté, je m'attacherai à vous faire connaître les Arabes syriens sous le rapport de la loyauté et de la noblesse du caractère.

Les anecdotes qui suivent rempliront, j'espère, mon intention, puisqu'elles renferment des preuves convaincantes des qualités qui les distinguent. Elles serviront en même temps à détruire l'opinion, aussi généralement qu'injustement répandue, que ces habitants de l'intérieur de la Syrie ne sont que des voleurs et des barbares, sans qu'on veuille convenir qu'ils possèdent aussi des vertus qui rachètent, jusqu'à un certain point, aux yeux des personnes impartiales, les défauts dont certains d'entre eux se sont fait justement accuser. Juge-t-on, en Europe, les habitants d'une ville sur les vices de certaines gens des faubourgs? Il en est de même de ces hôtes du désert. Leurs mœurs s'améliorent à mesure qu'ils s'éloignent des races qui peuplent les villes. C'est également aux Turcs et à leur gouvernement despotique qu'il faut attribuer une grande partie de leurs défauts. L'homme en butte sans cesse à de mauvais traitements et à des violences verra nécessairement se transformer son caractère primitif, et deviendra infailliblement mauvais, de bon qu'il était primitivement. Telles sont, à mon avis, les causes de la différence que l'on remarque entre les habitudes des Arabes voisins des villes et celles de leurs frères qui vivent dans le désert, leur véritable patrie, n'obéissant qu'à leurs inspirations naturelles, ou n'étant soumis qu'à des lois et à des coutumes qui leur appartiennent; tandis que les autres, en proie aux vexations des gouvernants, sont forcés de courber momentanément la tête sous le choc des passions qu'elles font naître, sans oublier toutefois que la vengeance est le suprême bonheur des opprimés.

Un ancien consul général d'Angleterre, homme aussi honorable par sa conduite que distingué par ses qualités personnelles et le noble usage qu'il en sait faire[1], m'a raconté qu'ayant été chargé, il y a vingt-cinq ans, d'acheter des étalons pour le roi de Wurtemberg, il s'était fait conduire à quelques heures de Hama, dans une tribu qu'on lui avait désignée comme possédant des chevaux d'un grand renom.

Il ne devait pas entreprendre ce voyage sans avoir pris une précaution qui peut être inutile, mais que semble pourtant rendre indispensable l'opinion qui s'est accréditée, depuis si longtemps, du peu de foi des Arabes.

Il se fit donc cautionner par cette tribu, et en obtint qu'elle lui enverrait des otages qui tiendraient sa place jusqu'à son retour.

L'esprit exalté par cette opinion si défavorable à ces habitants du désert, le voyageur, dès qu'il fut au milieu d'eux, ne revenait pas de sa surprise en se voyant l'objet du plus cordial empressement et d'une hospitalité qui le frappait moins encore que la manière délicate dont elle était exercée. Les procédés qu'on employait à son égard étaient empreints d'une urbanité comparable à tout ce qu'il eût été en droit d'attendre du peuple le plus civilisé du globe, et il les appréciait d'autant plus

---

[1] Sir John Barker, qui s'était retiré à Médie, en Syrie, pour s'y livrer entièrement à la vie patriarcale, vers laquelle le portaient ses mœurs douces et la simplicité de ses goûts.

H. Guys.

qu'ils étaient entièrement dépourvus de cette vaine ostentation et de ces accessoires puérils que l'Europe juge indispensables pour donner du relief aux démonstrations que la politesse a converties chez elle en lois.

L'Arabe n'a à vous offrir que ses manières prévenantes, ses affectueuses paroles, sa franchise : car tout le reste lui manque.

A l'époque de ce voyage, il régnait de plus une si grande disette dans le pays que le pain même y était rare.

Dans un de ces épanchements de cœur si communs aux Arabes, enfants de la nature, ses hôtes disaient au consul : « Est-ce bien à vous, que Dieu a comblé de tant de faveurs, qui avez eu la science et la fortune en partage, de venir nous enlever la seule chose qui puisse nous faire honneur, nos étalons? Mais vous nous prenez par notre côté faible en faisant briller votre or à nos yeux, et vous produisez sur nous un éblouissement qui nous empêche d'apprécier le sacrifice que nous vous faisons de nos plus beaux coursiers. »

Le marché conclu, l'acheteur qui, par suite de sa méfiance, n'avait point apporté d'argent avec lui, annonça qu'à son retour à Hama, il enverrait aux vendeurs le prix convenu, et que les chevaux qu'il venait d'acquérir lui parviendraient en échange par un agent qu'il chargerait de ramener les otages à la tribu.

Le traité fut fidèlement exécuté selon ces prescriptions; mais il arriva que, pendant que le plus bel étalon était en route, il fut rencontré par une horde qui le reconnut et l'enleva par pure jalousie, les Arabes ne pouvant souffrir de voir passer à l'étranger leurs bons chevaux, qu'ils considèrent comme les perles de leur désert.

Le consul ne s'inquiéta nullement de l'aventure ; il avait été trop favorablement prévenu par les témoignages de sympathique loyauté dont il s'était vu l'objet, pour douter un instant de la bonne foi de ses hôtes ; il se rassura surtout complétement lorsqu'il apprit de ses gens que l'homme envoyé par le vendeur était retourné chez celui-ci pour l'informer de l'événement.

Le vendeur s'était, de son côté, mis immédiatement en mesure d'achever de tenir son engagement envers le consul, avec qui il était d'autant plus lié qu'il en avait reçu et la somme promise et les otages qui lui avaient été donnés en nantissement, double procédé empreint de délicatesse, aux yeux surtout d'un homme du désert ; aussi pour ravoir l'étalon n'eut-il d'autres arguments à faire valoir auprès des Arabes ravisseurs que la parole donnée et le prix d'achat qu'il avait reçu d'avance.

Le cheval ne tarda donc pas à être rendu, et l'opinion avantageusement acquise à la loyauté des Arabes, ne reçut pas, en cette circonstance, la plus légère atteinte.

Un habitant d'Alep avait des relations commerciales avec quelques Arabes campés autour du *Nahr-el-dehb* (rivière d'or). Ces peuplades portaient différents noms et différaient de mœurs par suite de leur diversité d'origine. Il y avait parmi elles des *Moualis*, des *Hadidis*, des *Fardoucis*, des *Chammar* et des *Terkaus;* d'autres appelés *Chouaïa* étaient pasteurs.

Un jour, le marchand s'achemina vers une de ces tribus, en se faisant suivre de ses articles de vente, contre lesquels il recevait en échange du beurre, des moutons et des chameaux. Il se dirigea vers la tente la plus élevée, s'imaginant qu'elle appartenait à un homme généreux. La réponse qu'à son entrée, il en reçut à la question ordinaire: « Aimez-vous les hôtes ? — Soyez en tout temps le bien venu, » le confirma pleinement dans son idée.

Le maître du logis fit le meilleur accueil à l'étranger : il s'occupa d'abord de ses bagages, qu'il plaça convenablement, ce qui acheva de rassurer le nouveau venu.

A l'heure du repas, le premier servit au second les mets qu'offrait la localité, en les assaisonnant des propos les plus aimables. Enfin il lui récita ces vers :

» Cher hôte! c'est en me visitant que vous m'avez trouvé.
» — Je suis maintenant votre invité, puisque vous devenez
» le maître céans. — L'étranger n'est que l'hôte de Dieu et
» mange son propre bien. — Son départ sera salué des
» louanges de tous les gens du lieu. »

Un jour que le marchand s'occupait des affaires de son négoce, il vit arriver une troupe de cavaliers, armés de lances brillantes et chargés du butin qu'ils venaient de faire en dépouillant une caravane. Ils le rapportaient dans leur tribu.

« Etant passés près de notre camp, dit l'Alepin, je pus reconnaître, parmi les victimes, un de mes amis qui, avant de me voir, criait de toutes ses forces : « N'y a-t-il donc ici personne qui puisse » me secourir, qui puisse me délivrer ? » Bientôt il m'aperçut et nous nous reconnûmes mutuellement. Il invoqua l'amitié qui nous unissait, et ne put retenir ses larmes au rayon de joie que l'espérance venait de laisser pénétrer dans son cœur affligé. Il me cria alors : « Vous serez mon libéra-» teur, car ce n'est que pour que vous me déli-» vriez que Dieu a permis notre rencontre : c'est » un effet de sa miséricorde infinie. Dieu, en effet, » ne peut-il pas tout ? Oh ! je lui en rends mille » fois grâces, croyez-le bien ! »

» Mon premier mouvement fut de le consoler, de le tranquilliser, de lui promettre même de lui faire rendre la liberté. Mais quelle influence mes paroles allaient-elles avoir sur ses spoliateurs ? Hélas ! je les sollicitai vainement : j'eus la douleur de le voir emmener. Je courus alors tout chagrin chez mon hôte, qui, me voyant affligé, m'en demanda le motif ; je lui répondis que ce qui causait ma peine était la rencontre que je venais de faire d'un de mes amis, tombé au pouvoir des cavaliers qui venaient de passer. M'apercevant qu'il prenait intérêt à son malheur, j'ajoutai qu'il pouvait cesser s'il le voulait, et je le priai de nous accorder sa protection, la réputation de générosité dont il jouissait me faisant espérer qu'il nous viendrait en aide dans cette fâcheuse occurrence, si digne à tous égards de sa sollicitude.

» Je lui citai aussi ces vers :

« Le sort me frappera-t-il quand tu es mon soutien ? —
» Qui osera me persécuter dans ce monde quand je t'ai pour
» protecteur ! — Il serait honteux, pour le chef de cette
» tribu, que j'y perdisse la moindre chose, fût-ce le licol de
» mon chameau. »

» L'émotion que j'éprouvai, en prononçant ces dernières paroles, me fit répandre d'abondantes larmes.

» Mon hôte en fut ému. Saisi d'un vif sentiment d'indignation et de colère, il se dressa comme un lion, et élevant la voix : « Mes compagnons, s'é-
» cria-t-il, hâtez-vous de vous joindre à moi. » Et à mesure que la tribu se réunissait, il lui racontait le malheur de mon ami. Sa voix fut si éloquente, si pathétique, qu'il intéressa tous les arrivants au sort du captif, et on les vit faire aussitôt leurs préparatifs de départ, apprêter leurs armes et seller leurs chevaux.

» Le chef avait un fils de dix-sept ans dont la beauté *éclipsait celle de la pleine lune.* Ses moustaches poussaient à peine, un léger duvet commençait à peine à ombrager son menton. Le mariage de ce fils était fixé pour ce jour-là même ; il avait absorbé jusque-là toutes les facultés du père, qui avait déjà reçu la visite de nombreux invités à la noce. Mais l'honneur qui, chez les Arabes, passe avant tout, ne permettait pas qu'en cette occasion on le sacrifiât à des convenances personnelles. Le père, appelant donc cet enfant chéri, lui commanda de partir sur-le-champ pour la tribu des *Beni-Chammar*, en compagnie de ses braves cavaliers, pour leur demander l'élargissement d'un prisonnier dont la captivité affligeait profondément leur hôte, qui était son ami.

» L'obéissance du jeune homme fut complète, et son empressement ne le céda en rien à celui de l'auteur de ses jours. Etant entré dans sa tente pour se disposer au départ, sa mère, qui ne s'attendait qu'à une courte absence, voulut contribuer à ses préparatifs, en arrangeant ses cheveux et le revêtant de ses plus beaux habits.

» Monter à cheval et voler plutôt que courir à la tribu spoliatrice, fut l'affaire d'un moment. A leur arrivée, ils trouvèrent les gens de la peuplade occupés à partager le butin. Leur accueil fut bienveillant et leurs paroles courtoises, mais, lorsqu'on leur eut demandé la liberté d'un de leurs esclaves, la réponse fut *qu'on ne l'aurait pas sans rançon*. Le jeune chef insista, et pour ajouter, par une démonstration, à ce que ces paroles avaient de pressant, il tira son sabre et lança sa jument vers la tente où le captif garotté était en proie aux plus cruels traitements. Ne consultant alors que son zèle, il se pencha vers lui pour rompre ses liens, mais un de ses gardiens, le prenant en traître, lui traversa le corps de sa lance; il tomba, se débattant contre la mort, et expira !..

» A cette vue, ses compagnons tournèrent bride et, parcourant l'espace avec la rapidité de l'éclair, ils allèrent annonçant partout l'affreuse nouvelle, jusqu'à ce qu'ils arrivèrent dans leur camp, où elle causa un chagrin universel, car le jeune homme était aimé de tous... Le père, désolé du sort de son fils, pleura, exhala sa douleur en longues lamentations, et se mit à errer çà et là comme un fou. Courant à l'étranger, il lui disait sans cesse : « Mon hôte ne m'a-t-il point appelé ?... » Puis il sentait son cœur bondir dans sa poitrine, et, reprenant ses sens, il cherchait à rassurer le négociant par ces paroles : « Soyez sans inquié-
» tude et ne vous chagrinez pas : mon fils n'a pu
» mourir sans avoir atteint le but de sa mission. »
Et il l'entretenait avec affabilité, avec bienveillance, lui faisant servir ce qu'il avait de meilleur chez lui, l'invitant à manger et lui répétant qu'il rendait grâces à Dieu de ce que son fils était tombé victime d'un assassinat plutôt que de l'avoir vu mourir dans son lit, humilié et contrit... Tout cela étonnait grandement l'étranger. Soudain, l'infortuné père se lève brusquement et s'écrie ?
« Allons ! debout tout le monde, dépêchons-nous

» et ne perdons pas un instant ; il est temps de
» courir à la tribu coupable, pour venger sur elle
» le meurtre de mon fils, dont notre hôte n'a
» été que la cause indirecte. »

» Aussitôt, on vit accourir, de toutes parts, de vaillants guerriers, s'excitant par leurs acclamations et criant à tue-tête : « Que celui qui est bon » cavalier se montre, c'est son jour. » Et tous de répondre à ce cri en montant à cheval d'un air déterminé, armés de sabres et de lances. L'enthousiasme fut tel qu'en un clin d'œil deux cents hommes se trouvèrent réunis. Bientôt ils traversaient les plaines et franchissaient les monticules. Enfin ils aperçurent la horde ennemie.

» Les deux partis en présence se menacèrent de leurs lances, et lâchant la bride à leurs coursiers, firent entendre ce formidable cri de guerre des Arabes, qu'animent autant les chevaux que les hommes. Les uns et les autres couraient pleins d'ardeur. Les lances présentaient de toutes parts leurs pointes menaçantes. Le hennissement belliqueux des montures ajoutait aux provocations des cavaliers. Des trépignements, des éclairs, des tourbillons enveloppaient les combattants et les dérobaient les uns aux autres... Enfin ils se joignirent, et le funeste corbeau jeta son cri lugubre sur leur sort !.. Les coups se donnaient et se rendaient avec une égale vigueur, les lances et les sabres frappaient ici et là, à droite et à gauche, partout au hasard, et, tandis qu'une poignée de poltrons trahissait lâchement, par la fuite, la cause de leurs frères, les courageux persévéraient et triomphaient.

» On essaierait vainement de reproduire toute l'horreur de cet affreux combat. La chevelure d'un enfant en blanchirait d'épouvante. Des corps mutilés, des membres palpitants, épars de tous côtés, du sang ruisselant, des blessés luttant à la fois contre la douleur et contre la soif de la vengeance, des chevaux étendus sur le sol, ouvrant encore un œil mourant sur leurs cavaliers !..

» Les ravisseurs furent tellement poursuivis dans leur rapide retraite, qu'ils abandonnèrent épouses et enfants, cherchant à gagner au plus vite le sommet des montagnes voisines.

» Les femmes et les filles, teintes du sang des victimes, se découvrirent le visage et la tête et se précipitèrent au milieu des cavaliers ennemis, qui s'empressèrent de les rassurer, se bornant à leur demander le corps du jeune chef assassiné.

» L'ayant mis sur un cheval, ils reprirent la route de leur campement. La musique les attendait dans la tente même de l'infortuné jeune homme. On couvrit son corps de ses habits de noces. Cette

---

[1] Pour qu'une musulmane se découvre la tête, il faut qu'elle soit sans pudeur ou en proie à une profonde affliction, qui lui fait perdre le sentiment de la décence.

H. GUYF.

cérémonie terminée, on se hâta d'aller chercher la fiancée, qui fut placée, à son arrivée, à côté du cadavre. La *fête* dura toute la nuit, et le jour suivant elle fut remplacée par le deuil. Les femmes alors éclatèrent en pleurs et en gémissements, jusqu'à ce que le corps fût enterré. Ces marques universelles de douleur furent répétées pendant trois jours et trois nuits.

» Toutefois, je me trouvais en ces lieux comme sur des charbons ardents, ajouta l'Alepin, n'y pouvant goûter de repos, tant j'étais impatient d'en partir. Mais le chef de la tribu fit tout son possible pour me déterminer à rester encore tout un mois chez lui, afin qu'il eût le temps de me traiter, disait-il, avec les égards que je méritais, tout ce qui était survenu devant infailliblement arriver sans que qui que ce fût au monde pût y mettre obstacle.

» Il combla l'étranger d'attentions sans pouvoir le décider à rester plus longtemps. Celui-ci lui ayant fait ses adieux, en versant de nouveau de douloureuses larmes, reprit le chemin d'Alep, où il avait hâte d'arriver pour échapper à ces scènes de désolation.

» Durant tout le trajet, il ne put revenir de l'étonnement que lui avaient causé la généreuse énergie et l'étrange résignation dont le respectable vieillard n'avait cessé de faire preuve dans cette malheureuse circonstance.

» J'oubliais de dire que l'autre négociant était

rentré dans Alep sain et sauf, mais sans ses marchandises, dont on n'avait pu s'occuper au milieu des funestes événements que leur enlèvement avait fait naître. »

Je rapporterai encore, au sujet de ces Arabes, un trait que je tiens d'un de mes compatriotes, qui a visité la ville de Hama, où il a remarqué une machine à élever l'eau. Je transcris ici sa note :

« Me trouvant un jour à Hama, ville sur l'Oronte, très-fréquentée par les bédouins du désert, j'éprouvai le désir d'aller voir la *naôuret-el-mahmoudié*. C'est une roue énorme que le courant rapide du fleuve fait tourner, et qui, par la manière dont elle est construite, monte l'eau dans un aqueduc élevé sur des arches hautes d'environ cinquante pics[1]. Elle peut être ainsi conduite sur toutes les terrasses des maisons de la ville, pour en descendre ensuite dans les appartements et les cours.

» Comme j'étais occupé à contempler ce simple, mais ingénieux mécanisme, non connu en Afrique, mes oreilles furent tout à coup frappées d'un bruit confus qui semblait annoncer un événement malheureux. Poussé par la curiosité, je quitte l'objet qui fixe toute mon attention pour me diriger vers l'endroit d'où le tumulte paraît venir. Arrivé sur une des grandes places de la ville, appelée *el-Bayatra* (la place des maréchaux), j'y vis une cen-

---

[1] Le pic est d'environ cinquante centimètres.

taine de cavaliers poussant des cris qui ressemblaient assez à des hurlements, en attendant que leurs chevaux fussent ferrés. Je m'adresse à plusieurs de ces cavaliers pour connaître le motif de leur désespoir : mes questions n'obtiennent pas de réponse. Ma curiosité augmentant avec les obstacles que je rencontrai à la satisfaire, je ne me rebutai pas cependant, et je pris le parti de suivre ces hommes, qui effectuaient leur départ dans le plus grand désordre.

»Parvenu à une certaine distance de la ville, je remarquai plusieurs groupes d'autres cavaliers, battant la campagne en tous sens. Je m'adressai à tous ceux qui s'approchèrent de moi, mais je ne pus rien en apprendre ; ils dédaignèrent même de me rendre mon salut. Enfin, rencontrant un bédouin plus complaisant que les autres, j'eus l'explication de tout ce tumulte. Il m'apprit donc que leur princesse, femme illustre, âgée de soixante-cinq ans, avait un fils unique, d'une rare beauté, et qui était l'idole non-seulement de sa mère, mais encore de toute la tribu; que ce fils unique, étant à la chasse des gazelles, s'était pris de querelle avec un jeune homme fougueux qui lui avait plongé sa lance dans le cœur, en le renversant de son cheval roide mort, et que les cavaliers que je voyais, allaient à la poursuite de l'assassin.

»A peine ce bédouin avait-il achevé de parler, qu'un des cavaliers vint lui annoncer que l'assassin, ayant eu le bonheur d'arriver sans être aperçu jusqu'à la tente de l'inconsolable princesse, en avait été gracié, à la condition qu'il se tiendrait éloigné de la tribu tout le temps que vivrait cette généreuse femme.

 »En entendant ces dernières paroles, je fus frappé d'étonnement, et ne pus m'empêcher de dire à ces bédouins : « Il faut que votre maîtresse » soit peu sensible, ou bien qu'elle ait des entrailles » de fer, puisqu'elle a ainsi pardonné au meurtrier » de son fils. » Ces mots irritèrent singulièrement les deux cavaliers; ils semblèrent me dévorer des yeux, et j'eus peur un moment. Cependant, ils se contentèrent de me dire avec humeur : « As-tu » oublié que l'homme ne meurt qu'à son heure; » que cette heure est fixée dès sa naissance, et » qu'un vivant doit être toujours préféré à un mort? » Sache que celle que tu appelles notre maîtresse, » est la digne descendante de notre seigneur *Omar* » *el-Kattab* (le calife), et qu'en agissant autrement, » elle se serait déclarée indigne de ses ancêtres, » indigne de nous commander, et se serait aliéné à » tout jamais le cœur de ses nombreux et vaillants » vassaux. »

 »Je me gardai bien de faire la moindre observation à cette réponse, qui redoubla ma surprise. Je m'empressai de regagner la ville, me promettant bien d'être à l'avenir plus circonspect. »

XXX

Considérations sur l'islamisme.

De tous les bienfaits que nous devons aux Français en Algérie, celui de vivre dans une parfaite liberté est, sans contredit, le plus grand. Mais cette précieuse faculté de dire et de faire tout ce qui ne nuit à personne, serait comme non avenue si nous n'en profitions pas.

Et quel meilleur usage pouvons-nous en faire que de nous communiquer librement nos idées, nos opinions sur les matières que l'oppression des temps passés nous interdisait de traiter sous peine de perdre la vie?

S'il est, du reste, utile de s'instruire, je pense (et vous serez de mon avis, lecteur judicieux), que ce doit être principalement dans les rapports essentiels de la créature avec son créateur. En est-il de plus importants? Je ne le crois pas : je pense, au contraire, que le premier devoir de l'homme est de se connaître et de se mettre en mesure d'honorer la Divinité d'une manière digne de sa toute-puissance.

Après avoir essayé de reproduire à vos yeux tout ce que j'ai été à même d'observer depuis qu'un sort fatal m'a éloigné de mon pays et du sein de votre amitié, ô mes généreux compatriotes! il me reste à vous faire la confidence de ma pensée intime sur notre religion, au service et au respect de laquelle j'ai été élevé. C'est de ce grave sujet que je veux maintenant vous entretenir.

En quoi consiste l'islamisme ? — En une formule : *Il n'est d'autre Dieu que Dieu, et Mahomet est son prophète.*

Quelle est la base de cette croyance ? — Le Koran.

Mais, avant que ce livre fût *descendu* du ciel, comme on nous l'enseigne, Dieu était connu du genre humain. Deux grandes religions le servaient et l'adoraient : l'hébraïque et la chrétienne, dont les chefs étaient Moïse et Jésus, prophètes du Très-Haut.

Quelle a donc été l'intention de la divine Providence en envoyant un nouveau prophète sur la terre ?

C'est ce que je vais me permettre d'examiner pour ceux de mes compatriotes qui liront ce livre, voulant consacrer les recherches auxquelles je me suis livré, à leur instruction comme elles ont servi à la mienne.

Si Dieu a eu besoin de révéler de nouveau sa loi aux hommes, ce n'a pu être qu'à cause de l'idolâtrie dans laquelle une partie d'entre eux étaient tombés, et je conçois, dès lors, que son choix ait dû s'arrêter sur Mahomet, puisqu'il était d'un pays dans lequel le culte de l'Eternel avait été abandonné pour celui des faux dieux ; et, à cet égard, le service rendu par le Prophète a été grand, sans contredit, puisqu'il a arraché à l'idolâtrie, dans laquelle ils s'étaient laissé entraîner, les habitants de l'Arabie et d'autres contrées, qui ont entendu sa voix.

Considérez, toutefois, par quel moyen il y est arrivé, et vous reconnaîtrez avec moi qu'il n'a été guidé, dans sa mission, que par des vues ambitieuses, quand il a conçu le projet de fonder une nouvelle religion, au lieu d'employer toute l'ardeur de son zèle à essayer de ramener au christianisme ceux qui s'en étaient éloignés et qui étaient tombés dans l'oubli du Dieu unique.

Mais un rôle secondaire n'eût pas satisfait l'orgueil de celui que ses adeptes et surtout ses femmes saluaient déjà du glorieux titre d'*apôtre de Dieu*.

Que fit cependant Mahomet pour développer son caractère de prophète?

Il copia les patriarches des temps primitifs, et, pour composer son Koran, qu'il annonçait devoir être le code de la religion qu'il venait fonder, il eut recours à la Bible et à l'Evangile, auxquels il emprunta une morale divine et de sublimes préceptes; mais il n'eut point le courage de faire l'aveu de son larcin, se bornant à reconnaître l'empire qu'avaient déjà exercé sur le monde les deux autres religions qui découlent l'une de l'autre, proclamant leurs deux livres sacrés, y trouvant le plus pur islamisme, et n'y voyant qu'une introduction au Koran, leur complément indispensable.

Mahomet commença donc par adopter les codes sacrés des israélites et des chrétiens; mais à mesure que ses doctrines se répandirent, il publia des principes contraires aux anciennes croyances, et finit par accuser les chrétiens d'avoir faussé le sens des Ecritures dans l'unique but de justifier ce qu'il appelait leur polythéisme. Suivant lui, les livres que possèdent les juifs et les chrétiens, ne sont pas ceux que Dieu a donnés à leurs prophètes ; ils ont perdu leur caractère d'inspiration et de sainteté.

Là Mahomet borna d'abord sa science prophétique, et il n'eut recours au prestige des inspirations et aux entretiens avec l'ange Gabriel que lorsqu'il voulut imprimer à sa mission le type d'un céleste apostolat.

Mais combien ne devint-il pas faible cet apostolat, quand, pour le faire triompher, il ne resta plus à son fondateur que le glaive et la force des armes! Pouvait-il en être autrement avec le peu de moyens qu'avait à sa disposition Mahomet pour développer et répandre son code religieux?

Les matières diverses qu'il y traite sont diffuses, obscures, classées sans méthode. Elles n'offrent aucune liaison dans les rares préceptes qu'elles exposent, présentant sans cesse d'intolérables répétitions, de puériles futilités, indignes d'un apôtre qui se prétend inspiré de Dieu, sans compter qu'elles sont trop souvent inintelligibles.

C'est de ce défaut capital, auquel n'ont remédié que fort tard de trop nombreux commentaires ; c'est aussi de la faute que commit Mahomet en ne fondant point un califat qui s'appuyât sur une succession régulière, que sont nés tous les troubles qui ont arrêté, dès son début, les progrès de l'islamisme et qui ont divisé si longtemps ses sectateurs combattant pour des intérêts dynastiques qui leur étaient tout aussi étrangers qu'à la religion.

C'était la conséquence inévitable de l'abrogation par Mahomet des livres saints qu'il rencontrait sur son passage, sans s'occuper à les remplacer par un code complet et suffisant, sans instituer surtout une autorité religieuse qui restât chargée de diriger sa secte. Aussi, après sa mort, sa doctrine suscita-t-elle, parmi ses compatriotes et ses parents eux-mêmes, des contradicteurs plus nombreux et plus énergiques qu'elle n'en avait trouvés du vivant du Prophète. Convenons toutefois que l'incohérence des matières contenues dans le Koran, leur manque de clarté, et jusqu'à leurs contradictions flagrantes, ne donnaient que trop de prise à la polémique, et qu'on ne tarda pas à le sentir si bien, que déjà, du temps du calife Osman, on avait retiré de la circulation une quantité prodigieuse de Korans, entachés à chaque page et presque à chaque verset d'erreurs monstrueuses et déplorables.

Qui ne sait également que la législation musulmane n'a reçu une espèce d'organisation que cent cinquante ans après la mort de Mahomet; époque où quelques gens de loi réunirent ce que la tradition avait conservé des sentences ou maximes du Prophète et des califes, et l'ajoutèrent au petit nombre de préceptes que contient le Koran.

Ce fut, du reste, constamment par les armes que les premiers défenseurs de l'islamisme suppléèrent à l'insuffisance des arguments de la loi de son fondateur; et ce moyen, dont les résultats furent souvent douteux, n'affermit sa puissance qu'à travers des fleuves de sang.

Mahomet (et je le reconnais maintenant), cédant au cri d'une ambitieuse célébrité, eut le tort grave d'aimer mieux, comme je l'ai dit, fonder une nouvelle religion que de propager celle qui se trouvait établie, le christianisme.

Il est à remarquer néanmoins qu'il ne s'en détacha entièrement qu'après en avoir tiré tout ce qu'il y trouvait à sa convenance, et l'avoir fait servir, ainsi que le judaïsme, à la réalisation de ses vues personnelles.

Ne fallait-il pas, en effet, initier, avant tout, des peuples idolâtres à la croyance d'un Dieu unique, créateur de toutes choses, en leur prouvant que son existence était connue et qu'il avait déjà des adorateurs?

C'est dans ce but qu'il flatta les juifs et les chrétiens, et que les premiers chapitres du Koran les signalèrent comme étant dans la bonne voie lorsqu'ils se conformaient au texte et à l'esprit de leurs livres saints.

Ne fit-il pas d'ailleurs alliance avec eux? Ne leur accorda-t-il pas une charte? En choisissant douze *nakibs* pour chefs des premières tribus qui se soumirent à lui, ne leur dit-il pas qu'il les envoyait pour être ses délégués auprès d'elles comme les apôtres avaient été chez les juifs et chez les idolâtres les délégués de Jésus?

La niche (*mehrab*) de la première mosquée, construite par Mahomet, fut tournée vers le nord, dans la direction de Jérusalem.

Mais à mesure que se répandait la croyance aux idées qu'il propageait pour son propre compte, on le voyait blâmer ouvertement les chrétiens et les juifs, et il finit par les vouer à la haine des musulmans.

Il leur réserve dans son enfer les plus horribles supplices : ils y seront nourris de *zakoum*, dont les fruits sont des têtes de démons ; ils y seront abreuvés d'eau bouillante ; ils y auront pour siéges des brasiers ardents.

Les contradictions qui surabondent dans le Koran, au sujet des israélites et des chrétiens, n'ont pu être expliquées par les commentateurs, qu'au moyen de deux mots de leur création : *nassekh et menssoukh* (abrogeant et abrogé), reconnaissant ainsi qu'il y a dans ce livre certains passages destinés à détruire la signification d'autres passages, et qu'il est inutile, par conséquent, de s'arrêter à en comprendre quelques-uns, qu'ils déclarent, dans leur sagesse, avoir été annihilés.

Abou-Béker crut pourtant devoir renouveler le pacte que Mahomet avait fait avec les chrétiens, tandis qu'Omar ne songeait plus qu'à mettre à exécution la dernière recommandation du Prophète : *Il ne faut pas qu'il y ait deux croyances dans l'Yémen*. En conséquence, les juifs et les chrétiens qui ne voulurent point embrasser l'islamisme, furent barbarement expulsés : une religion qui s'établissait par la force, ne pouvait se maintenir que par la violence.

En reconnaissant aux prophètes, ses devanciers, des qualités qu'il n'avait point, Mahomet ne se plaçait-il pas dans une position inférieure? Cette seule raison n'eût-elle pas dû le déterminer à se proclamer hautement le propagateur de la religion établie, au lieu d'en créer une nouvelle à laquelle il ne pouvait donner une base aussi solide?

Pourquoi aussi reconnaître publiquement les hauts faits de Moïse et de Jésus, puisqu'il ne lui était pas possible de prouver, comme eux, sa mission par des miracles?

A quoi bon répéter encore que *Jésus témoignerait au dernier jour contre ceux qui n'auraient pas cru en lui, comme étant l'apôtre, le verbe, l'esprit de Dieu*, du moment qu'il avouait n'être qu'un simple mortel, n'ayant pas reçu d'en haut le don des miracles, et dont la mission se bornait à *avertir clairement*?

Ce qu'il y a de certain, c'est que Mahomet ne saurait se flatter d'avoir été lucide dans ses prescriptions. Aussi les commentateurs se hâtent-ils d'affirmer que ce que l'on prend pour de l'obscurité dans son livre, provient uniquement du sens mystique qu'il a voulu donner à certains passages pour ajouter à la sublimité du Koran sur lequel il fondait son apostolat.

A propos du style éloquent et fleuri de ce code religieux, ne fait-il pas répondre plusieurs fois à ceux qui l'accusent de l'avoir inventé? « Que les » hommes les plus extraordinaires, les génies eux-» mêmes, s'entr'aident pour composer, s'ils en sont » capables, des chapitres qui le vaillent ! »

Il pousse la bonhomie jusqu'à divulguer les reproches qu'on lui adresse *de n'avoir composé qu'un ramassis de visions, de vieux contes, pour lequel il s'est fait aider par d'autres ; de n'être qu'un menteur, et d'exciter la risée du public.*

Il dit encore, dans plusieurs passages, *que composer des écrits et les mettre sur le compte de Dieu, c'est une iniquité.*

Mais lui-même témoigne-t-il plus de respect pour Dieu lorsqu'il le fait intervenir, à tout propos, dans ses affaires personnelles, dans celles même qui ont trait à ses nombreuses femmes?

Et, à chaque pas, n'est-on point tenté de croire, en le lisant, qu'il considère le Très-Haut comme étant entièrement à sa disposition ?

Lorsque, par une loi sage, il réduit à quatre le

nombre d'épouses que chaque croyant peut légalement prendre, il a grand soin de faire dire à Dieu que l'apôtre seul est excepté de la règle, et il pousse cette immunité au point d'interdire, par un article spécial, le mariage aux nombreuses femmes qu'il laissera.

Le Pentateuque, les Psaumes et l'Evangile sont reconnus par le Koran comme étant des livres de sagesse, de lumière, de bon conseil et de bonne direction. Mais, se hâte d'ajouter le Prophète, en fait, ils n'existent plus : les mahométans ne les ont point, et ceux que possèdent les israélites et les chrétiens, *ne sont plus tels que Dieu les a révélés, ces infidèles les ayant altérés pour en faire des codes d'idolâtrie.*

Il eût fallu qu'à la suite de ces prémisses Mahomet prouvât que le Koran était destiné à remplacer le Pentateuque, les Psaumes, l'Evangile, et non pas qu'il prétendît que son livre en était le complément, le résumé, la conséquence, le *corroborant*, car on ne fortifie point une chose qui n'existe pas.

Une autre maladresse du Prophète est de répéter constamment dans ses versets : *qu'on le sollicite vivement de faire des miracles, et que ce n'est qu'à cette condition qu'on veut croire en lui, tous ceux qui se sont annoncés comme prophètes de Dieu ayant confirmé sans cesse leur mission par des faits surnaturels.*

Je me garderai bien de rapporter les miracles

absurdes que des fanatiques attribuent à Mahomet; je me bornerai à consigner ici le raisonnement d'un de nos docteurs pour prouver que, si le Prophète n'a pas reçu de Dieu le don des miracles, c'est que son siècle ne l'exigeait pas.

Ecoutons notre oracle :

« Moïse, qui vécut au temps où la magie était en
» vogue, fut gratifié d'une baguette avec laquelle il
» commandait aux éléments ; Jésus vint au monde
» pendant que la médecine était en honneur, et il
» obtint le don de guérir; Mahomet, enfin, parut
» lorsque la poésie et l'éloquence faisaient le charme
» des Arabes, et le Koran fut le plus grand prodige
» que Dieu pût lui accorder. »

Cette justification est en même temps une accusation, selon moi; car si l'art de parler et celui d'écrire étaient portés, du temps de Mahomet, à un haut degré de perfection, quoi de plus simple que le Koran ait été composé avec une certaine élégance et une certaine pureté de langage?

Ce seul raisonnement devrait détruire tout le prestige qu'on attache à ce livre sous le rapport de sa contexture intellectuelle; et, quant à ce qui constitue sa sainteté, son incréation, j'inviterai tout musulman de bonne foi à déclarer consciencieusement si les passages qui l'auront le plus frappé, peuvent résister à une analyse sérieuse.

Je l'engagerai, en même temps, à penser à ce qu'aurait d'absurde cette idée (qu'il faudrait cependant admettre), que, s'il a été inspiré, *Dieu n'a songé qu'à s'y exprimer d'une manière élégante et agréable, ne se préoccupant nullement de l'incohérence des idées, des contradictions, des redites, des puérilités enfin, dont ce livre abonde.*

L'islamisme a pu être beau avec ses vertus, et le monde entier a reconnu qu'il n'avait triomphé que par la supériorité de ses principes, lorsqu'il n'avait affaire qu'à des peuples barbares, ignorants et vicieux; mais aujourd'hui, les choses sont bien changées : la civilisation seule soutient les races qu'elle élève au-dessus de celles qui dégénèrent et qui se laissent refouler au dernier rang, après avoir occupé le premier.

Les Arabes ont eu une magnifique époque de splendeur, et ils l'ont due à la pratique des règles de morale qu'ils avaient adoptées. Mais qu'en est-il resté? Les musulmans ne s'en tiennent plus aujourd'hui qu'aux apparences, et, quant aux vertus recommandées par l'islamisme, ils ne se soucient d'en observer aucune.

Les points principaux qui constituent notre religion sont : 1° la profession de foi; 2° la prière, cinq fois par jour; 3° l'aumône; 4° le jeûne; 5° le pèlerinage. Néanmoins, il est fort douteux que les croyants de notre époque s'acquittent tous exactement de ces devoirs, et, d'après ce que le lecteur connaît de la fourberie de ceux qui évitent de payer la dîme destinée aux pauvres, et du peu de charité de nos co-religionnaires, je ne risque rien à me rallier à l'opinion générale qui constate que ce sont précisément les quatre préceptes qui n'obligent à aucun sacrifice réel, qu'ils observent de préférence, le pèlerinage n'étant d'ailleurs pas obligatoire, et devenant maintes fois une occasion de commerce pour ceux qui y trouvent la source de spéculations plus ou moins avantageuses.

Les vertus des anciens Arabes ne restaient point stériles, et les nombreuses fondations pieuses qu'ils ont laissées, témoignent encore de leur humanité pour leurs frères et de leur goût pour les arts.

Ne doit-on pas déplorer que les musulmans, leurs successeurs, aient laissé dépérir presque toutes ces œuvres de bienfaisance?

Que reste-t-il des karavan-sérails pour les voyageurs, des hôpitaux pour les infirmes et les insensés, des innombrables écoles ou colléges, des bibliothèques publiques, des établissements où l'on donnait à manger à ceux qui avaient faim, et des biens-fonds qui devaient entretenir ces fondations à perpétuité? Rien, à peu près, si ce n'est les ruines des bâtiments où ces institutions étaient mises en pratique, et qui sont là debout comme autant de témoins muets de la cupidité, de l'inhumanité des musulmans de nos jours, et de l'inconcevable incurie des gouvernants actuels. Il est difficile de juger maintenant quels sont les plus coupables des administrateurs qui ont laissé dépérir ces fondations éminemment charitables pour s'en appliquer les revenus, ou des autorités qui ont souffert l'usurpation des produits qui leur étaient affectés.

Encore une fois, était-il nécessaire de fonder un nouveau culte en lui donnant pour base le christianisme, lorsque ses préceptes divins étaient autrement positifs dans les livres sacrés de cette religion que dans le Koran ?

Il eût été plus rationnel sans doute au Prophète de se déclarer hautement le défenseur, le propagateur, le continuateur de la croyance de Jésus; le monde n'en serait sorti que plus tôt des ténèbres de la barbarie, tandis que l'islamisme a fini par l'y replonger plus profondément que jamais. Loin de là, Mahomet, ses lieutenants et tous ceux qui lui ont succédé dans le *califat*, n'ont cessé de persécuter les chrétiens, les accusant d'avoir faussé leurs Écritures et d'être tombés dans une affreuse idolâtrie.

Sous un régime de fer, qui eût osé se permettre la moindre objection? Les peuples cédèrent plutôt à l'injonction despotique de l'autorité qu'ils ne s'y soumirent avec une conviction consciencieuse. La fin déplorable de ceux qui avaient été tentés de discuter les points qu'ils ne jugeaient pas comme les autres, retenait même les personnes qui voyaient combien l'erreur des mahométans était grande, et il fallut une force d'âme extraordinaire à un savant de Constantinople pour oser soutenir une discussion publique sur la religion chrétienne, la sublimité de ses dogmes et la pureté de sa morale.

Ayant à lutter avec ce que la capitale renfermait de plus docte sur ces matières, il réussit cependant à leur prouver que le Koran, calqué sur la Bible et l'Evangile, ces deux livres réputés divins par les musulmans, en différait quant aux dix commandements donnés par Dieu à toute la terre, et il finit par établir la supériorité de Jésus sur Mahomet, et de l'Evangile sur le Koran, d'une manière si invincible que l'assemblée, forcée de convertir sa justice en haine, et manquant de raisons plausibles pour formuler un jugement contradictoire, se vit contrainte de recourir aux injures, aux anathèmes, pour rédiger la condamnation de l'impie dont la bouche avait osé, suivant eux, vomir tant de blasphèmes.

Ce fait arriva au seizième siècle, et ce qui est plus étonnant, sous le règne d'un sultan qui a mérité les plus beaux surnoms ; mais les souverains ottomans pensaient, avant tout, à consolider et à étendre leur puissance, et il ne s'en est pas trouvé un seul, depuis l'établissement de l'empire, qui ait voulu signaler son règne par la moindre réforme en matière de religion, quel que fût le nombre des abus dont il eût à souffrir. C'était là la seule parcelle du dépôt gouvernemental qu'ils s'attachassent à laisser intacte à leurs successeurs, parce qu'ils sentaient que le fanatisme de leurs peuples ne leur pardonnerait pas de toucher en rien à ce qu'ils regardaient comme la sauvegarde de leur puissance et la garantie de leur gloire. Confondant ainsi les effets avec les causes, ou, pour mieux dire, ne s'apercevant pas qu'il n'existait plus le moindre vestige de celles qui, dans les siècles écoulés, avaient produit ce qui faisait leur admiration, et que, d'après les lois immuables de la raison, pour arriver au même but, le moment était venu de recourir à de nouveaux moyens.

Oui, l'islamisme a eu sa période d'illustration, et c'est à ses vertus, comme je l'ai déjà dit, qu'il l'a due... Mais ces qualités, qui l'élevèrent au-dessus des autres religions et qui firent de l'Arabie la reine du monde, n'existant plus depuis longtemps, cette nation est redevenue ce qu'elle était à son origine, moins toutefois l'élégance de sa langue, moins sa brillante poésie, moins encore sa liberté, puisqu'elle est sous la dépendance des Béni-Osman, dynastie régnante, qui se prétend en possession de ce qu'on a appelé le califat, quoiqu'il soit bien certain que le Prophète n'en a fondé aucun.

C'est encore là une des conséquences du désordre auquel Mahomet livra l'islamisme en négligeant d'établir dès le principe que le pouvoir serait transmissible par voie d'élection dans la nation arabe.

Mais que les croyants se rassurent, quoi qu'il arrive, puisqu'ils admettent la prédestination en tout !... Lorsqu'ils se verront au bord de l'abîme, près de tomber au pouvoir des chrétiens, comme il est arrivé à notre pays réputé imprenable, qu'ils se rappellent cette prédiction de *Bokhari* sur les destinées de l'islam : « Vous suivrez les lois de vos » devanciers pan par pan, coudée par coudée, » quand même vous verriez l'un d'eux entrer dans » la tanière de l'animal le plus sauvage (la » lionne). »

La prédiction était accompagnée de cette demande :

— « Sera-ce les chrétiens et les juifs ? »

Elle était suivie de cette réponse :

— « Et qui donc ?... »

XXXI

Maladie du Dervich. — Ses dispositions. — Il fait appeler le consul. — Il lui lègue son manuscrit. — Condition qu'il met à ce don. — Entretien. — Encouragements.

Oh! que l'homme a tort de ne pas se rappeler souvent, de ne pas se rappeler sans cesse qu'il n'est ici-bas qu'une parcelle de cette argile dont le Créateur a façonné des vases de différents aspects, de diverses dimensions, destinés à divers usages, et plus ou moins durables; que ce ne peut être que par une sotte vanité qu'il se glorifie de sa nature, de sa capacité, de sa consistance, puisqu'il n'en subira pas moins la loi commune de sa fragilité.

Les chrétiens, que nous qualifions trop libéralement d'*infidèles,* en les confondant avec les idolâtres, ont cependant de bons principes, et il serait à désirer que nos musulmans pensassent souvent comme eux, ou, ce qui vaudrait mieux, qu'ils se conduisissent comme ils se conduisent.

Je ne veux point parler de ces gens qui n'ont de chrétien que le nom, mais de ceux qui, se conformant avec exactitude à leurs préceptes religieux, sont des modèles de piété et de vertu. Les chrétiens disent qu'il faut penser sept fois par jour à la mort, et se rappeler sans cesse que, comme nous sommes sortis de la poussière, nous devons tôt ou tard y rentrer... Ils pratiquent des œuvres qu'ils appellent *œuvres de miséricorde,* lesquelles font des personnes que leur dévouement pousse à s'en charger, hommes et femmes, des anges qu'on croirait descendus du ciel...

Les principes qu'ils appliquent et que je considère comme l'essence d'une saine et véritable philosophie, consistent à donner à manger à ceux qui ont faim et à boire à ceux qui ont soif, à vêtir ceux qui sont nus, à visiter les malades et les prisonniers, à consoler les affligés, à enterrer les morts... Quoi de plus charitable, en effet; et dans le sein de quelle religion retrouve-t-on ces principes, si ce n'est dans la religion fondée par Jésus-Christ qui, lui-même, en nombre de circonstances, a donné l'exemple de toutes ces vertus ?

Ce saint prophète a été le modèle de l'humilité, de la mansuétude et de la plus grande humanité.

Nous avons eu également, nous autres musulmans, notre ère de charité bien entendue, de sollicitude expansive, mais, hélas! nous n'en conservons plus qu'un souvenir lointain qui nous accuse et nous condamne.

On a vu, dans le cours de cette relation, à quel point les établissements pieux du vieil islamisme sont tombés dans la ruine et l'abandon, et l'on peut calculer aujourd'hui que, pour arriver à des résultats tels que ceux qu'on avait obtenus par une persévérance des plus louables dans les beaux temps de notre histoire, il faudrait un concours de circonstances dont il n'est peut-être pas donné à une nation de jouir deux fois sur cette terre de révolutions politiques et morales.

C'est à ma position personnelle que je dois ces réflexions, car l'homme porte plus volontiers sa pensée sur ce qu'il éprouve et ce qu'il appréhende, que sur ce qui lui manque et ce qu'il voudrait posséder. Cela vient de ce que la douleur, ou ce que le besoin a d'impérieux, ne lui permet pas de songer aux matières qui sont le sujet habituel de ses occupations. Nous rentrons alors en nous-mêmes pour nous placer vis-à-vis de notre âme.

Ma position, quelque fâcheuse, quelque désagréable qu'elle fût, n'était point jusqu'ici désespérée. L'espérance me faisait encore concevoir qu'elle changerait, qu'elle s'améliorerait. J'étais sur pied; je pouvais vaquer à mes affaires; je promenais la mauvaise humeur que me donnait la monotonie de ma manière de vivre, et en berçant mon esprit de l'espoir d'un meilleur sort, je laissais couler dans la résignation les jours dont se composent les mois et les années de notre vie. Mais, à force de continuer, avec la meilleure volonté du monde, à nourrir mon esprit des mêmes peintures riantes qui me consolaient, je m'étais senti entraîné insensiblement à les considérer comme des illusions, quand j'ai vu se dresser tout à coup à mon chevet une affreuse maladie, s'annonçant par d'effrayants symptômes, et me surprenant, pour comble de malheur, dans un abandon et un dénûment absolus !...

J'échappe à un premier accès, qui m'a conduit aux portes de la mort ; mais j'ai tout à craindre d'un nouveau paroxysme, quoi qu'en dise mon docte médecin, dont je vais rapporter le dernier entretien comme distraction ; et j'en ai grandement besoin, puisque mon mal tient autant à l'âme qu'au corps.

Le médecin. — « Je vois bien que la fréquenta-
» tion des Francs vous a gâté l'esprit.

» — Je crois, au contraire, qu'elle lui a été
» avantageuse.

» — Erreur ! Les Européens font, sans doute,
» merveille chez eux, mais ils ont tort de vouloir
» appliquer leurs règles à nos climats.

» — Vous voulez donc que j'admette que ce qui
» est contraire à la santé en France lui est favorable
» ici ?

» — Je ne dis pas précisément cela : je soutiens
» seulement que les Francs laissent mourir leurs
» malades faute de deux choses : de remèdes et de
» nourriture.

» — C'est sur quoi je ne puis tomber d'accord
» avec vous : les médicaments ne sont bons qu'au-
» tant qu'ils sont administrés à propos, et, pour ce
» qui est des aliments, quelle meilleure preuve de
» leur efficacité que la répugnance des malades à
» en prendre ? Elle est la même chez les animaux ;
» donc elle est naturelle.

» — Je ne suis pas de votre avis, et je dis que le
» manger soutient. Quand les Européens ont tenu
» leurs malades pendant plusieurs jours à une diète
» absolue, pour leur redonner un commencement
» de forces ils leur permettent des bouillons, des
» potages, ce qui est, selon nous, très-débilitant.
» Les Francs excluent aussi de la médecine tous les
» toniques, les échauffants, et pourtant quoi de plus
» propre à combattre la mort, qui n'est qu'un re-
» froidissement du sang ? Encore une fois, vous êtes
» à Alep et non en France, et c'est d'après mes
» conseils que vous devez vous conduire. Prenez
» donc toutes les drogues que je vous ai préparées,
» et mangez malgré votre dégoût. Ne dit-on pas que
» l'appétit vient en mangeant ? Croyez-moi, c'est la
» nourriture qui soutient. »

Cette digression, qui a son côté plaisant, n'a dis-
trait ma pensée de ce que ma position a de bien

triste que pour l'y laisser retomber plus désagréablement encore. J'ai beau me dire : j'ai des amis qui m'ont souvent secouru; j'ai éprouvé la sympathie de bien des gens sur lesquels je ne comptais pas; ce sont autant de voies dont s'est servie la Providence pour me faire parvenir ses faveurs. Puis-je le nier? Non certainement. D'où vient donc que je suis inquiet et profondément affligé? Est-ce l'effet de ma maladie ou de mon dénûment?

Dans l'incertitude où je me trouve, j'ai résolu de régler mes affaires et de laisser le mémoire que j'en ai dressé au consul de France, afin qu'il ait la bonté de le transmettre à ma famille.

N'ayant eu qu'à me louer de lui dans les diverses occasions où j'ai eu recours à sa bienveillance, j'ai cru devoir le faire prier de se rendre auprès de moi, puisque ma maladie m'empêchait d'aller chez lui, et j'ai eu la consolation de le voir arriver. J'avoue que sa visite a sensiblement adouci mes peines; je les ai même un instant oubliées; et ma position, qui est bien critique, je le sais, je ne me le dissimule pas, s'en est considérablement améliorée.

Sa conversation a ranimé mes forces; il m'a fait concevoir de nouvelles espérances!... il m'engage à rentrer chez moi dès que le temps de mon exil sera passé. « Il ne faut désespérer de rien avec les Fran-
» çais, m'a-t-il dit; ils sont nobles et généreux dans
» leurs sentiments. Ne songez qu'à guérir, et ban-
» nissez, pour y parvenir, les noires pensées que

»je ne vous connaissais pas et qui ne sont que la
»conséquence naturelle de votre indisposition.
»N'ayez, du reste, aucun autre sujet d'inquiétude :
»je suis prêt à vous fournir encore de l'argent.
»Vous savez que les agents de ma patrie secourent
»tous ceux de leurs nationaux qu'ils savent en proie
»au besoin. »

Je ne pus retenir des larmes de reconnaissance à la vive impression que me causèrent ces paroles. M'étant néanmoins recueilli, je n'en pensai pas moins à remplir auprès du consul l'office pour lequel je l'avais prié de passer chez moi.

Je l'ai d'abord entretenu de mes intérêts de famille, dont j'ai traité aussi longuement qu'il était nécessaire dans un écrit particulier, qu'il devra réclamer si je meurs, et que je l'ai prié de faire parvenir à l'adresse indiquée, lui annonçant que la personne à laquelle ce mémoire est destiné, connaît seule mon véritable nom, et qu'elle est à même de lui fournir tous les renseignements qu'il pourra désirer sur mon compte.

J'ai dit ensuite au consul qu'il trouverait dans mes effets un manuscrit : *OEuvre de l'ennui, passe-temps de l'étranger malheureux*, qui n'a conservé pour se distraire que la faculté de voir, d'entendre et d'écrire. Je lui en fais don, non pas que j'attache plus d'importance à cette œuvre qu'elle n'en mérite, mais parce que je n'ai à ma disposition aucun autre moyen de lui témoigner ma reconnaissance.

« Je sais, ai-je ajouté, que les Français sont cu-
» rieux ; or, nul autre que moi, que je sache,
» n'ayant été à même de recueillir tous les détails
» que je suis parvenu à me procurer, j'ai tout lieu
» de croire que mon manuscrit sera de quelque
» intérêt. Vous en jugerez, consul ; et, si votre
» opinion est conforme à la mienne, vous pourrez
» prendre la peine de le traduire et de le publier,
» pour peu que vous le jugiez utile. Je vous en
» laisse entièrement le maître, en me conservant
» le nom que j'ai pris et que de puissants motifs
» m'empêchent de changer. Je n'y mets qu'une
» seule condition, et je compte assez sur votre
» loyauté pour être certain que vous l'observerez, si
» mon offre est par vous acceptée. J'entends que
» mon œuvre soit textuellement reproduite, soit
» que vous la publiiez dans ma langue, soit que
» vous la fassiez paraître dans la vôtre. Bonne ou
» mauvaise, elle doit rester telle qu'elle est. J'ai eu
» mes raisons pour y dispenser l'éloge et le blâme,
» et, à moins de se trouver dans une position iden-
» tique à celle où j'étais lorsque je tenais la plume,
» nul ne peut me juger sous l'un et l'autre rap-
» ports sans risquer d'être injuste à mon égard. »

Le consul m'a promis de remplir religieusement mes intentions, quoiqu'il n'ait semblé vouloir accepter mon offre que pour me tranquilliser,
en ne me contrariant pas. Sa politesse se préoccupait surtout, je m'en suis aperçu, du découragement qu'il remarquait en moi, et que rien ne

justifiait, selon lui, parce qu'on ne meurt pas, m'a-t-il dit, toutes les fois qu'on est malade, même dangereusement.

Maintenant que je suis un peu plus tranquille, et que mon moral a été reconforté, je veux tenter encore un effort pour vous égayer, cher bon lecteur, et, puisque je ne puis ni quitter ma chambre, ni même me lever, mon entretien avec vous sera en même temps pour moi une agréable distraction.

Je vous ai dit, en vous parlant des médecins arabes, que le plus grand nombre de remèdes qu'ils employaient, provenaient d'indications faites par des visiteurs des deux sexes, lesquels ne se bornent pas toujours à les proposer sous forme de conseil, mais profitent même de l'ascendant que la parenté ou l'amitié leur donne sur les malades, pour les forcer, en quelque sorte, à les accepter.

En ma qualité d'étranger, je ne pouvais pas avoir beaucoup à souffrir de cet inconvénient, qui dégénère souvent en malheur, et pourtant, il n'est personne, de ceux qui sont venus me visiter, qui n'ait cru de son devoir de me prescrire quelque drogue, tous y attachant d'infaillibles résultats, et même ma guérison immédiate.

Depuis que je suis malade, je n'ai échangé d'autres paroles étrangères à la médecine que celles que j'ai rapportées à l'occasion de la visite du consul : tout ce qui a été dit en dehors de cette circonstance n'est relatif qu'aux maladies, aux symptômes qui les précèdent ou les accompagnent, à la médicamentation des divers peuples, et enfin à la supériorité des Arabes dans cet art, qui, de leurs mains, a passé dans celles des peuples infidèles. Plus éclairé que mes donneurs de conseils, je me suis félicité, dans mon malheur, de n'être point connu, surtout des femmes qui n'auraient pas manqué de venir m'offrir leurs prescriptions médicales, car, sur ce point, elles sont plus zélées, plus empressées que les hommes, quoiqu'elles n'aient pas la prétention de se prétendre plus instruites qu'eux.

Je dois pourtant avouer que, si la solitude est agréable quand on peut s'occuper, elle devient un insupportable fardeau du moment qu'on est forcé de renoncer à toute espèce de travail. Dans mes longues insomnies, j'étais obligé de me borner à repasser tout ce que ma mémoire avait retenu de poésies, et je m'arrêtais volontiers à ce qui semblait le plus se rapporter à ma pénible situation. Les réflexions qu'elles m'inspiraient, loin de m'effrayer, me faisaient voir que tout n'est que néant dans ce monde, tandis qu'il est, dans l'autre vie, une félicité véritable qui attend l'homme juste. Parfois, pourtant, je me demandais avec inquiétude : « Quel mortel peut se »flatter d'avoir rempli ici-bas tous ses devoirs »envers son Créateur?.. »

Je lisais souvent ces vers :

« Prends congé de ce monde, car tu ne sais pas si tu vivras
» du crépuscule à l'aurore.

» L'espoir que tu attaches à l'existence, est une dangereuse
» vanité.

» Les infirmités se sont accumulées sur toi, et tu es tombé
» prématurément dans la vieillesse, usé par le temps.

» Sois donc sur tes gardes et retourne à Dieu, en invoquant
» sa miséricorde.

» Ta position est telle que tu dois espérer jusqu'au tom-
»' beau.

» Jeunes gens, marchez tête levée, sans vous douter que
» le tisserand a déjà préparé votre linceul ! »

———

Ainsi se termine le manuscrit du dervich. Je n'ai trouvé dans ses papiers, ou plutôt dans les notes qu'il a écrites à ses derniers moments, rien qui indiquât qu'il se proposait de donner une suite à ce travail. Sa mort est survenue la semaine qui suivit ma visite, trois jours seulement après qu'il eut tracé ces dernières lignes. Sa conversation, animée par une fièvre ardente, n'a pas cessé d'être spirituelle, intéressante, et ceux qui l'ont assisté aux approches de la mort, ont été aussi étonnés de son courage qu'édifiés de sa résignation.

Le consulat, qui a également pourvu aux frais d'inhumation, a prouvé une fois de plus aux habitants d'Alep, que les sentiments qui animent les Français ne s'arrêtent point devant une différence de culte, et que, s'ils secourent leur compatriote dans le besoin, ils savent aussi lui faire rendre les derniers devoirs lorsqu'il a cessé de vivre.

H. Guys.

FIN.

TABLE.

Pages.

I. — Invocation. — Le dervich. — Sa sortie de prison de Sainte-Marguerite.— Son arrivée à Marseille. — Ses réflexions. — Son projet de voyage en Orient. 1

II. — Départ de Marseille. — Navigation, arrivée à Larnaca, à Beyrout. — Observations du dervich. — Le Liban. — Les druses. — Autorités turques. 11

III. — Départ de Beyrout. — Arrivée à Lattaquie. — Histoire du cheikh el-Mograbi. — M. L. Geofroy, consul de France. 27

IV. — Des Nessaïris et des Ismaïlies. 39

V. — Départ pour Alep. — Aspect misérable du pays. — Terres en friche.— Villages dépourvus d'arbres.— Ruines. — Citernes autour des villages. — Arrivée à Alep. — Réception. 55

VI. — Installation. — Visites. — Conversations. — Déceptions. — Le dervich prend la résolution d'écrire. — Conseils aux Algériens. — Réflexions sur l'Empire ottoman. — Consulat de France. 63

VII. — Aspect d'Alep. — Etat des constructions. — Rues. — Industrie. 72

VIII. — Bazars. — Boutiques. — Lieux publics d'Alep. 80

IX. — Mosquées. — Hôpitaux. — Prisons. — Khans. — Kaïssariés ou manufactures. — Industrie. 101

X. — Ecoles. — Collèges. — Bibliothèques. — Fontaines publiques. 116

XI. — Bains publics d'hommes et de femmes. 131

XII. — Administrations. — Divans. — (Chambres de conseil.) 142

XIII. — Administrations (suite). — Tribunaux de justice. — Anecdotes sur les cadis. 150

XIV. — Les colporteurs de nouvelles à Alep. 163

XV. — Mœurs des habitants musulmans d'Alep.	174
XVI. — Suite des mœurs musulmanes. — Folles d'amour. — Visites.	187
XVII. — Mariages musulmans. — Divorces.	197
XVIII. — Funérailles. — Tombeaux.	212
XIX. — Les dervichs mevléouis.	223
XX. — Cheikh el-Keiyal.	239
XXI. — Nations franques du Levant : consuls, négociants, industriels. — Européens d'Alep, anciens et nouveaux. — Moines ou religieux francs.	247
XXII. — Mœurs des chrétiens. — Fiançailles. — Mariages. — Cérémonies de la *Barbara*.	260
XXIII. — Mœurs israélites.	277
XXIV. — Suite des mœurs israélites. — Mariages.	286
XXV. — Soirées arabes. — Entretiens. — Poésies. — Proverbes. — Anecdotes. — Contes.	303
XXVI. — Médecins. — Pharmaciens. — Recettes. — Préjugés ou superstitions.	327
XXVII. — Animaux remarquables. — Pigeons. — Chats. — Rats. — Chiens. — Goëlands. — Perdrix du désert. — Etourneaux. — Insectes de la noix de galle. — Corbeaux. — Serpents.	339
XXVIII. — Campagne. — Jardins. — Jeux.	354
XXIX. — Arabes du désert.	367
XXX. — Considérations sur l'islamisme.	383
XXXI. — Maladie du dervich. — Ses dispositions. — Il fait appeler le consul. Il lui lègue son manuscrit. — Condition qu'il y met. — Conversation. — Encouragements. — Réflexions.	399

www.ingramcontent.com/pod-product-compliance
Lightning Source LLC
Chambersburg PA
CBHW070932230426
43666CB00011B/2405